21 世纪高职高专财经类专业规划教材

网络贸易实务

主编　成先海
参编　麻丽颖　王 莉　吴凌娇

机 械 工 业 出 版 社

本书以网络贸易流程为主线，全面介绍了网络贸易中的信息搜索、信息发布、店铺设计、网络沟通、信息订阅、安全交易等业务内容，以任务驱动的模式使读者有目的地学习相关知识，掌握网络贸易技能。本书内容以工作过程的思路进行设计，注重可持续发展的职业技能提升能力和职业迁移能力。本书在编写时注意理论联系实际，注重职业技能培养，突显任务驱动、主题教学、案例教学、工学一体化等教学改革特点。

本书内容通俗易懂，图文并茂，不仅可作为各类高职高专院校财经类专业的教材，还可作为企业电子商务从业人员的自学用书。

图书在版编目（CIP）数据

网络贸易实务 / 成先海主编. —北京：机械工业出版社，2010.1（2020.1 重印）
（21 世纪高职高专财经类专业规划教材）
ISBN 978-7-111-29397-2

Ⅰ. 网… Ⅱ. 成… Ⅲ. 电子商务—高等学校：技术学校—教材 Ⅳ. F713.36

中国版本图书馆 CIP 数据核字（2009）第 238869 号

机械工业出版社（北京市百万庄大街 22 号　邮政编码 100037）
责任编辑：鹿　征
责任印制：张　博

三河市国英印务有限公司印刷

2020 年 1 月第 1 版 • 第 9 次印刷
184mm×260mm • 14.25 印张 • 349 千字
20801—22600 册
标准书号：ISBN 978-7-111-29397-2
定价：39.00 元

凡购本书，如有缺页、倒页、脱页，由本社发行部调换

电话服务
服务咨询热线：010-88379833
读者购书热线：010-88379649

网络服务
机 工 官 网：www.cmpbook.com
机 工 官 博：weibo.com/cmp1952
教育服务网：www.cmpedu.com
金 书 网：www.golden-book.com

前　言

近年来互联网的普及对人们的沟通方式和学习方式产生了巨大的影响，也使传统的商务模式发生了很大的改变。随着网上交易额的迅猛增长，网络贸易成为社会关注的焦点，企业也迫切需要具有实战能力的网络贸易人才。为了解决如何在互联网上开展网络贸易、如何成为受企业欢迎的实战型网络贸易人才的问题，我们编写了这本《网络贸易实务》，希望读者通过阅读本书掌握网络贸易基本知识，提高网络贸易实战技能。

本书全面介绍了网络贸易流程中的信息搜索、信息发布、店铺设计、网络沟通、信息订阅、安全交易等业务内容，反映了网络贸易最新的理论发展成果。本书根据网络贸易业务的实际工作流程，结合我国近年出台的相关政策、法律法规以及国际惯例对内容进行编排，使读者能学习到最新的知识，掌握实际工作中常用的技能。

本书采用了基于工作过程的思路进行整体内容设计，符合高职高专教学改革趋势。全书共包括 3 个项目。项目 1 介绍了信息收集和模拟网络贸易，主要包括电子商务现状、国内知名电子商务平台的介绍和比较、企业信息的收集与加工、在模拟平台上进行电子商务交易等内容。项目 2 介绍在国内知名电子商务平台阿里巴巴中文站进行国内贸易的主要流程和环节，主要包括网站架构与功能、用户会员注册、企业信息发布、店铺布置、网络社区营销、点击推广、搜索商机、询价管理、网上洽谈、安全防范、网络采购、订单管理、网上支付等内容。项目 3 介绍了在阿里巴巴英文站进行国际贸易的各个环节，主要包括国际网站的架构与功能、用户会员类型与注册、企业信息发布、企业网站建设、网络社区营销、私人展示厅管理、询盘管理、商机搜索、国际网上洽谈、在线客户管理、订单管理、网络采购、多用户管理等内容。

本书由成先海担任主编，并与阿里巴巴公司阿里学院的麻丽颖老师共同进行总体设计。其中，任务 1.1 由成先海和麻丽颖共同编写，项目 3 由成先海编写，项目 2 的前 5 个任务由王莉编写，任务 1.2、任务 2.6 由吴凌娇编写。成先海负责全书统稿。

目前我国的电子商务技术发展异常迅速，加之编者水平有限，书中难免有疏漏之处，敬请广大读者批评指正。

为了配合本书的教学，机械工业出版社免费提供电子教案，读者可以从机械工业出版社网站 http://www.cmpedu.com 下载。

编　者

目　录

由于各种因素的制约，目前以及未来比较长的一段时间内，B2C 在电子商务中还只占比较小的比重。但是，从长远来看，企业对消费者的电子商务将取得快速发展，并将最终在电子商务领域占据重要地位。

3）消费者与消费者之间的电子商务（Consumer to Consumer，C2C）。C2C 商务平台就是通过为买卖双方提供一个在线交易平台，使卖方可以主动提供商品上网拍卖，而买方可以自行选择商品进行竞价。其代表是淘宝、eBay、拍拍网等。

世界工厂网数据中心根据网站流量规模、销售量规模、品牌影响力、市场认可度等因素对 2009 年第 2 季度国内外 B2B、B2C 及 C2C 电子商务市场份额进行了统计，其结果如图 1-1 所示。从图中可以看出，目前我国的各类电子商务模式中，B2B 仍居于绝对主导地位，其交易额约占电子商务市场交易额的 90%。

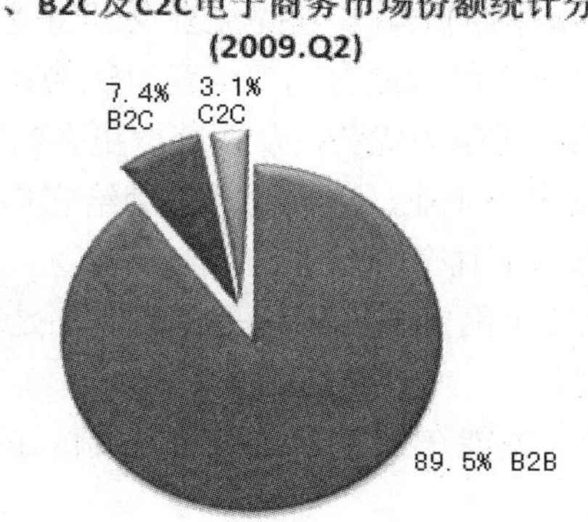

图 1-1　B2B、B2C、C2C 电子商务市场份额统计

3．企业应用电子商务的优势

电子商务改变了传统企业的经营管理模式，传统的面对面纸质交易方式也同时发生了质的变化。在开展电子商务的情况下，与企业相隔千里的交易方（企业或用户）只需通过因特网，登录到企业网站，就可以在很短的时间内完成商品的选购、下订单及付款等工作。而这些工作在传统企业经营模式中，从商品的选购到交易协商再到成功完成交易需要的时间可能是几小时，距离远的甚至要几天才能完成。而对于跨国企业来说，完成交易所需的时间会更长。可见企业开展电子商务解决了地理距离的问题，同时给企业赢得了时间。在信息化的今天，谁拥有了更多的时间，谁就会取得更多的获利机会。而电子商务正好给企业带来了时间和距离优势，减少了交易双方的时间成本和距离成本。

企业开展电子商务，采用相关的信息系统，可以使企业重组业务流程，减少不必要的中间环节，缩短周期；同时有效减少企业员工数量，从而减少员工工资开支。比如，没有实施电子商务的时候，就财务部而言，可能有经理、秘书、助理、基础资料处理员等职位，但实施信息化、开展电子商务后，就只需一个经理和几个财务信息录入员就可以了。开展电子商务，使得企业固定成本得以下降，从而有更多资金更好地投入到流动资产领域，再加上远短于传统经营模式的作业周期，企业就可以创造更多的价值、获得更多的利润。

开展电子商务的企业可以在自己的网站和一些知名网站上投放产品或服务广告，比起传统的媒体广告宣传方式，其成本要低得多。而且互联网用户规模与日俱增，网上投放广告的效率和效益也将远超过传统宣传方式。开展电子商务，企业可以与客户实现及时的沟通，远比传统的登门拜访要省时省力。开展电子商务可以更好地实现企业与客户的长期联系。

相对于大企业来说，中小企业规模较小，产品品种多样，人员管理简单，电子商务的技术基础、现实基础要求低。可以说，中小企业开展电子商务具备得天独厚的条件，谁抢占了先机，谁就会成功。

中小型企业开展电子商务，可以获得与大型企业平等的竞争机会。在实施电子商务的情况下，各企业的交易都是在互联网上进行的，企业在自己的网站上发布产品或服务信息。互联网是一个开放的平台，企业的产品或服务通过互联网被客户查找到的机会几乎是均等的，这使得传统大企业的垄断地位有所削弱，中小型企业会获得更多的潜在客户。而对于大型企业来说，开展电子商务，企业可以结合原有的市场竞争优势在网络平台上更快、更好地宣传企业产品或服务，发挥自身核心竞争力优势，从而获取更多的赢利。

总之，无论是大企业还是中小企业，电子商务都会给它们带来很大的好处。与传统商务形式相比，电子商务主要具有以下几个特点。

1）市场全球化。凡是能够上网的人，无论是在南非还是北美，都将被包容在一个市场中，有可能成为上网企业的客户。

2）交易的快捷化。电子商务能在世界各地瞬间完成传递与计算机自动处理，而且无须人员干预，加快了交易速度。

3）交易虚拟化。通过以互联网为代表的计算机网络进行的贸易，双方从开始洽谈、签约到订货、支付等，均无须当面进行，整个交易完全虚拟化。

4）成本低廉化。由于企业通过网络进行商务活动，不仅降低了信息成本，而且足不出户，可节省交通费，并减少了中介费用，因此整个活动成本大大降低。

5）交易透明化。电子商务中，双方的洽谈、签约，货款的支付，以及交货的通知等整个交易过程都在电子屏幕上显示，因此交易显得比较透明。

6）交易标准化。电子商务的操作要求按统一的标准进行。

7）交易连续化。国际互联网可以实现 24 小时的服务。任何人在任何时间都可以查询网上信息，寻找解决问题的答案。企业的网址可以成为永久性的地址，为全球的用户提供不间断的信息。

4．我国电子商务的发展趋势

目前，我国已经将电子商务的发展作为调整国民经济结构、转变国民经济增长方式的战略性举措。在国家的高度重视下，电子商务的基础设施建设将进一步加快，有关电子商务的立法将进一步深入，电子商务的相关支撑环境将逐步规范。无论是企业还是个人，都将在更好的环境下更加深入地从事电子商务。更多的传统企业将参与进来，新的电子商务产业链将更庞大、更完善，新的电子商务经营模式会在细分的市场上出现。

从目前电子商务发展的技术来看，未来电子商务将出现以下趋势。

1）纵深化趋势。电子商务的基础设施将日益完善，支撑环境逐步趋向规范，企业发展电子商务的深度会进一步延展，个人参与电子商务也会越来越积极。

2）个性化趋势。个性化信息需求定制和个性化商品需求将成为电子商务的主要发展方向，消费者把个人的偏好融入到商品的设计和制造过程中去。对所有面向个人消费者的电子商务活动来说，提供比传统商业更具有个性化的多样化服务，是决定今后成败的关键因素。

3）专业化趋势。对 B2B 电子商务模式来说，以大的行业为依托的专业电子商务平台前景看好。另外要满足消费者个性化的要求，提供专业化的产品和专业水准的服务至关重要。

4）国际化趋势。我国电子商务企业将随着国际电子商务环境的规范和完善逐步走向世界，可以由此同发达国家真正站在同一起跑线上，变我国在市场经济轨道上的后发劣势为后发优势。电子商务为我国的中小企业开拓国际市场、利用好国外各种资源提供了一个千载难逢的有利时机。同时，国外电子商务企业也将努力开拓中国市场。

5）区域化优势。我国在今后相当长的时间内，上网人口仍将以大城市、中等城市和沿海经济发达地区为主，B2B 的电子商务模式区域性特征非常明显。以这种模式为主的电子商务企业在资源规划、配送体系建设、市场推广等方面都必须充分考虑这一现实，采取有重点的区域化战略，才能最有效地扩大网上营销的规模和效益。

6）融合化趋势。电子商务网站在最初地繁荣后必然走向新地融合。一些定位相同或相近、业务相似的网站，由于竞争激烈必将进行合并；另一些具备良好基础和发展前景的网站，在扩张的过程中将进行互补性收购；还有一些不同类型的网站也将互相协作形成战略联盟。

总之，随着经济全球化和信息技术迅速发展，电子商务将成为今后信息交流的热点，成为各国最为关注的领域之一。中国电子商务虽然还处在初始阶段，面临着体制、技术、管理等诸多问题，但是已迈出了可喜的一步。

1.1.2 第三方电子商务平台选择

电子商务发展到现在，在互联网上出现了无以计数的电子商务网站，这些网站在不同的领域、不同的范围内不断地推动着中国电子商务的发展。世界工厂网数据研究中心发布了 2009 年第 2 季度国内 B2B、B2C、C2C 网站的排名，如图 1-2 所示。

电子商务网站排名 2009 Q2			
排名	B2B 类	B2C 类	C2C 类
1	阿里巴巴	当当网	淘宝网
2	慧聪	卓越网	拍拍网
3	中国供应商	京东商城	百度有啊

图 1-2　知名电子商务网站排名

在目前电子商务的三种模式中，B2B 模式的交易额约占电子商务市场交易额的 90%，已经成为现代企业发展电子商务的主要模式。而其中第三方电子商务平台对中小企业的发展起到了至关重要的作用。

第三方电子商务平台是为多个买方和卖方提供信息和交易等服务的电子场所，其最基本的功能是为企业间的网上交易提供买卖双方的信息服务。买方或卖方只要注册后就可以在网上发布自己的采购信息，或者企业产品出售的信息，并根据发布信息来选取自己潜在的供应商或者客户。第三方电子商务平台的主要特性包括保持中立立场以得到参与者的信任、集成买方需求信息和卖方供应信息、撮合买卖双方、支持交易以便市场操作。

买卖双方企业与第三方平台集成，能够很好地利用第三方平台的规模效益，因此，选用第三方电子商务平台是买卖双方企业应用电子商务的一种很好的选择。这种方式使企业不必花费大量资金和人力建立基础设施和进行市场推广，只要企业联入互联网并将企业信息发布在该平台上就可进行网络贸易。这种方式特别适合我国的中小企业开展电子商务，也是我国目前电子商务发展的主要模式。

根据提供服务的层次不同，可以将第三方电子商务模式区分为简单信息服务提供型和全方位服务提供型。前者主要提供买卖双方的信息。通过中介服务，买卖双方可以在全球范围内选择交易对象，选定后并不直接在网上交易，而是另外接触和签订合同。这种第三方电子商务方式无法全面深入参与交易，提供的只是简单的信息服务。后者是指在网上不但提供信息服务，而且还提供全面配合交易的服务，如网上结算和配送服务等。这类站点要求中介机构对贸易，特别是国际贸易业务要非常熟悉。

一些第三方电子商务平台也为企业提供企业需要的相关经营信息、交易配套的服务以及客户管理功能，如行业信息、市场动态、网上签订合同服务、网上支付服务、网上交易管理、企业客户资料管理等。

中小企业利用第三方电子商务平台开展网络贸易，赢得了更大的发展空间，降低了经营成本，显著提高了经营效率，使中小企业能够集中资金发展企业核心业务，获得了与大企业平等竞争的机会。

第三方电子商务平台在我国电子商务发展中起着不可替代的作用，为中小企业信息化和电子商务提供支撑服务，特别是在我国非常分散、信息化基础不高的中小企业中非常适用。目前，在国内市场中比较知名的 B2B 第三方电子商务平台主要有阿里巴巴电子商务平台、慧聪网、环球资源网、中国供应商、文笔公司、中国制造商以及各种行业网等。

1．阿里巴巴

阿里巴巴是全球第一家针对中小企业开展电子商务的第三方交易平台，其旗下有阿里巴巴网络有限公司、淘宝网、中国雅虎、支付宝和阿里巴巴云计算五家子公司，目前已经连续多年被评选为全球最佳 B2B 交易平台。

（1）阿里巴巴的发展历程

阿里巴巴创建于 1999 年 3 月，总部设在杭州，其针对全球进出口企业的国际贸易网站（www.alibaba.com）和针对国内贸易企业的国内贸易网站（china.alibaba.com）是很受欢迎的 B2B 网络贸易平台。

2003 年 5 月阿里巴巴集团推出个人电子商务网站，即淘宝网，致力于打造全球的个人交易网站。2003 年 10 月，阿里巴巴又创建了独立的第三方支付平台——支付宝，正式进军电子支付领域。

2005 年 8 月，阿里巴巴和门户网站雅虎达成战略合作，兼并雅虎在中国的所有资产。由此，阿里巴巴的销售网络遍及全世界。同时，雅虎在全球 24 个国家的销售渠道也将成为阿里巴巴的辅助销售渠道。

2007 年 1 月阿里巴巴集团筹建企业软件服务公司，3 月正式推出阿里软件外贸版。该产品能够帮助企业简单、轻松地进行电子商务管理，简单易用、快速安全是阿里软件产品的一大特色。

2009 年 9 月，阿里巴巴集团进行业务调整，宣布成立子公司“阿里云”，将阿里软件的部分业务并入云计算公司，另一部分并入 B2B 和 C2C 公司。

（2）阿里巴巴的价值观

阿里巴巴以“让天下没有难做的生意”为使命，为企业提供全方位的服务，为全球的中小企业带来了前所未有的发展机会。基于阿里巴巴价值观体系的强大企业文化成为了阿里巴巴集团及其子公司的基石，这些价值观支配了阿里巴巴员工的一切行为，它们包括六个方面：客户第一、团队合作、拥抱变化、诚信、激情和敬业。

- 客户第一，即关注客户的关注点，为客户提供建议和咨讯，帮助客户成长。
- 团队合作，即共享共担，以小我完成大我。
- 拥抱变化，即突破自我，迎接变化。
- 诚信，即诚实正直，信守承诺。
- 激情，即永不言弃，乐观向上。
- 敬业，即以专业的态度和平常的心态做非凡的事情。

从阿里巴巴网站的 logo 可以了解阿里巴巴的价值观，如图 1-3 所示。整个 logo 表现为字母“a”，“a”的含义是阿里巴巴发展到今天仍然还很小，很多事情需要踏踏实实地从小做起，相信一定会有一天成为行业的大“A”。微笑的“a”是阿里巴巴希望所有的会员、所有的合作伙伴、所有的员工每天结束一天繁忙的工作回家时，都能带着这样灿烂的笑容。阿里巴巴要让三种人微笑和满意：第一是客户，能通过电子商务赚到钱；第二是阿里的员工，能够帮助客户成功，员工也会满意自己的成就；第三是公司的股东，企业业绩良好，投资者有高额的回报，股东也会满意。

图 1-3　阿里巴巴网站 LOGO

（3）阿里巴巴集团业务模式

阿里巴巴集团的业务包括 B2B 业务、C2C 业务、网上支付业务、搜索业务和软件业务，其中最主要的是 B2B 业务，包括针对全球进出口企业的国际贸易网站和针对国内贸易企业的国内贸易网站。目前这两个网站是全球较受欢迎的 B2B 网络贸易平台。

阿里巴巴中文站主要为国内市场服务，其网站主页如图 1-4 所示。它积极倡导诚信电子商务，其核心产品是“诚信通”服务。诚信通是阿里巴巴首创的网上信用管理体系，它结合传统认证服务与网络实时互动的特点，将建立信用与展示产品相结合，从传统的第三方认证、合作商的反馈和评价、企业在阿里巴巴的活动记录等多方面、多角度、不间断地展现企业在电子商务中的活动。企业在阿里巴巴的任何一个小动作，无论是好的还是坏的，诚信通都会像档案一样如实地保存下来，并将其公开。“诚信通”服务成功地帮助企业建立网上诚信档案，提高网上成功交易的机会。

图 1-4　阿里巴巴中文站主页

阿里巴巴英文站为中国优秀的出口型生产企业提供全球市场的专业推广服务，其网站主页如图 1-5 所示。阿里巴巴国际站的核心产品“中国供应商”是阿里巴巴推出的第一个服务，其本质是一个网上虚拟市场，由供应商提供商业信息，搭建一个信息交流的平台。截至 2009 年 6 月，已经有 1800 多万家企业加盟“中国供应商”。卖方可以在该平台上发布企业信息、产品信息和关键词，买方可以通过浏览或者搜索找到需要的信息，这样给买卖双方都会带来无限的商机。

淘宝网是阿里巴巴提供的 C2C 业务平台，其网站主页如图 1-6 所示。淘宝网，顾名思义就是没有淘不到的宝贝，没有卖不出去的宝贝。淘宝网倡导诚信、活泼、高效的网络交易文化。每个在淘宝网进行交易的人，不但交易迅速，同时也可以交到很多朋友。

支付宝是阿里巴巴集团创办的独立第三方支付平台，其网站主页如图 1-7 所示。支付宝是一种针对网上交易特别推出的安全付款服务，其运作的实质是以该系统为信用中介，在买家确认收到货前，替买卖双方暂时保管货款的一种增值服务。

图 1-5　阿里巴巴英文站主页

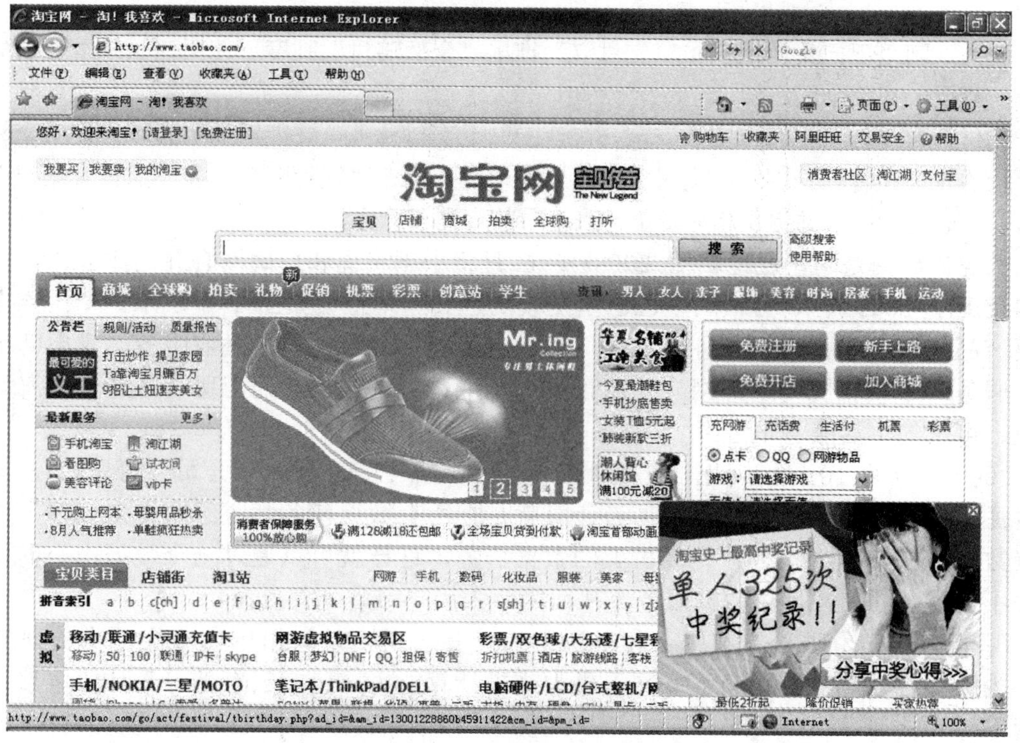

图 1-6　淘宝网主页

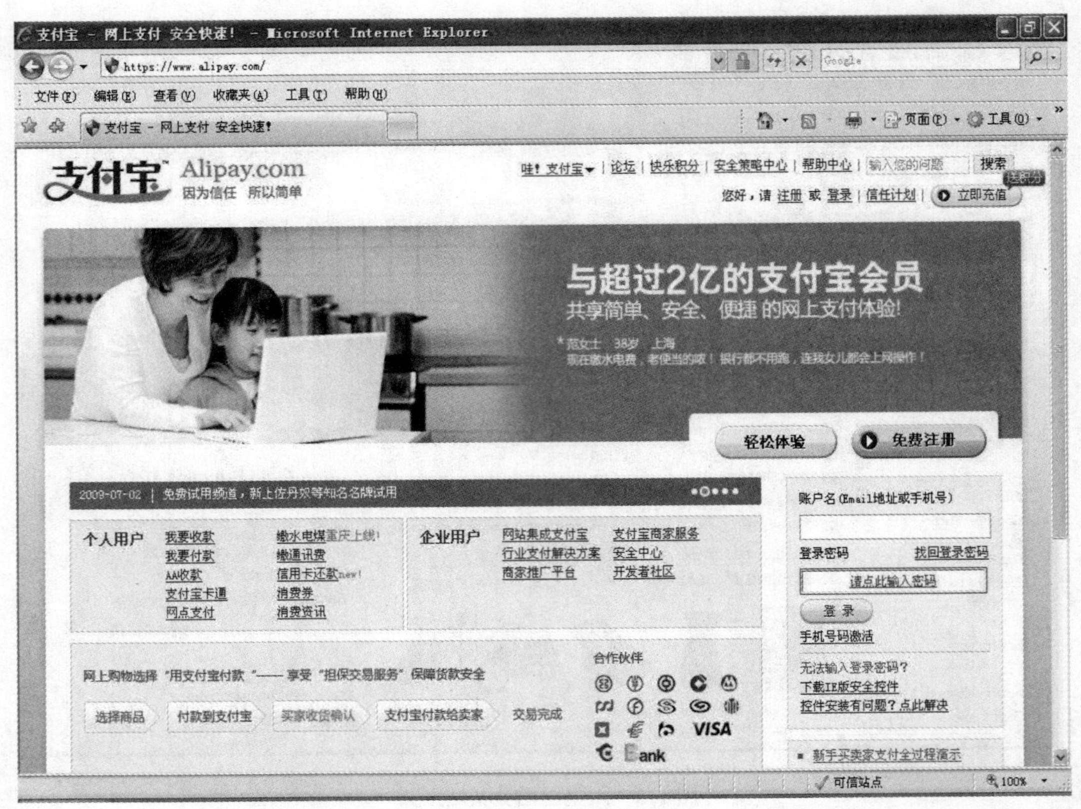

图 1-7 支付宝主页

此外，阿里巴巴集团还宣布“支付宝”推出“全额赔付”制度。使用该系统遭受损失的用户，其损失将被全部赔偿。

支付宝可以为买卖双方完成安全、快速的网上支付业务，并能够为买卖双方提供交易资金记录的查询和管理。同时，支付宝产品还为用户提供在“银行账户”和“支付宝账户”之间的资金划转业务，并提供相应资金往来记录的查询和管理。

雅虎口碑网是阿里巴巴集团 2008 年 6 月将中国雅虎和口碑网合并而成立的，其中中国雅虎于 2005 年 6 月被阿里巴巴全资收购，其网站主页如图 1-8 所示。中国雅虎的主要产品与服务包括搜索业务、雅虎门户、电子邮件、雅虎通、企业服务、雅虎助手与广告服务。中国雅虎与口碑网合并后正式进军生活服务领域，为消费者打造一个海量、方便、可信的生活服务平台。

2009 年 9 月 10 日，阿里巴巴集团在十周年庆典上宣布成立子公司“阿里云”，该公司专注于云计算领域的研发。所谓云计算就是把所有数据任务都交给网络来处理，由企业级数据中心负责处理客户计算机上的数据任务，这样就可以通过一个数据中心向使用多种不同设备的用户提供数据服务，从而为个人用户节省硬件资源。

阿里巴巴集团研发院隶属于阿里巴巴云计算公司，是阿里巴巴集团的中央研究机构，为阿里巴巴集团及整个互联网提供大规模计算能力，包括云存储、云计算、搜索、广告等。

图 1-8　中国雅虎首页

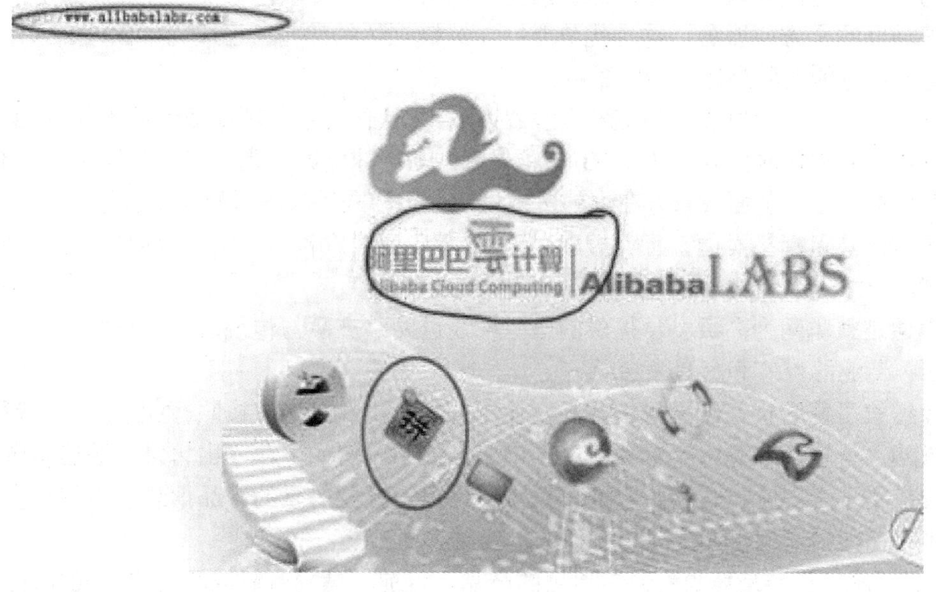

图 1-9　阿里云首页

2．慧聪网

慧聪网成立于 1992 年，是国内领先的 B2B 电子商务服务提供商，依托其核心产品“买卖通”，通过专业服务及先进的网络技术，为中小企业搭建诚信的供需平台，提供全方位的电子商务服务，其网站主页如图 1-10 所示。2003 年 12 月，该公司在香港创业板成功上市，成为国内信息服务业及 B2B 电子商务服务业首家上市公司。

图 1-10　慧聪网主页

作为国内领先的互联网企业，慧聪网充分利用雄厚的传统营销渠道开展多渠道的、线上为主线下辅助的全方位服务，这种优势互补、纵横立体的架构，已成为中国 B2B 行业的典范，对电子商务的发展具有革命性影响。

2006 年 5 月，慧聪网与环球资源达成战略合作伙伴关系。环球资源是外贸 B2B 服务方面的佼佼者，而慧聪网作为内贸 B2B 的领先者，与环球资源结盟，昭示着慧聪网在 B2B 服务领域将更加专业、全面。双方在内外贸市场、业务模式等层面展开深度合作。

慧聪网产品包括买卖通、行业搜索引擎、《慧聪商情广告》、《中国行业资讯大全》、慧聪行业研究、一站式企业建站服务等。

买卖通是慧聪网为高级会员提供的服务，通过网络产品与传统服务的有机结合，为企业提供全面、专业的推广和交易平台。

行业搜索引擎的检索结果可按各类商业用途细分，并且能够按照行业进行专业筛选，将出售、求购、科技文献等内容单独体现于检索结果中。例如，在“出售泵”的信息中，可以精确查找应用于水工业、暖通、石油、机械、化工等行业的泵的产品信息，这将极大提高检索的命中率，使用户不再为数以十万计的检索结果而苦恼。

《慧聪商情广告》是慧聪网最有历史的产品。目前，慧聪商情以月刊的形式共计出版 57 种不同类型的刊物，在 30 余个行业中拥有 100 多万稳定的读者群，成为各行业中有力的采购指导工具，大大缩短了采购者寻价、比货以及建立采购数据库的工作量。

《中国行业资讯大全》是依托慧聪网的信息、研究、数据及网络资源，对行业资讯、产品技术、黄页信息加以汇编整合而成的，以丰富的内容、准确的信息、专业化行业细分、有效的传播、便捷的查询得到用户的肯定，成为企业扩大宣传、提升形象的高效载体。

慧聪行业研究是一家咨询顾问机构，依托慧聪网的商务资讯数据库及专业咨询人员，在行业信息、市场调查、市场研究、营销顾问、战略咨询及管理咨询等领域为客户提供多层次的服务。慧聪行业研究下辖 6 个研究所，研究领域覆盖 IT、电信、家电、汽车及零部件、工程机械、石油、化工、医药、安防、暖通、酒店、报刊资讯、包装印刷和房地产等多个行业，所服务的客户包括惠普、大众等国际知名企业。

一站式企业建站服务是指为企事业单位网站的建设、开发、推广及维护、网络集成、网络应用、网络服务项目等网络需求，提供一站式服务，可以为客户提供包括域名注册、虚拟主机、企业信箱和邮局、网页制作、网站维护更新、网站宣传推广、网络广告、电子商务、企业内部信息化等多元化的网络服务。一站式企业建站服务的业务领域已涉及慧聪网传统商情业务的 22 个行业、20 多个区域。目前已经为2000多家用户开通了网站，并同时提供网站的推广服务。

3. 环球资源网

环球资源是一家提供业界国际贸易平台的跨国公司，它通过构建包括英文贸易杂志、网站、展会的一系列多渠道出口平台，为出口商提供专业的整合出口营销服务，为全球买家提供详尽、可靠的采购资讯。同时，供应商可以借助环球资源的各种媒体，向全球的买家推广和销售产品。

环球资源的业务形态是通过网站、专业杂志、专业光盘、专用目录及技术展览活动为国际买家提供采购资讯，并为供应商提供综合的市场推广服务。与其他电子商务平台相比，环球资源网的主要优势体现在以下几方面。

- 在资深买家社群中影响力深远。
- 丰富的媒体资源和海外推广实力。
- 相对高质量的买家资源。
- 全面专业的配套服务。

环球资源网主页如图 1-11 所示。

图 1-11　环球资源网主页

1.1.3 企业信息的收集与分析

第三方电子商务平台是为买卖双方提供信息和交易等服务的电子场所，企业要使用这些平台开展电子商务活动，就必须将自己企业的相关信息上传上去，这就需要企业人员收集和甄别需要上传的信息并对这些信息进行编辑。有些平台还为企业提供了二级网站功能，企业可以将自己的信息以网站的形式展现在平台上，使客户对自己的企业和产品有更多的认识，增加企业的可信度，提高交易机会。目前各平台可供企业发布的信息主要有企业信息、产品信息以及供求信息。

1．企业信息

网络是一个虚拟的世界，为了让网络中的客户了解自己企业的情况和实力，需要将企业信息上传到网络平台上。企业信息常包括企业介绍、主营产品和服务、主营行业、企业类型、经营模式、注册资本、地址、规模、主要客户情况、主要市场、经营品牌等。有时为了更好展现企业实力，还可以将企业的图片、视频、证书等信息展示在网上。图 1-12 是一家企业展示在阿里平台上的企业信息。

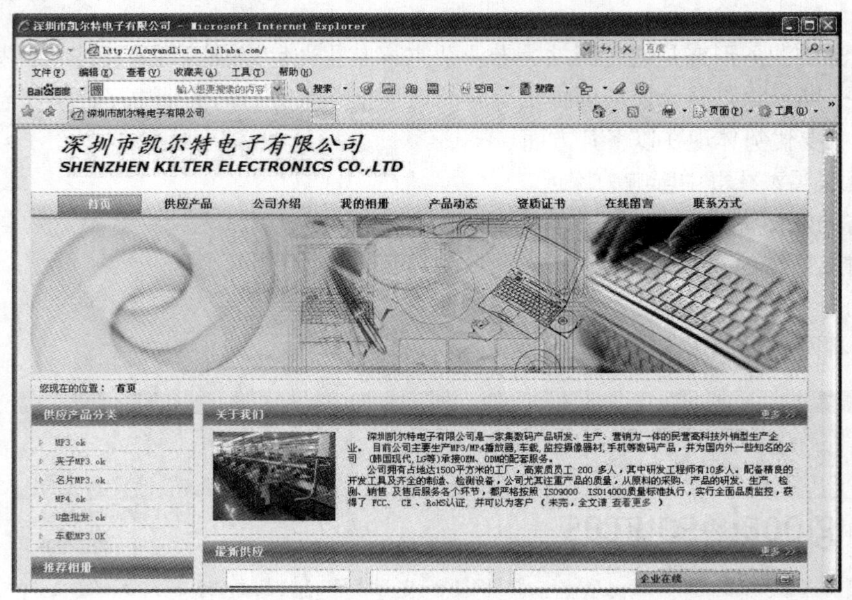

图 1-12　展示在阿里平台的企业信息

2．产品信息

另一种需要在网上展现的信息是企业的产品。网上展示的产品无法像现实一样采用实物，一般使用产品的图片。发布产品信息时，可以从多角度用多张图片展示产品的整体效果，并配上产品名称、规格、材质等方面的说明。不同的产品需要的说明信息不同，需要业务员根据具体情况进行处理。另外可以将产品图片进行分类排序，将有特色的产品图片放在前面，以方便客户浏览。图 1-13 为企业多个产品的图片，图 1-14 为企业某一个产品的图片和该产品的详细描述信息。另外对展现在网上的产品图片可以进行适当的编辑处理以吸引客户的视线，有利于提高交易的成功率。

3．供求信息

供求信息是发布在网站上的买卖信息，它显示了卖家出售的产品和买家需要购买的产品。买家一般会通过平台提供的搜索功能进行搜索，这时需要在搜索栏输入产品的关键词；卖家为了能让买家搜索到自己的产品，就必须在自己发布的供应信息中设置合理的关键词，否则其产品将不会出现在买家的搜索结果中。当买家按照产品的关键词进行搜索后，会出现大量的结果；卖家为了吸引买家的视线，就必须在供应信息中展示有吸引力的图片。当卖家的产品被买家看中后，买家会查看该产品的详细信息；为了让买家详细了解自己的产品，卖家应该尽量详细地描述产品的信息。图 1-15 为企业发布在网上的供应信息中的产品图片，图 1-16 为该产品的详细说明，包括品牌、大小、价格、颜色、功能、原料和具体描述等。

图 1-13　企业多个产品的图片

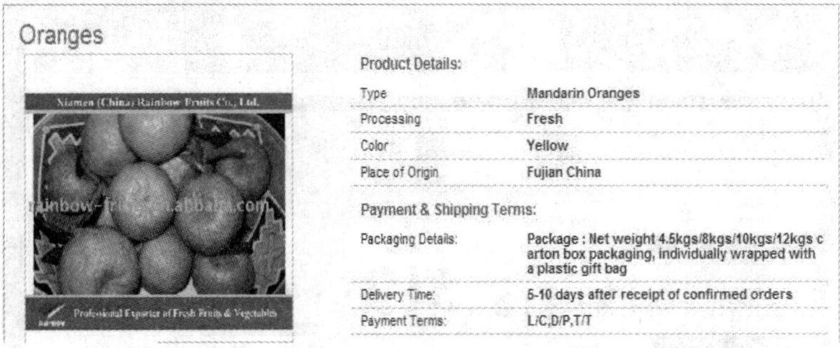

图 1-14　企业某一产品的图片信息和详细介绍

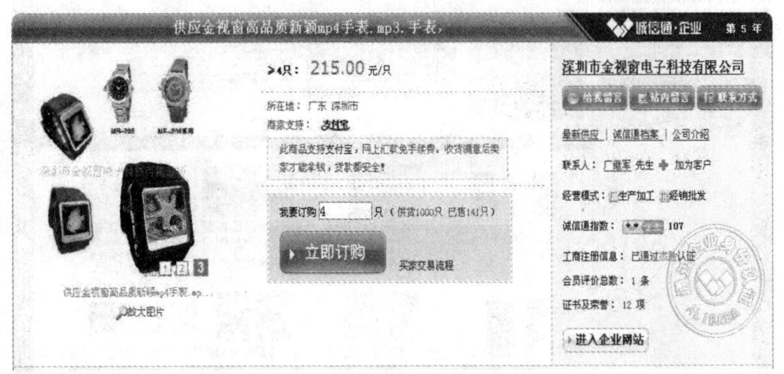

图 1-15　企业发布在网上的产品图片

4．企业网站

目前很多第三方电子商务平台都为企业提供了二级网站功能，使企业可以将自己发布在网上的信息组织起来，为企业展示自己的形象和实力提供了便利，也方便企业在网上进行在线推广、联系和管理自己的产品及客户。这样，企业的业务人员就需要设计自己的信息组织框架和方式，将企业形象和产品合理地展现在网络上。一个好的网站也可以提升网络交易的机会。图 1-17 是一家企业在阿里巴巴平台设计的二级网站。

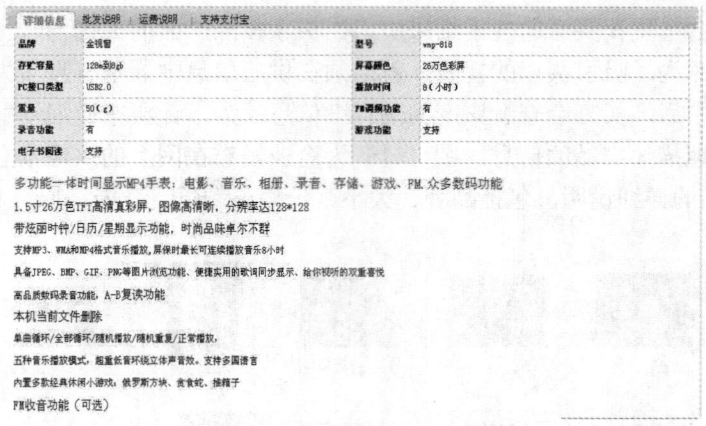

图 1-16　供求信息中的详细说明

图 1-17　阿里巴巴平台上的二级网站

归纳总结

通过以上内容的学习，使我们了解了目前中国企业应用电子商务的现状与模式，熟悉了目前比较知名的第三方电子商务平台，了解了企业在平台上需要展示的信息，掌握了从事网络贸易必须要收集和整理的几类企业信息，为后面在第三方电子商务平台上进行 B2B 网络贸易提供了基础。

1.1.4　思考与实践

一、思考题

1．电子商务有哪几种形式?

2．企业应用电子商务有什么优势?

3．阿里巴巴的价值观包括哪几个方面?

4．阿里巴巴的集团业务包括哪几部分?

5．慧聪网的产品有哪些?

二、实践训练

1．背景

华升国际商务有限公司是机床制造业中的传统龙头老大。为了更好地争取竞争优势，经董事会集体会议讨论后决定采用电子商务的形式推广公司品牌，打开网络交易门路。

2．任务要求

收集最新电子商务发展状况的资料，并对目前第三方电子商务平台的信息进行比较。收集本公司需要在第三方电子商务平台上展示的信息，并对这些信息进行归纳整理。

任务 1.2　模拟网络交易过程

任务目标

本任务通过对 B2B 模拟交易平台的操作，掌握基于第三方 B2B 交易平台的一般业务流程，具体包括：入驻交易平台、在交易平台发布信息、建立不同贸易伙伴之间的业务合作关系、询价、报价、洽谈、签订电子合同、支付货款、物流配送等。

任务分析

本任务选用的 B2B 模拟交易平台是由国家人力资源和社会保障部指定的国家职业资格电子商务师职业全国统一培训鉴定实验室的模拟软件——电子商务师实验室培训专用版 V3.0（以下简称模拟软件）。该软件提供了比较完整的电子商务模拟交易功能，包括 B2C 模拟交易平台、C2C 模拟交易平台、B2B 模拟交易平台、第三方物流网模拟交易平台、模拟网上银行、模拟 CA 认证、模拟网络营销、模拟电子数据交换等。

任务实施

熟悉 B2B 模拟平台→角色注册→直接订单交易→电子合同交易。

1.2.1 熟悉 B2B 模拟平台

B2B 模拟平台的主要功能是模拟企业与企业间的交易过程，本任务所使用的 B2B 模拟交易平台是一个第三方 B2B 平台。所谓第三方 B2B 交易平台，指的是由第三方电子商务服务企业建立的一个电子商务的信息平台和服务平台，为买方和卖方提供了一个快速寻找机会、快速匹配业务和快速交易的电子社区。其优点是对入驻企业技术力量要求低、资金投入较小、交易安全，而且借助第三方平台的商业聚集效应，能获得更多的浏览量，帮助企业快速成长、树立品牌。

1. B2B 模拟交易涉及的交易角色分析

完成一笔完整的 B2B 模拟交易，涉及的交易角色主要包括采购商、供应商、物流商、网上银行、CA 中心、B2B 交易中心、第三方物流网等。采购商即买方，利用 B2B 交易中心完成采购业务；供应商即卖方，利用 B2B 交易中心完成产品推广及销售业务；物流商主要为买卖双方提供仓储、保管、运输等第三方物流服务。网上银行主要为买卖双方提供资金结算服务；CA 中心负责为买卖双方签发和管理数字证书，用户在业务系统中通过使用证书，完成身份认证、访问控制，并保证信息传输的机密性、完整性和抗抵赖性；B2B 交易中心主要为买卖双方提供商情发布和获取、产品推广和销售、洽谈和签约等电子商务服务。主要交易角色之间的业务关系如图 1-18 所示。

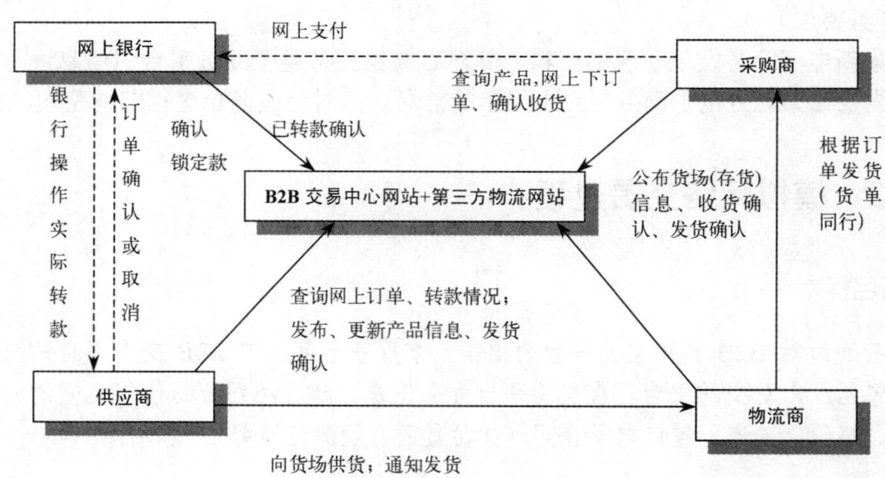

图 1-18 B2B 主要交易角色之间的业务关系

2. B2B 交易中心的主要功能

B2B 交易中心主要为采购商和供应商服务，包括前台和后台两部分。前台首页如图 1-19 所示，其主要功能是商品展示及购买；面向供应商的后台首页如图 1-20 所示，其主要功能是管理供应商，包括“订单处理”、“订单查询”、“产品目录”、“价格管理”、“库存查询”、“发货处理”、“调拨处理”、“网上洽谈”、“电子合同”、“应收应付查询”、“商品残损查询”、“客户管理”和“我的资料”；面向采购商的后台首页如图 1-21 所示，其主要功能是对采购进行跟踪管理、与供应商进行交易对话，具体业务模块包括“订单处理”、“订单查询”、“应付款查询”、“网上洽谈”、“电子合同”和“我的资料”等。

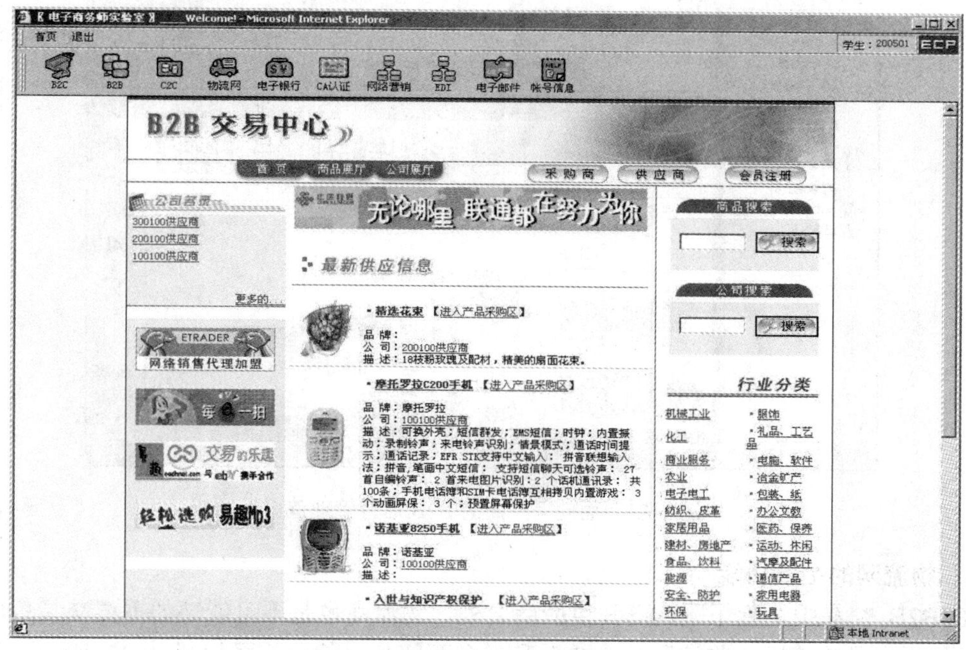

图 1-19 B2B 交易中心前台首页

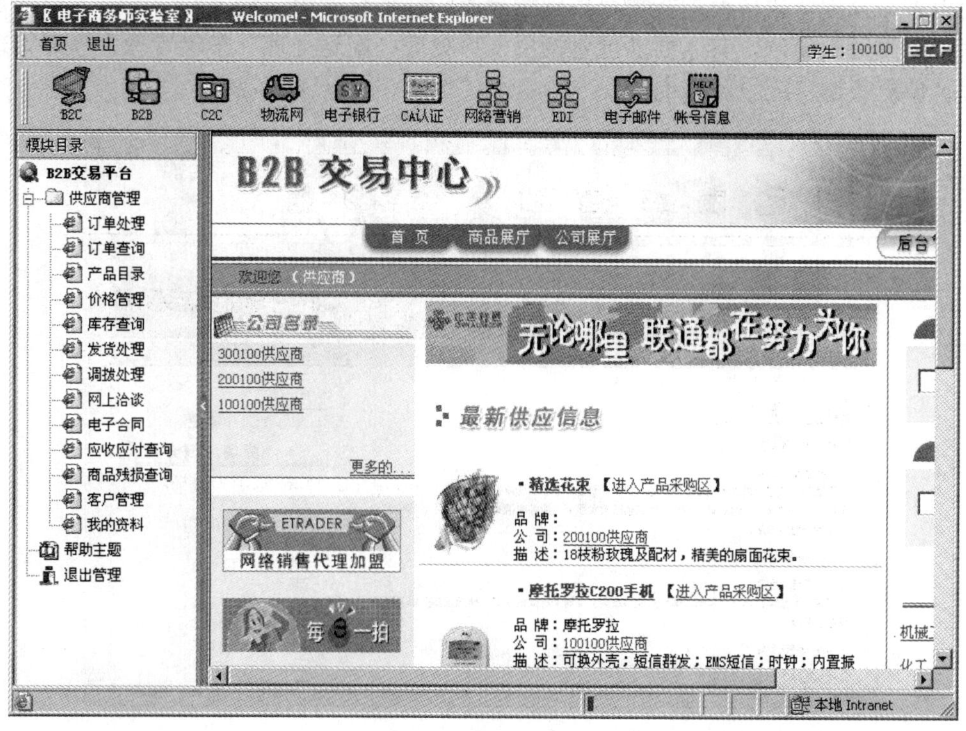

图 1-20 面向供应商的 B2B 后台管理首页

图 1-21　面向采购商的 B2B 后台管理首页

3．物流网的主要功能

在 B2B 交易中，除了采购商和供应商之外，物流商也是不可或缺的重要交易角色，其主要交易平台是物流网。物流网分为前台和后台两部分，前台首页如图 1-22 所示，其主要功能是浏览物流商的信息，同时供供应商申请物流服务。供应商可以选择多个物流商，每个物流商有多个仓库，供应商把货物存放到物流商的任何仓库中。物流网面向物流商的后台管理页面如图 1-23 所示，其主要功能包括出入库处理、配送处理、车辆管理、仓库管理、客户管理、单据查询、应收款查询等。

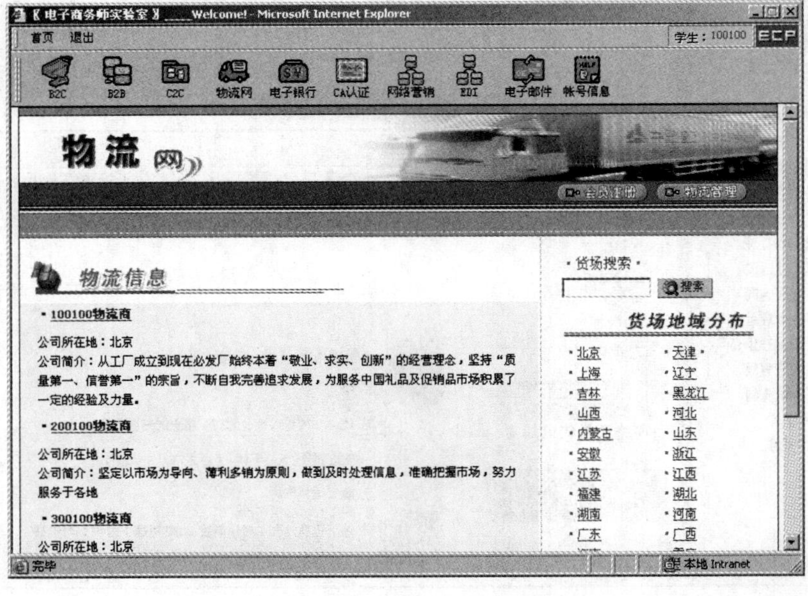

图 1-22　物流网前台首页

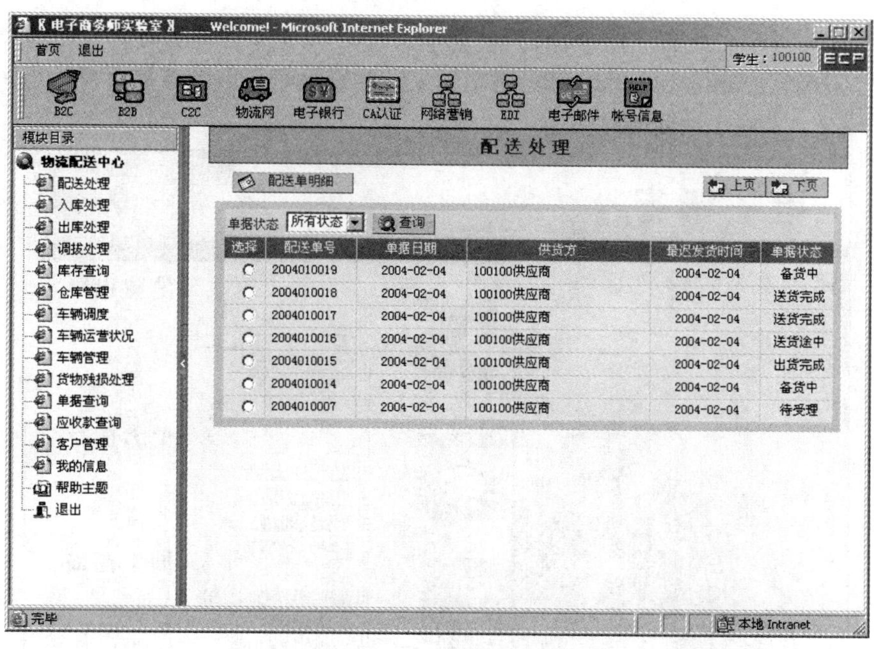

图 1-23　物流网后台管理页面

1.2.2　角色注册

角色注册主要是指采购商和供应商分别在网上银行和 B2B 交易中心申请账号和注册，物流商在网上银行和物流网申请账号和注册。另外，为了确保交易安全，还要分别到 CA 中心申请网上银行数字证书和交易平台数字证书。具体操作流程如图 1-24～图 1-26 所示。

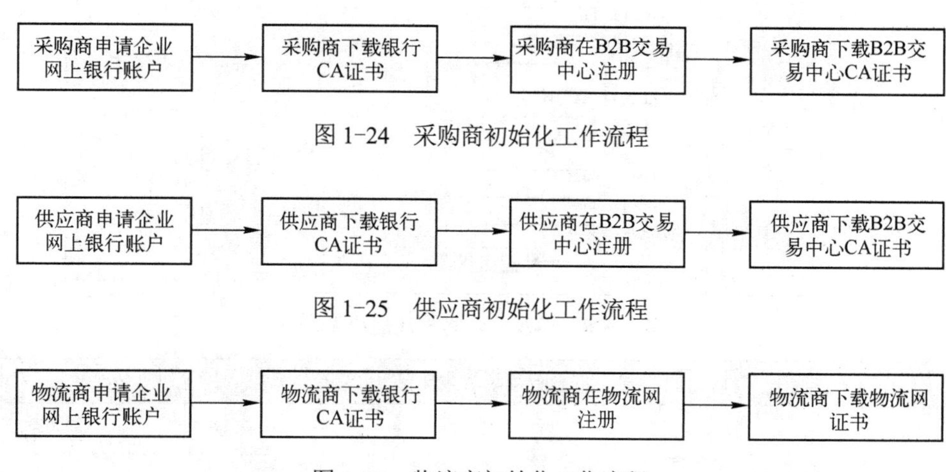

图 1-24　采购商初始化工作流程

图 1-25　供应商初始化工作流程

图 1-26　物流商初始化工作流程

下面以采购商为例介绍角色注册的具体操作。

1．采购商申请并开通企业网上银行

（1）采购商申请企业网上银行账户

在模拟软件导航菜单中选择“电子银行”→“企业网上银行注册”，如图 1-27 所示，阅读并同意“网上银行企业客户服务协议”，在图 1-28 所示页面中填写“企业客户注册申请表”，单击“确定”按钮，出现图 1-29 所示的采购商银行账户申请结果反馈信息。复制“银行 CA 证书号”，以便下载证书时使用。

电子银行EBANK
企业银行
登录企业网上银行
企业网上银行注册
企业银行证书下载
企业网上银行指南
个人银行
登录个人网上银行
个人网上银行注册
个人网上银行指南
网上商城
登录B2C特约商户网上银行
申请B2C特约商户
B2C特约商户业务指南

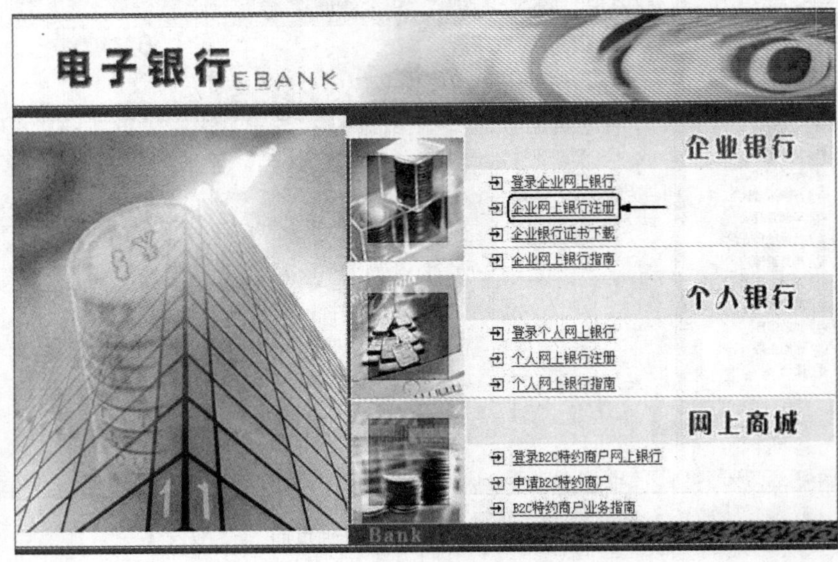

图 1-27　企业网上银行注册入口

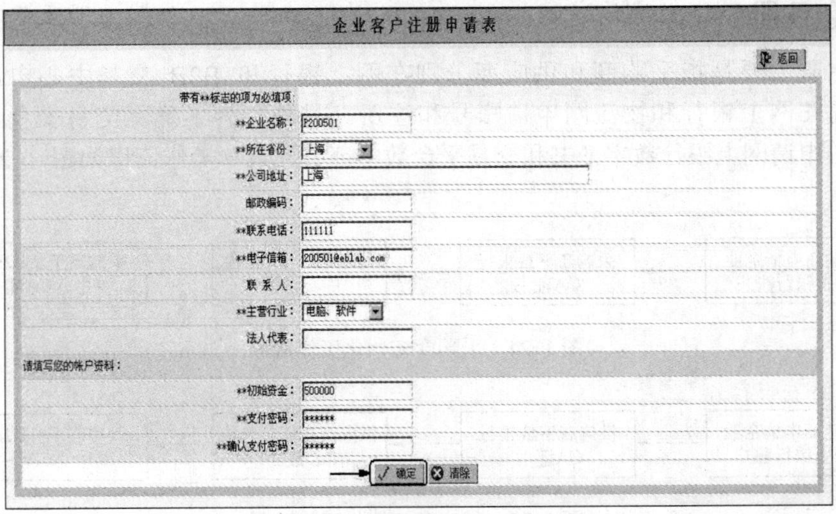
企业客户注册申请表
返回
带有**标志的项为必填项
**企业名称：P200501
**所在省份：上海
**公司地址：上海
邮政编码：
**联系电话：111111
**电子信箱：200501@eblab.com
联系人：
**主营行业：电脑、软件
法人代表：
请填写您的账户资料：
**初始资金：500000
支付密码：****
确认支付密码：****
确定
清除

图 1-28　填写企业客户注册申请表

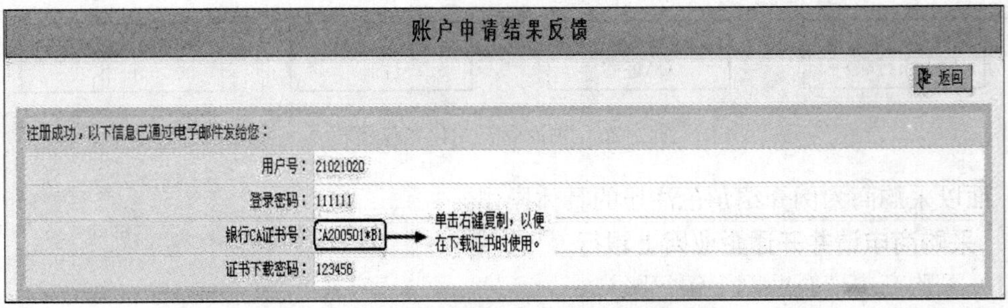
账户申请结果反馈
返回
注册成功，以下信息已通过电子邮件发给您：
用户号：21021020
登录密码：111111
银行CA证书号：CA200501*B1
单击右键复制，以便在下载证书时使用。
证书下载密码：123456

图 1-29　企业网上银行账户申请结果反馈

（2）采购商下载银行 CA 证书

在图 1-27 所示的电子银行首页，选择“企业银行证书下载”，出现如图 1-30 所示证书“下载验证”对话框。输入证书编号和下载密码，根据提示保存或直接打开数字证书文件。

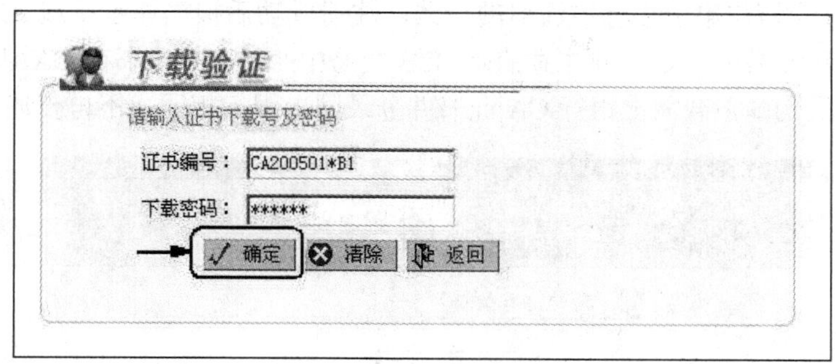

图 1-30　证书下载验证

（3）采购商登录企业网上银行

在图 1-27 所示电子银行首页，选择“登录企业网上银行”，出现如图 1-31 所示“电子身份验证”消息框，选择采购商数字证书，单击“确定”按钮出现如图 1-32 所示登录页面。输入正确的登录信息，即可成功登录企业网上银行。

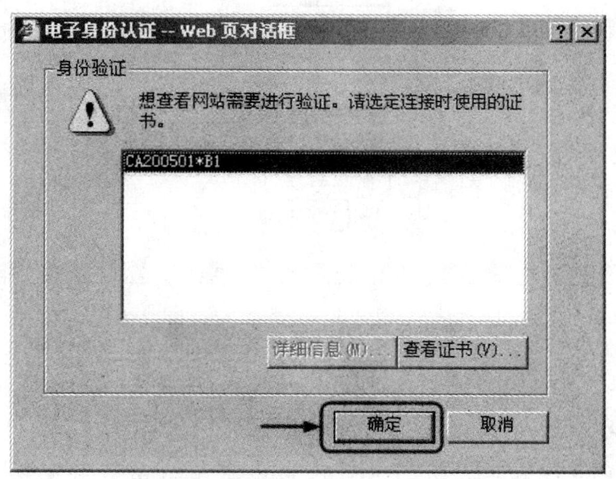

图 1-31　企业网上银行身份认证

图 1-32　输入登录信息

2．采购商申请加入第三方 B2B 交易中心

采购商在如图 1-19 所示的 B2B 交易中心前台首页选择“会员注册”，填写如图 1-33 所示的会员注册表单。注册信息要尽量填写详细完整，以便于贸易伙伴随时通过 B2B 交易中心了解企业情况。另外还要注意，选择“企业类型”为“采购商”或“供应商”，所填写的“银行账号”信息应该与电子银行中注册的一致。注册成功后根据提示下载 CA 证书并利用 CA 证书登录 B2B 交易中心。需要注意的是 B2B 交易中心的 CA 证书在 CA 认证中心首页下载。其他操作与采购商下载网上银行 CA 证书并登录网上银行相同，不再赘述。

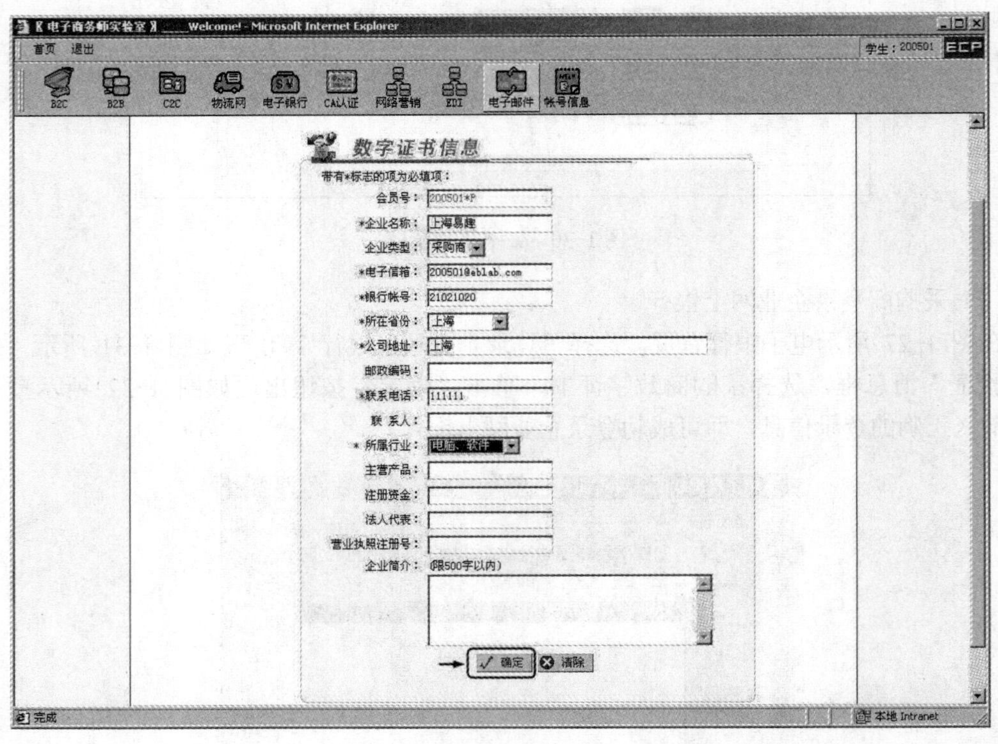

图 1-33 填写会员注册信息

1.2.3 直接订单交易

直接订单交易是指采购商直接在 B2B 交易平台下订单，并根据订货单直接生成销售单，没有洽谈和签订电子合同等交易环节的交易方式，主要适用于小额订单交易和长期合作伙伴之间的交易。

1．直接订单交易前的准备工作

直接订单交易前的准备工作如图 1-34 所示，具体包括：供应商在 B2B 交易中心发布商品供应信息、物流商在物流网发布物流服务信息、采购商和供应商签约建立业务关系、供应商和物流商签约建立业务关系。

（1）供应商在 B2B 交易中心发布商品供应信息

开始交易之前，供应商首先必须在 B2B 交易中心发布商品供应信息，具体操作步骤是：供应商登录 B2B 交易中心后台，选择 “产品目录”→“新增产品”，编辑如图 1-35 所

示商品信息页面。输入产品信息后，单击“保存”按钮即可发布商品供应信息。

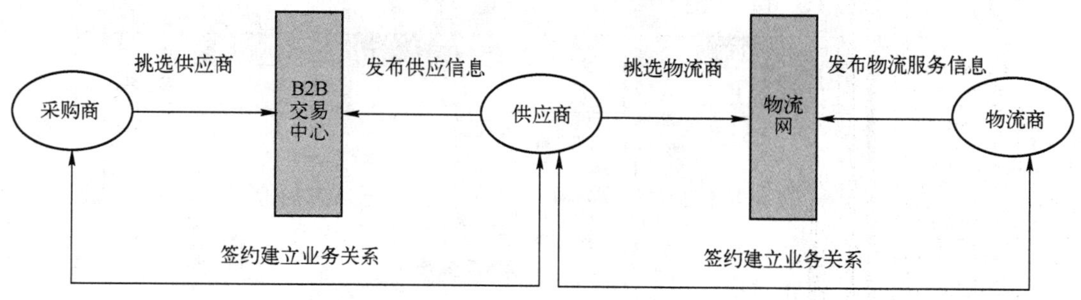

图 1-34　交易前的准备工作

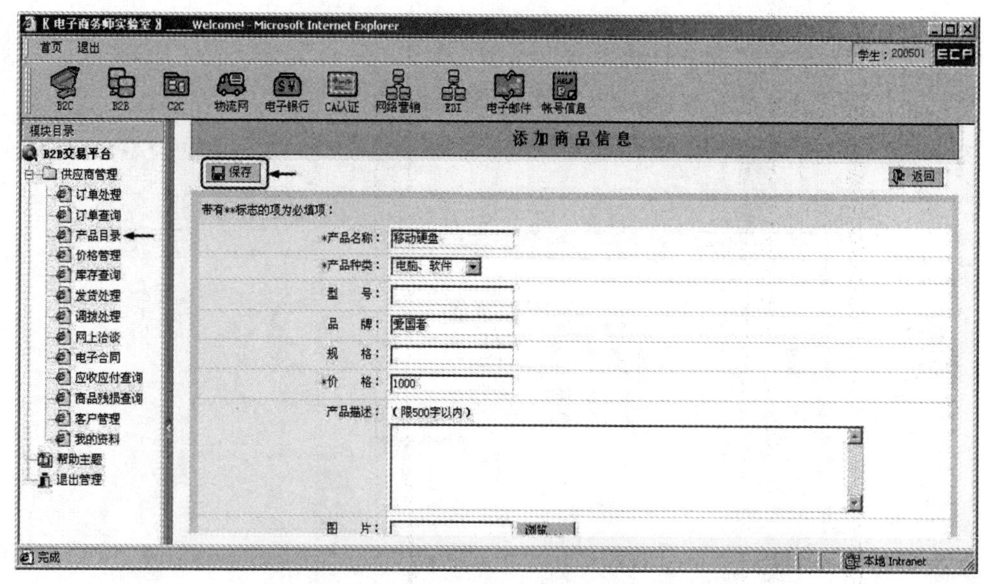

图 1-35　供应商发布商品信息

（2）物流商在物流网发布物流服务信息

物流商以会员身份登录物流网后台管理平台，分别选择“仓库管理”→“新增仓库”和“车辆管理”→“新增车辆”，分别填写如图 1-36 和 1-37 所示的仓库信息和车辆信息，即可完成物流服务信息的发布。

（3）采购商和供应商建立业务关系

在本模拟软件中，采购商和供应商之间的长期业务关系主要通过签约商户的方式完成。所谓签约商户是采购商与供应商签订了长期销售合约的一种合作伙伴身份。采购商申请成为供应商的签约商户后，供应商将会根据采购商的业务量，给予其比较优惠的价格和更长的付款期限。具体申请流程如下。

1）采购商挑选供应商，并提出签约申请。采购商以会员身份登录 B2B 交易中心，查看供应商信息。单击感兴趣的供应商名称后会出现如图 1-38 所示供应商详细信息，单击“申请成为签约商户”按钮后，出现签约协议，单击“同意”按钮后，屏幕显示反馈信息“您的申请材料已提交成功，请等待供方审批。”

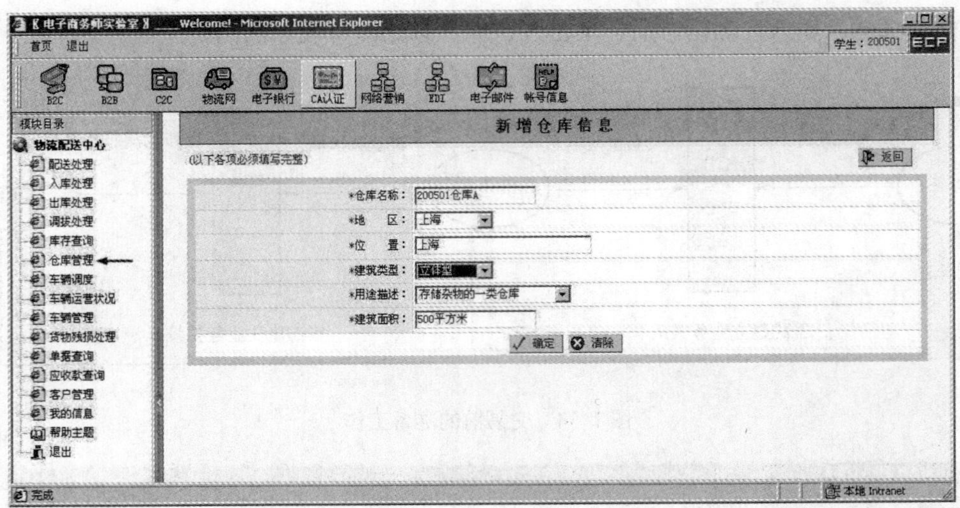

图 1-36 物流商发布仓库信息

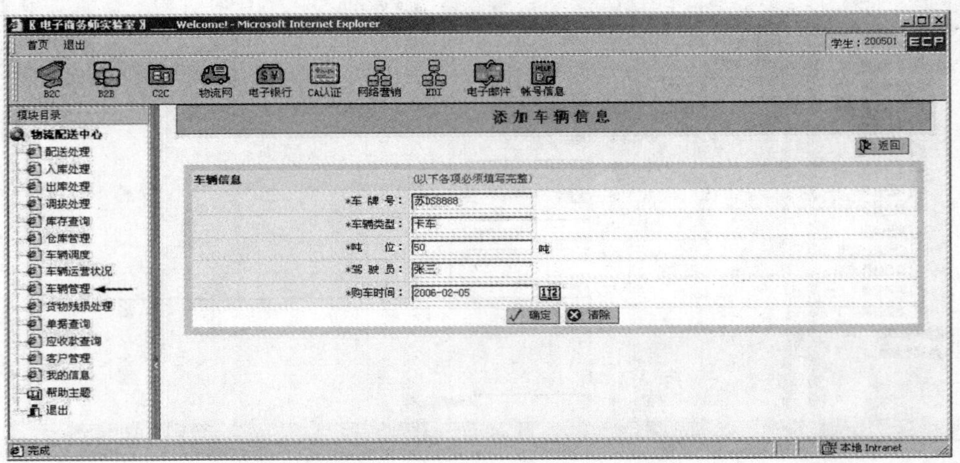

图 1-37 物流商发布车辆信息

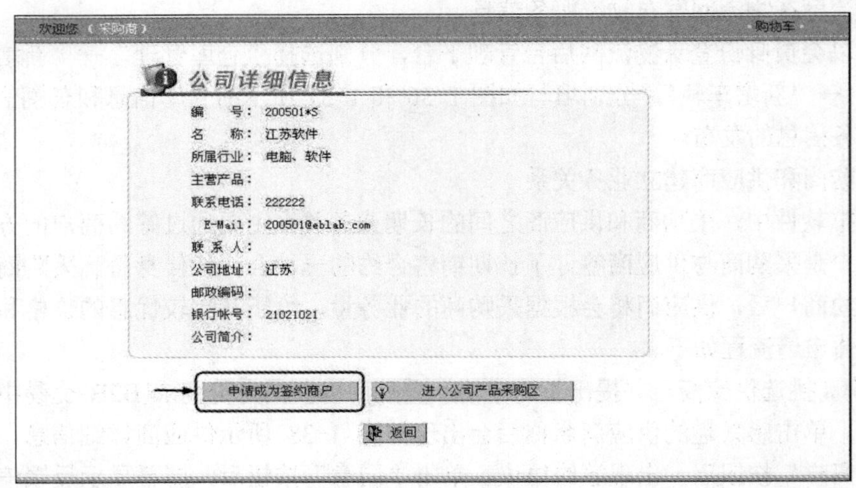

图 1-38 采购商申请成为签约商户

2）供应商对采购商提出的签约申请进行审批。供应商登录 B2B 交易中心后台管理平台，在“客户管理”中选择需要签约的采购商并查看其详细信息。对符合条件的采购商设置信誉等级和信誉额度，单击“同意签约”即可完成签约过程，如图 1-39 所示。其中信誉额度是指付款期，信誉额度越大，付款期越长。

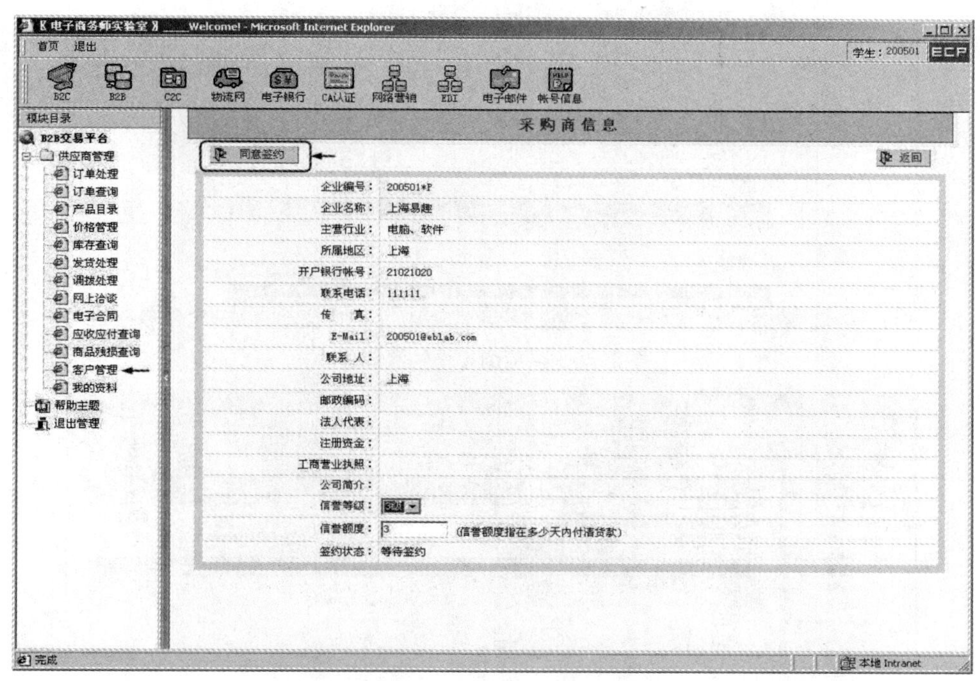

图 1-39　供应商同意签约

（4）供应商和物流商建立业务关系

在本模拟软件中，供应商和物流商之间的长期业务关系也通过签约的方式完成。在供应商提出物流服务申请后，物流商审批完成签约，接下来供应商就可以委托物流商完成仓储、配送等物流服务，所有的业务单据都通过 B2B 交易中心和物流网完成数据交换。

1）供应商提出物流服务申请。供应商在物流网挑选感兴趣的物流商，并查询其详细信息。选择“申请物流服务”，如图 1-40 所示，出现签约协议，单击“同意”按钮后，屏幕显示反馈信息“物流服务申请成功，请等待物流商审批！”。

2）物流商审批物流服务申请。物流商登录物流网后台管理平台，选择“客户管理”→“客户明细”，审核供应商信息，挑选符合条件的供应商并签约同意提供物流服务。

3）供应商向物流商发货，准备库存。供应商登录 B2B 后台管理平台，选择“发货处理”→“新建发货单”，填写发货信息，包括收货方、收货仓库、商品信息、发货数量等，最后单击“确认发货”，如图 1-41 所示，完成向物流商的发货操作。

4）物流商收货并按货主要求入库。物流商登录物流网后台管理平台，选择“入库处理”→“入库单明细”，出现图 1-42 所示明细信息，单击“确认入库”，完成入库操作。

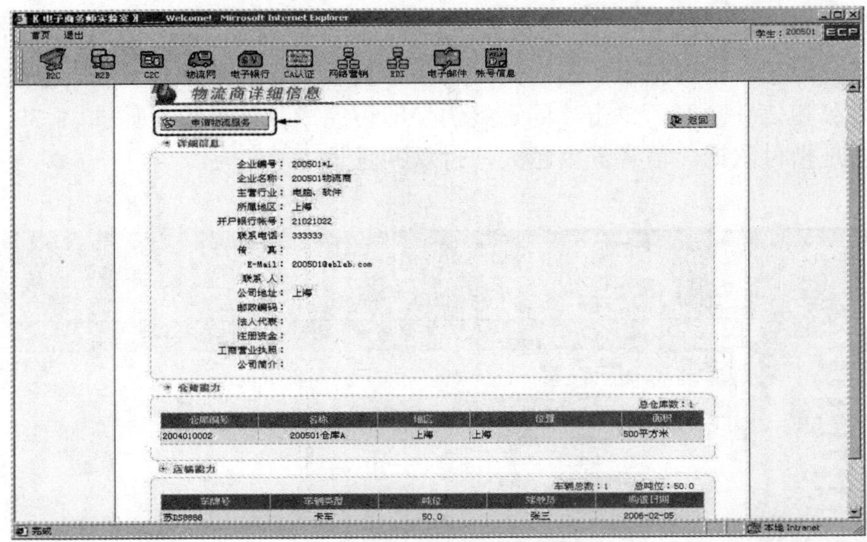

图 1-40　供应商申请物流服务

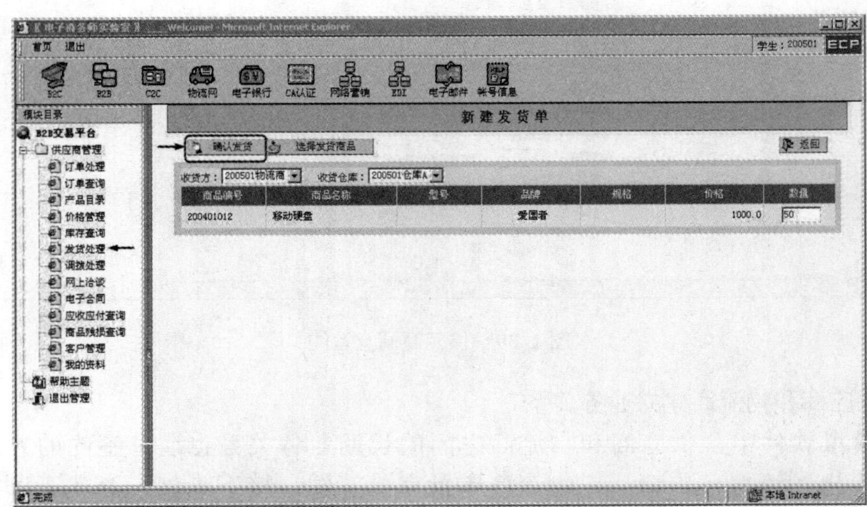

图 1-41　供应商向物流商发货

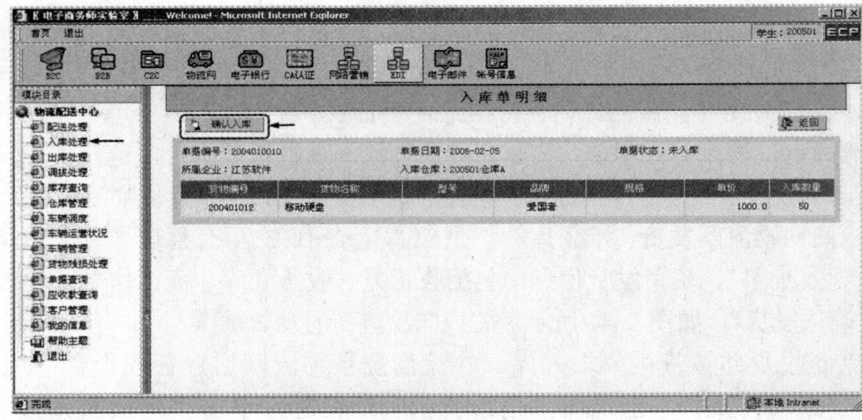

图 1-42　物流商确认入库

2. 直接订单交易过程

有了前面的交易准备工作，就可以进行直接订单交易了，其主要工作流程如图 1-43 所示，具体业务流程包括：采购商选购商品、生成订货单、供应商受理订货单、采购商二次确认订货单并生成销售单、供应商根据销售单生成配送单并传递给物流商、物流商配送货物、采购商收货付款、供应商与物流商结算物流服务费用。

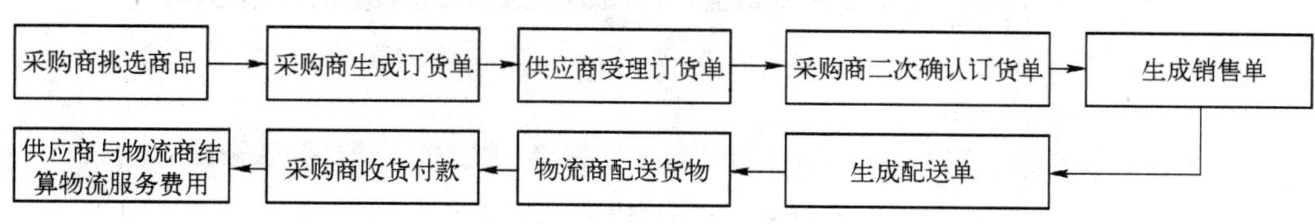

图 1-43　直接订单交易过程

(1) 采购商生成订货单

订货单是由采购部门编制、授权供应商提供商品的凭证。订货单上一般包括供应商名称、采购项目、数量、价格、付款条件、运输方式等。采购商登录 B2B 交易中心，进入商品展厅，查看商品信息，进入产品采购区挑选商品，并单击“购买”，将产品放入购物车。在“购物车”中可根据需要修改购买数量，然后单击“重新计价”按钮，再单击“生成订货单”按钮，最后选择订单支付方式和最迟交货日期，即可生成订货单，如图 1-44 所示。对于订单的付款方式，本模拟软件给出了电子支付和银行转账两种方式，前一种方式是利用电子银行在线支付，后一种方式是银行转账网下支付。在实际 B2B 交易中，一般也同时支持网上、网下支付方式，但是对于交易金额比较大的订单，企业一般还是选择“在线订购，离线支付”的交易模式。

订货单

返回

客户名称：上海易趣　　是否签约商户：是　　信誉额度：3

商品明细：

产品代号	产品名称	型号	品牌	规格	单价	数量	小计
200401012	移动硬盘		爱国者		¥1000.0	10	¥10000.0
					合计：	10	¥10000.0

请选择你的交易方式：（以订单方式进行交易，可以享受签约商户的折扣优惠！）

订单支付方式：◉电子支付　○银行转账

最迟交货日期：2006-2-20

确定

图 1-44　采购商生成订货单

(2) 供应商受理订货单

供应商登录 B2B 后台管理平台，选择“订单处理”→“订单明细”，查看并审核订货单明细信息，审核后决定受理或撤消订单。若订货单完整有效，则单击“订单受理”按钮，如图 1-45 所示，订货单状态从“待受理”变为“待二次确认”，即等待采购再次确认订单。

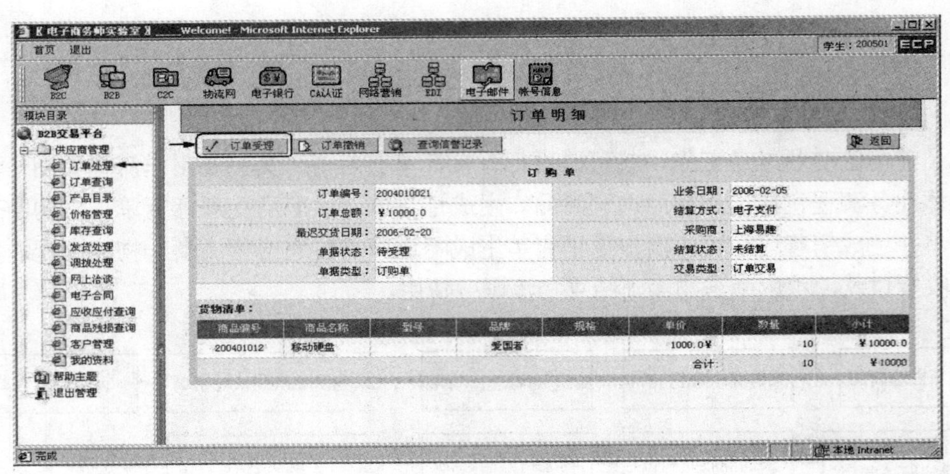

图 1-45　供应商受理订货单

（3）采购商二次确认订货单

采购商登录 B2B 后台管理平台，选择“订单处理”→“订单明细”，二次确认经供应商审核后的订货单明细信息，并最终确认订单或撤销订单，如图 1-46 所示。如果选择“订单确认”，即完成订货单二次确认，此时订单状态由“待二次确认”变为“销售处理”，系统自动根据订货单生成了代表销售完成的销售单。

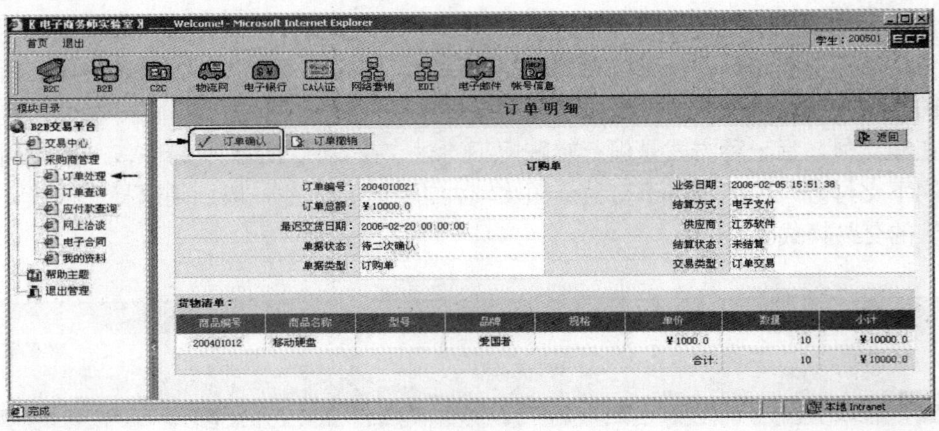

图 1-46　采购商二次确认订货单

（4）供应商处理销售单

供应商登录 B2B 后台管理平台，选择“订单处理”→“订单明细”，查看销售单明细信息，并单击“生成配送单”按钮根据销售单生成配送单，如图 1-47 所示。接下来供应商填写配送单详情，包括“收货详细地址”、“运输要求”等，并选择所合作的物流商，单击“确定”按钮，即可通过网络平台将填好的配送单直接发送给物流商，如图 1-48 所示。

（5）物流商配送货物

物流商登录物流网后台管理平台，进行以下后台管理操作。

1）物流商根据配送单生成出库单。

物流商选择“配送处理”→“配送单明细”，查看配送单明细信息，如图 1-49 所示。单击“生成出库单”，物流商即可根据配送单生成出库单。

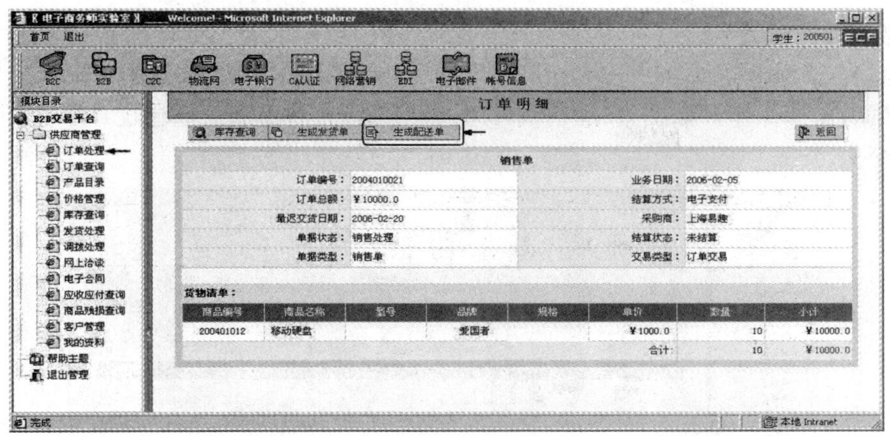

图 1-47　供应商根据销售单生成配送单

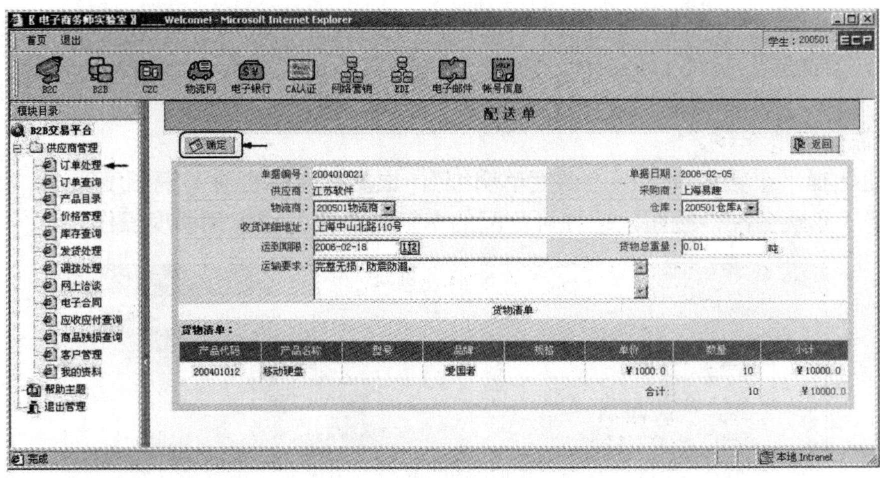

图 1-48　供应商填写配送单详情

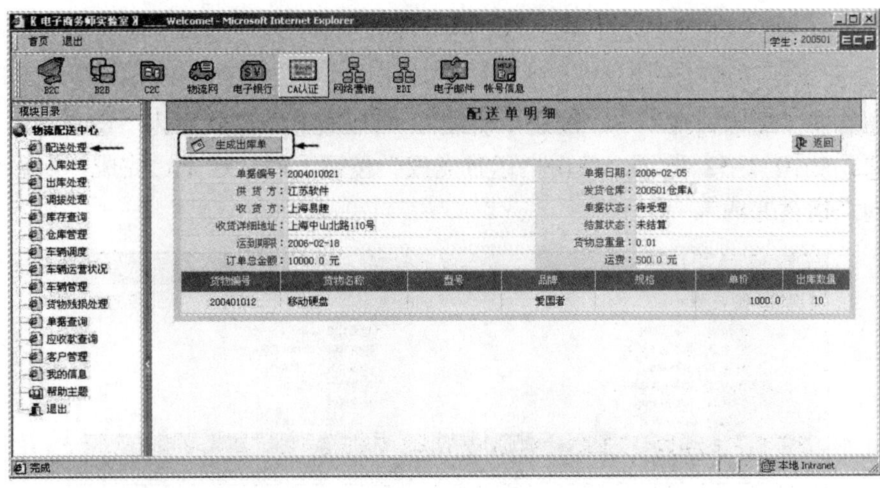

图 1-49　物流商根据配送单生成出库单

2）物流商确认出库。

物流商选择“出库处理”→“出库单明细”，查看出库单明细信息，并单击“确认出库”按钮确认出库操作，如图 1-50 所示。出库完成后，物流商可以通过“库存查询”功能查询库存变化。

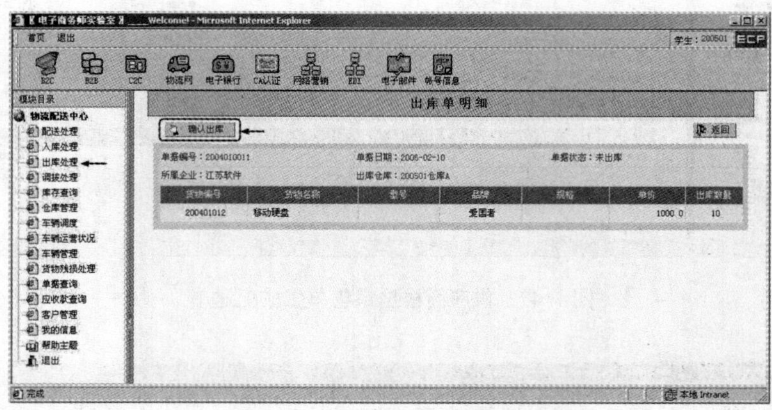

图 1-50　物流商确认出库

3）物流商调度车辆。

物流商选择“车辆调度”→“调度单明细”，根据配送单查看车辆调度明细，如图 1-51 所示。单击“车辆分配”按钮，选择可分配的车辆，即可完成车辆调度操作。

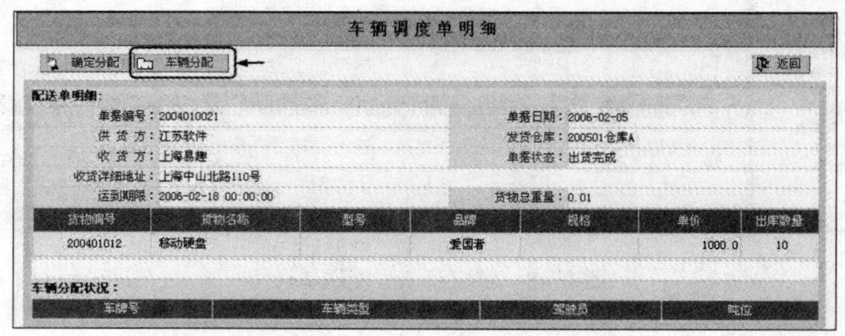

图 1-51　物流商调度车辆

4）物流商确认送货已完成。

物流商选择“配送处理”→“配送单明细”，可以查看单据状态为“送货途中”的配送单明细信息，如图 1-52 所示。单击“送货完成”按钮，确认送货已完成，刷新网页后单据状态变为“送货完成”。

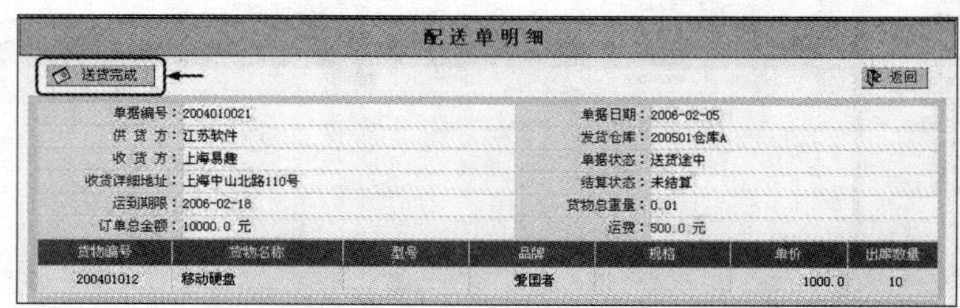

图 1-52　物流商确认送货已完成

（6）采购商收货付款

采购商登录 B2B 后台管理平台，选择“订单处理”→“订单明细”，查看订单状态为“送货完成”、结算状态为“未结算”的订单明细信息，并单击“收货确认”按钮完成收货，如图 1-53 所示。企业收到采购的商品后，必须由验收部门对商品进行验收，编制验收单，正确记录收到的商品的种类、数量、供应商名称、订单号以及其他有关资料的凭证。商品验收完毕后必须根据约定的付款方式支付货款，并及时正确地记录企业确已发生的采购业务。在本模拟软件中，采购商可以登录 B2B 后台管理平台，选择“应付款查询”→“应付款明细”，可以查看到与供应商发生的每一笔应付款订单，如图 1-54 所示。单击“订单明细”按钮，可以查看到应付款订单的详细信息，并完成订单结算。如果订单支付方式为“在线支付”，则在订单明细页面中单击“订单结算”按钮后系统会自动转到网上银行，完成在线支付操作。

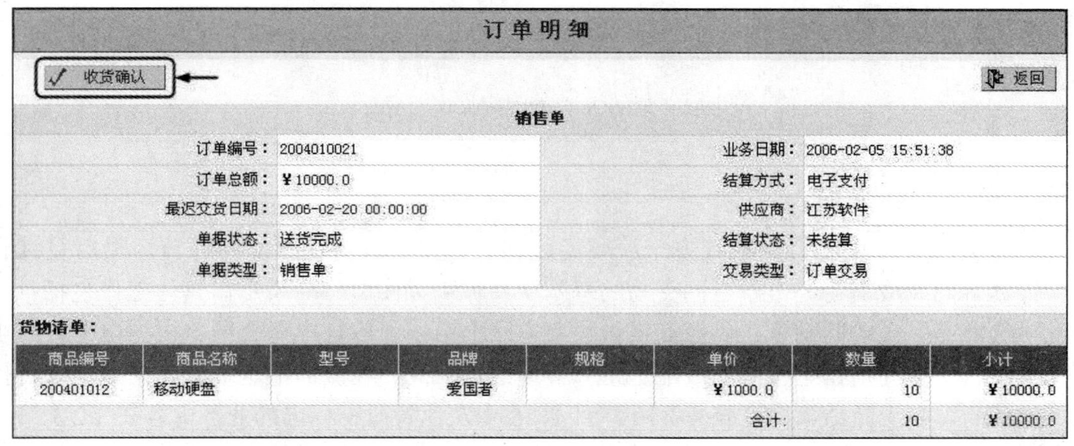

图 1-53　采购商确认收货

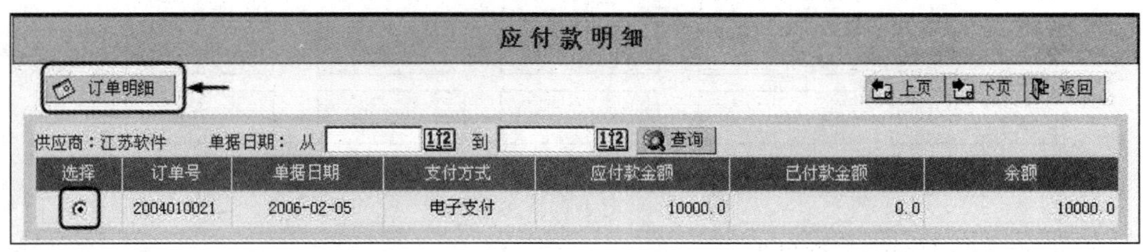

图 1-54　采购商查看应付款订单明细

（7）供应商应收应付款查询

供应商登录 B2B 后台管理平台，选择“应收应付查询”，在“应收款一览”和“应付款一览”中可以清楚地查询到应收应付往来帐，如图 1-55 所示。在“应付款一览”中，可以查询到尚未与物流商结算物流费用的配送单。供应商可以选择要结算的配送单，在线或离线支付物流费用。

（8）物流商收款确认，完成交易

物流商登录物流网后台管理平台，选择“应收款查询”，根据客户及配送单查询应收款明细。如果配送单的结算状态为“已结算”，说明应收款已收回。至此，B2B 交易全部结束。

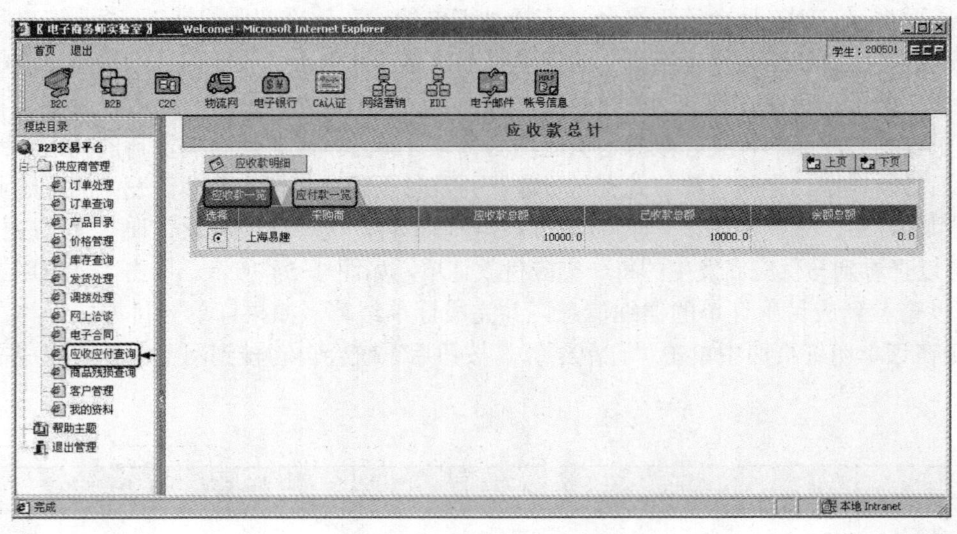

图 1-55　供应商查询应收款一览表

1.2.4　电子合同交易

对于大宗物资采购，交易双方一般要经过询价、报价、洽谈等交易环节，最后签订合同，根据合同完成交易。电子合同交易的基本交易流程如图 1-56 所示，具体工作包括：采购商挑选商品、采购商询价、供应商报价、双方网上洽谈、签订电子合同、根据电子合同生成销售单、供应商根据销售单生成配送单并传递给物流商、物流商配送货物、采购商收货付款、供应商与物流商结算物流服务费用。图 1-56 中灰色背景框标出的业务内容在 1.2.3 节已有介绍，此处不再赘述。当然，电子合同交易之前也必须完成必要的交易准备工作，其具体操作也与“直接订单交易”相同，不再重复。

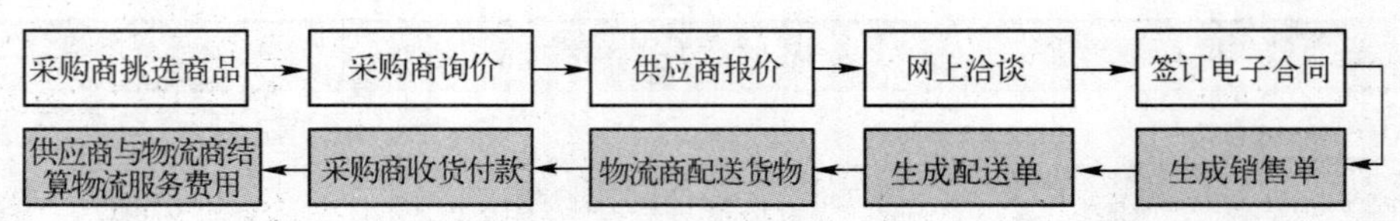

图 1-56　电子合同交易过程

1．采购商挑选商品并询价

采购商登录 B2B 交易中心，进入商品展厅，查看商品信息，然后进入产品采购区，单击“购买”，将产品放入购物车，图 1-57 显示出了购物车的信息。采购商根据需要修改购买数量，单击“重新计价”按钮，再单击“生成询价单”按钮，在如图 1-58 所示的询价单中填写询价说明信息，并通过网络平台把询价单传递给供应商。

2．供应商报价

供应商登录 B2B 后台管理平台，选择“网上洽谈”→“询价单明细”，查看待受理的询价单明细信息，并输入报价和报价说明，单击“提交报价”按钮，出现报价成功信息，如图 1-59 所示。

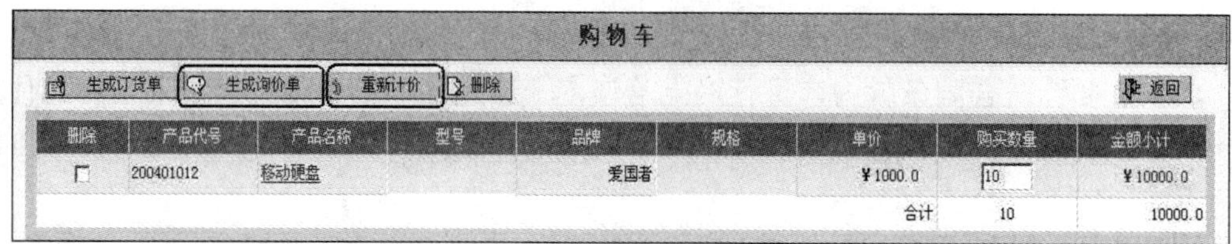

图 1-57　采购商生成询价单

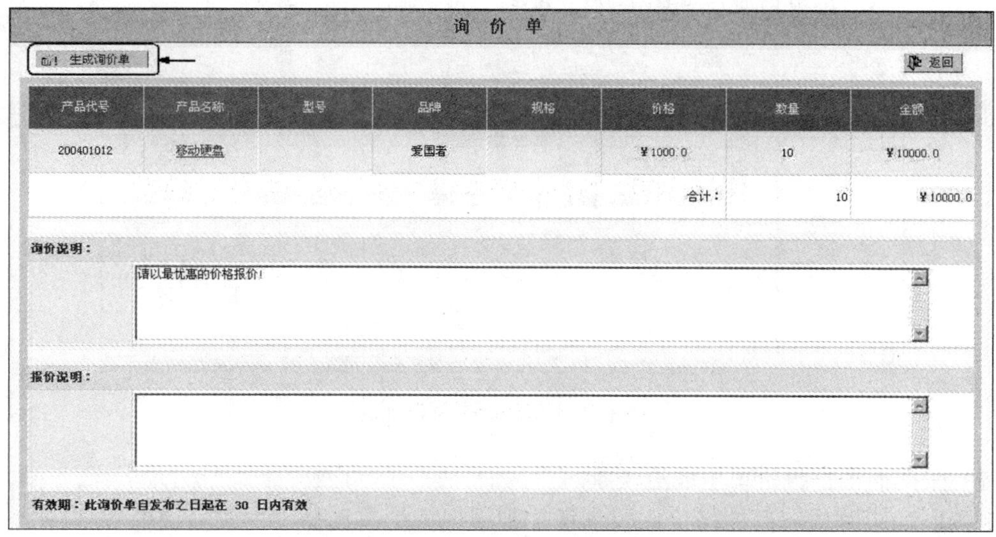

图 1-58　采购商填写询价单

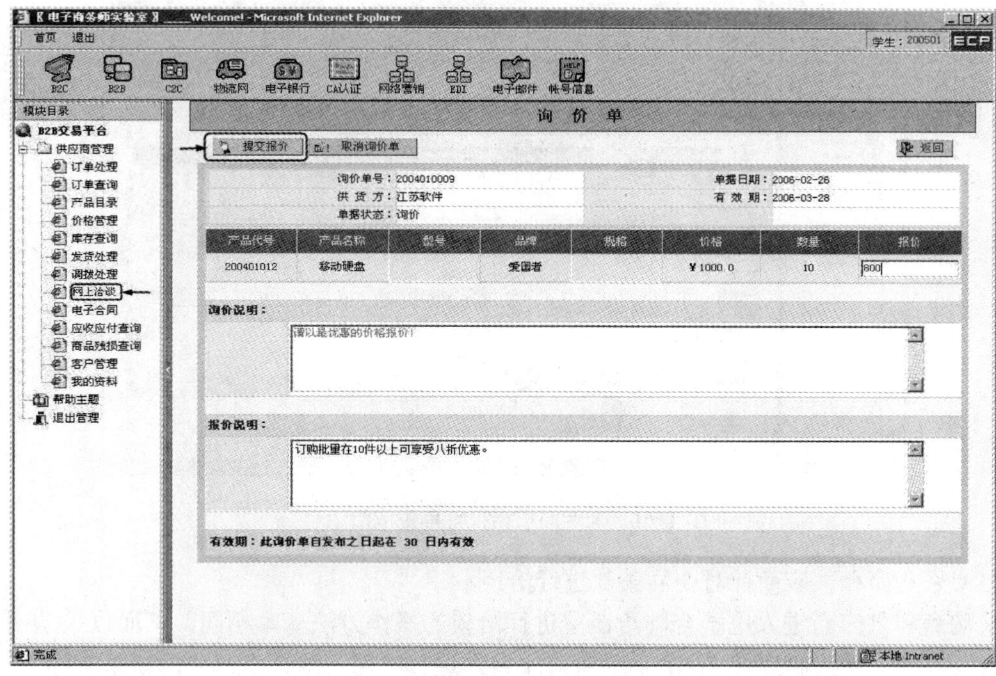

图 1-59　供应商报价

3．网上洽谈

此功能主要针对合同条款内容进行网上洽谈，一般包括以下条款：当事人名称和住所；标的；数量；质量；价格或者报酬；履行期限、地点和方式；违约责任；解决争议的方法。具体洽谈过程如下。

（1）采购商查看报价单

采购商登录 B2B 后台管理平台，选择“网上洽谈”→“询价单”，单击“询价单明细”按钮，查看供应商报价信息，如图 1-60 所示。

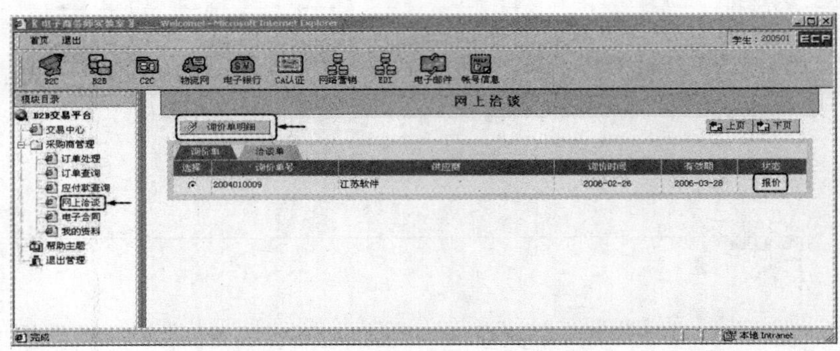

图 1-60　采购商查看报价单

（2）采购商根据报价单生成洽谈单

采购商如果对供应商的报价比较满意，则根据报价单选择“生成洽谈单”，以便与供应商进一步洽谈并签订合同，如图 1-61 所示。

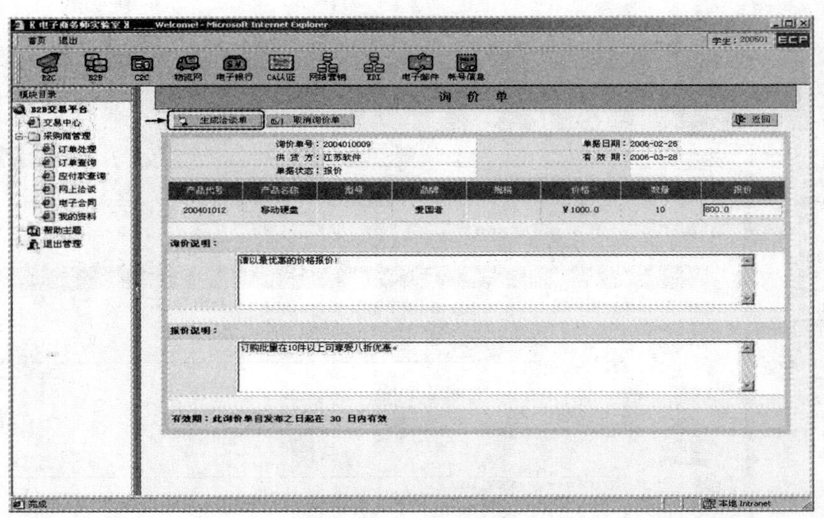

图 1-61　采购商根据报价单生成洽谈单

（3）采购商和供应商针对合同条款进行洽谈

采购商和供应商进入电子合同洽谈室进行洽谈的操作方法基本相同，下面以采购商为例说明洽谈方法。采购商登录 B2B 后台管理平台，选择“网上洽谈”→“洽谈单明细”，进入电子合同洽谈室，针对合同条款与供应商进行洽谈，如图 1-62 所示。电子合同洽谈室上方显示的是双方经洽谈后确定的合同条款内容，下方显示的是双方在线交谈的内容。如果当事人同意合同条款内容，则单击电子合同洽谈室左上方的“同意”按钮，否则可以直接修改相关条款的内容。洽谈结束后，直接单击电子合同洽谈室左上方的“提交”按钮即可提交已完成洽谈的电子合同内容。

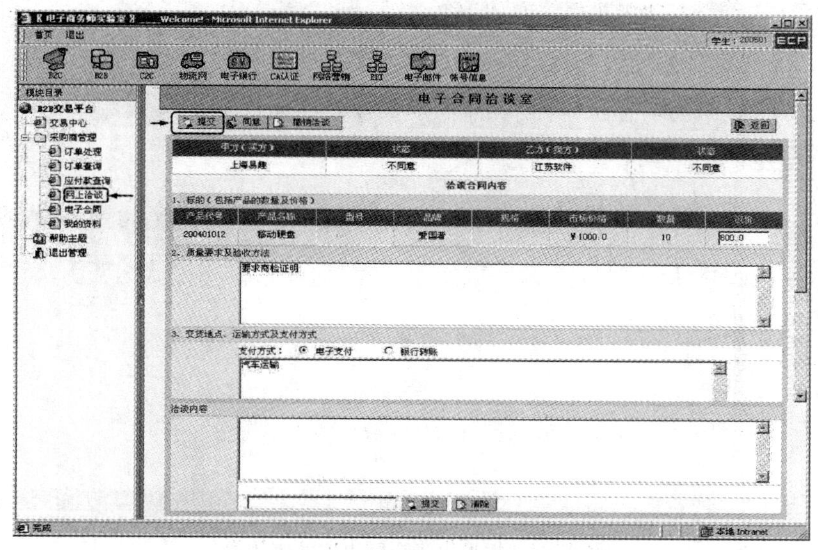

图 1-62　针对合同条款进行洽谈

4．签订电子合同

如果采购商和供应商对合同中的所有条款均同意，即可进入签订合同阶段。双方的操作方法基本相同，下面以供应商为例说明。供应商登录 B2B 后台管理平台，选择“电子合同”→“合同明细”，查看待签订的电子合同明细信息，如图 1-63 所示。核查后单击“签订合同”按钮即可完成电子合同的签订。

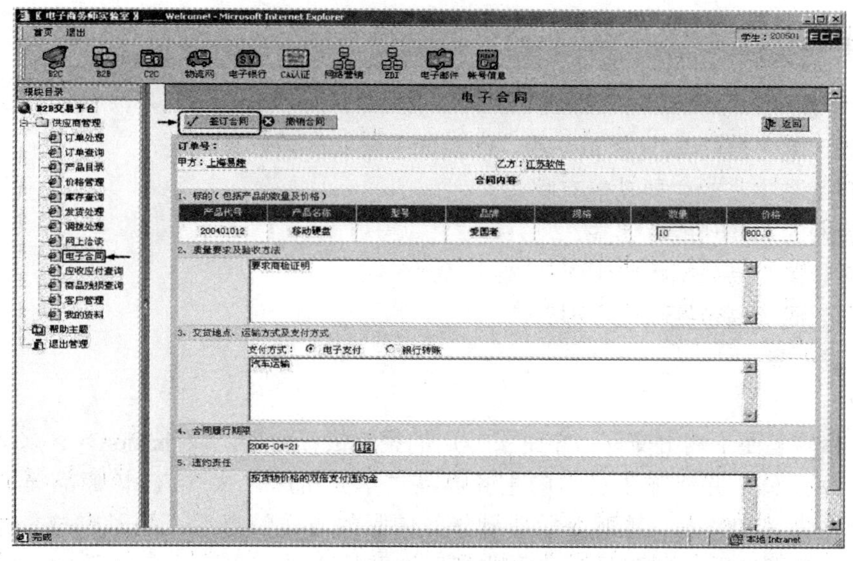

图 1-63　签订电子合同

5．履行合同

双方签订合同生效后，系统会根据合同自动生成销售单，如图 1-64 所示。供应商登录 B2B 后台管理平台选择“订单处理”，就可以查询到交易类型为“电子合同”的销售单。接下来对于销售单的处理与“直接订单交易”中的相关内容相同，不再重复。

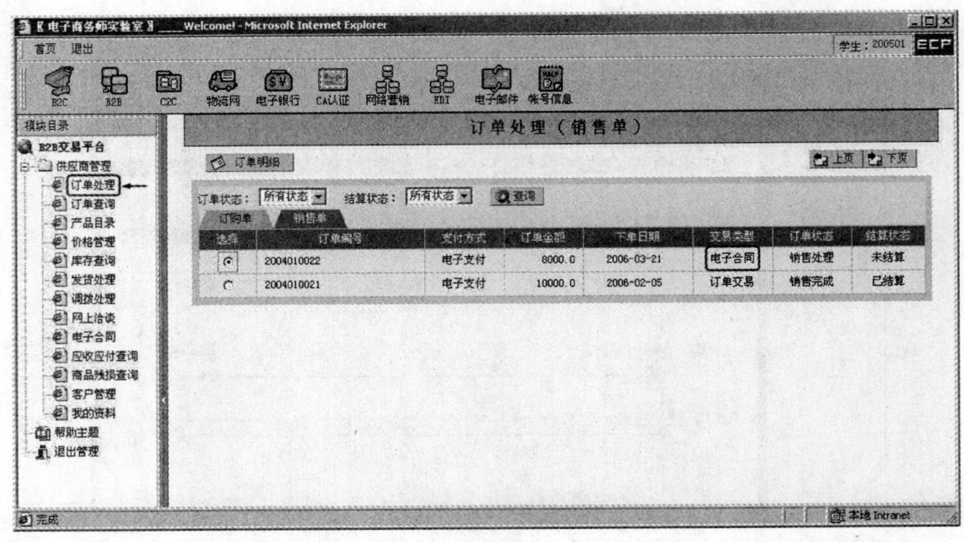

图 1-64　根据电子合同生成的销售单

归纳总结

本任务通过模拟第三方 B2B 电子交易平台的操作，初步掌握基于第三方 B2B 交易平台的一般业务流程，具体包括：入驻 B2B 交易平台、在 B2B 交易平台发布供求信息、建立不同贸易伙伴之间的业务合作关系、询价、报价、洽谈、签订电子合同、支付货款、物流配送等。

1.2.5　思考与实践

一、思考题

1．完成一笔完整的 B2B 模拟交易，涉及的主要交易角色有哪些？

2．B2B 交易中心的主要功能有哪些？

3．物流网的主要功能有哪些？

4．直接订单交易包括哪些步骤？

5．电子合同交易包括哪些步骤？

二、实践训练

1．背景

华升国际为了便于网上交易，申请了专用的企业银行账号，以 hasion×××为企业名称注册了供应商会员，并添加了公司的主营商品“华升机床×××”。该商品属于“机械工业”类，价格为 6800 元。善舰公司看到华升国际的宣传信息后，为了能与之进行贸易合作，在网上申请了企业专用账号和“采购商”类型的会员，注册信息为“sanjian×××”。

在交易中心里搜索到华升机床后，善舰公司便向该公司申请了签约商户，华升国际看到申请立即进行了审批，并设置信誉级别为 3、信誉额度为 20，这样他们就形成了贸易伙伴。善舰公司立即填写了以 15 万元一次性购买 3 台该机床的询价单，华升国际对其进行了报价，报价为 4800 元/台。最终他们经过洽谈签订了电子合同。

2．任务要求

请在电子商务实验室中模拟上述操作，所需其他注册信息自定义，×××代表系统登录号的后三位。

项目 2　在阿里巴巴中文站进行网络贸易

本项目主要任务

- □ 熟悉阿里巴巴中文网站的架构和基本功能
- □ 熟悉阿里巴巴中文网站的会员类型及注册方法
- □ 发布产品供求信息、公司信息进行网络推广
- □ 布置网上商铺
- □ 网络社区营销
- □ 网络增值推广服务
- □ 捕捉商机和询价管理
- □ 网上在线洽谈与安全防范
- □ 根据订单进行网络采购
- □ 网上支付

任务 2.1　熟悉阿里巴巴中文站平台并注册账号

任务目标

本任务主要熟悉阿里巴巴中文站的基本情况，包括了解阿里巴巴中文站的架构和基本功能、熟悉阿里巴巴中文站中不同账号类别和功能差异，熟悉会员注册流程，掌握在阿里巴巴中文站上注册各类账号的基本操作流程。

任务分析

利用第三方电子商务平台开展电子商务已经成为中国众多中小企业实施电子商务的主要方式之一。阿里巴巴中文站是阿里巴巴服务于国内中小企业的 B2B 电子商务网站，是目前最受欢迎的 B2B 网络贸易平台。

本次任务主要熟悉阿里巴巴中文站，区别阿里巴巴中文站中不同账号的类别和功能差异，并在中文站上进行账号注册，为后续在该平台上进行网络贸易提供基础数据和信息。

任务实施

进入阿里巴巴中文站→注册普通账号→登录阿里助手→查询企业会员诚信通指数。

2.1.1　熟悉阿里巴巴中文站平台

1. 阿里巴巴中文站的架构

阿里巴巴中文站（http://www.alibaba.com.cn，http://www.china.alibaba.com）是全球最

大的中文网上贸易市场与商人社区，它汇集海量供求信息，是专门为中国的中小企业量身定做的 B2B 大型电子商务平台。截至 2009 年 6 月 30 日，已拥有三千万注册用户，其中诚信通会员有近四十万家。阿里巴巴中文站行业覆盖范围很广，基本上包括生产型、贸易型以及服务型的各类企业。

阿里巴巴中文站首页如图 2-1 所示，从首页中可以看到其主要栏目、功能、布局，以及整个阿里巴巴中文站大致的服务导航。

图 2-1 阿里巴巴中文站首页

阿里巴巴中文站主要的用户群为企业用户和个人用户。贸易公司可以在阿里巴巴网站找到国内的供应商、代理商和产品；中间销售商也可以在阿里巴巴网站找到货源和客户；服务型企业，如物流公司、广告公司以及各种各样的中介公司，他们都会在阿里巴巴找到他们想要的客户。个人用户主要是一些个体经营者，他们在阿里巴巴网站做生意。创业者、公司管理人员、公司的业务人员，以及一些专业人士都可以在阿里巴巴网站找到想要的信息。

除此之外，阿里巴巴中文站还有一个商人社区，其中包括商友、商业资讯、论坛、博客以及阿里帮帮，会员们可以在这里找到最新的行业信息，进行商业交流以及商业咨询。

2. 阿里巴巴中文站的功能

阿里巴巴中文站的功能主要是为企业搭建一个网上贸易平台和网上交流平台，它包括十大功能频道、行业分类、城市分站以及用于网上交流的各种辅助功能。

（1）十大功能频道

十大功能频道包括找产品、找公司、找加工、库存二手、批发进货、创业加盟、找展会、商业服务、找买家和价格行情等。

其中主要的频道有以下 7 种。

1）找产品。买家在此频道可以查找各种产品信息、样品图片以及最新供应信息。

2）找公司。公司频道主要展示的是企业公司信息，买家可以从此频道方便地寻找各行各业的公司。

3）找加工。加工频道满足买家订制、加工产品的需求，买家在此频道可查找加工产品信息和加工公司信息。

4）库存二手。买家在这个频道可以查找各种想购买的库存产品或者二手产品信息。

5）批发进货。该频道以小额批发用户为目标群体，如 taobao 卖家。商品类别集中在各种终端消费品，包括饰品、化妆品、箱包、鞋、帽、服装、计算机、数码产品等。该频道从阿里市场精心挑选了额度要求小或价低质优的商品信息，体现了市场的潮流趋势。

6）商业服务。这是展示各商业服务提供商最新服务信息的频道，它可以为企业提供优质服务，促进企业发展并削减企业运营成本。

7）找买家。买家频道是展示买家采购需求，提供买家服务的频道。

（2）行业分类和省市分站

阿里巴巴中文站按照不同的行业，将各种产品信息放在相应的行业类目下面，以便买家能够很快地根据类目找到需要购买的产品。阿里巴巴中文站的行业分类包括工业品、消费品、原材料和商业服务 4 大类，涵盖了 40 多个行业领域。

另外，阿里巴巴中文站按照公司所在的地区，又开设了一些城市分站，将该地区的一些信息进行集中展示，让买家可以根据省市就近选择合适的供应商。目前阿里巴巴中文站下已有浙江分站、广东分站、江苏分站、福建分站、广东中山站等若干个城市分站，如图 2-2 所示。

（3）辅助功能

作为一个信息交流平台，阿里巴巴中文站可以使客户通过做生意、看行情等一系列网络贸易活动结交到一些朋友，借此找到良好的贸易伙伴、拓宽商业渠道、带来更多的商业机会。阿里巴巴提供的辅助功能包括商友、商业资讯、论坛、博客、阿里帮帮等。

1）商友。在这里可以通过一些商友活动等来拓宽人脉，快速找到商业合作伙伴。

2）商业资讯。在这里汇聚了实时的价格行情、流行的新奇产品、实用的商务资料。

3）论坛。在这里数百万商人以商会友，讨论各行业的精彩话题，听取成功者的经验，掌握失败者的教训，还可以实时发布商业信息，关注各行业最新动态。

4）博客。这里有商人日记、商友日志、网络日志，有免费提供的专业博客托管服务，并拥有权威的商业博客、专家博客、贸易博客、管理博客、营销博客等精彩热点博客，为用户提供免费的商业操作技巧和商业咨询等服务。

5）阿里帮帮目前是一个基于论坛的商人互助平台，为几千万用户提供了一个进行紧急求助、展示鲜活案例、学习实战经验的互动区。

图 2-2　阿里巴巴中文站城市分站

2.1.2　熟悉阿里巴巴中文站的账号类型

阿里巴巴中文站是一个高速发展的商务平台。为了更有效地发布商业信息、获取反馈、提高成交率，客户需要进行注册并且通过会员验证成为会员。只有成为会员后，才可以在阿里巴巴网站发布供求信息、公司介绍，进行留言反馈等，轻松开始网上贸易。

阿里巴巴中文站会员包括普通会员和诚信通会员。普通会员不收取任何费用，可发布产品供求信息、公司信息，同时可查看网站上发布的所有供应信息及联系方式；诚信通会员是收费会员，实行年费制，需具备合法注册、合法年检的营业执照方可申请加入，能享受更超值的推广服务。

下面具体介绍两种不同类型的会员享有的服务内容。

1．普通会员

注册成为阿里巴巴中文站普通会员享有以下免费服务。

1）发布产品供求信息，吸引买家或供应商。

2）加入公司库，树立公司形象。

3）在以商会友论坛里畅所欲言，和业内人士交朋友。

4）使用贸易通等多种在线交流工具，和百万商人网上谈生意。

2．诚信通会员

诚信通会员享有比普通会员更多的增值服务。诚信通会员是阿里巴巴中文站于 2002 年 3 月 10 日正式推出的一项收费服务，它主要用以解决网络贸易信用问题，专为中小企业量身定制，提供强大的服务，提高成交机会，是阿里巴巴搭建安全的网络交易平台的一个创举。目前诚信通会员数已达 35 万，诚信通会员的成交率约 76.9%，诚信通会员的续签率约 80%。

以下是诚信通会员享有的网上和线下服务项目。

表 2-1　诚信通会员享有的服务内容

网 上 服 务	线 下 服 务
独一无二的 A&V 认证，拥有诚信通档案，能够赢得买家信任	展会：足不出户带您全国去参展，推广企业和产品
拥有诚信通企业网站，热销用户的产品	采购洽谈会：与国内外世界级大买家做生意
提供强大的查看功能，独享千万级买家信息，订单滚滚来	培训会：交流网上贸易技巧，分享成功经验
发布商业信息，优先推荐，获得买家关注	交流："以商会友"社区提供最热的行业资讯和讨论，教您如何网上做生意
管理信息，方便查看和管理 留言反馈，买家询价，第一时间即时了解	专业服务：服务人员为您全年提供每天 8 小时的专业咨询服务

2.1.3　阿里巴巴会员注册

注册为阿里巴巴会员是利用阿里巴巴平台开展网络贸易的第一步。阿里巴巴会员能够获得不断升级的专业服务，如发布供求信息、发布公司信息，对感兴趣的供求信息询价、报价，与千万商人朋友进行交流等。下面分别介绍免费会员和诚信通会员的注册流程。

1．免费会员注册

（1）填写注册信息

在阿里巴巴中文站的首页和其他子页面右上方，都有"免费注册"按钮，点击此按钮会打开如图 2-3 所示表单，申请者需要设置账户信息、填写姓名和联系方式以及公司名称和主营业务等，可按照提示逐步填写，应注意会员填写的信息应当是真实有效的。填写完成后，点击"同意服务条款，提交注册信息"按钮。

（2）选择会员类型

提交并保存注册信息后，会弹出会员服务类型的窗口，如图 2-4 所示。申请普通会员的流程比较简单，单击"注册普通会员"中的"下一步"按钮，即可在线逐步完成全部注册过程。

（3）邮箱验证并注册成功

为了更有效的发布商业信息、获取反馈，提高成交率，普通会员需要对登录名进行验证。会员验证主要通过"电子邮件"验证方式。弹出如图 2-5 所示的邮箱验证页面后，只要登录注册邮箱，并按提示点击确认的链接，如图 2-6 所示，即可完成注册。

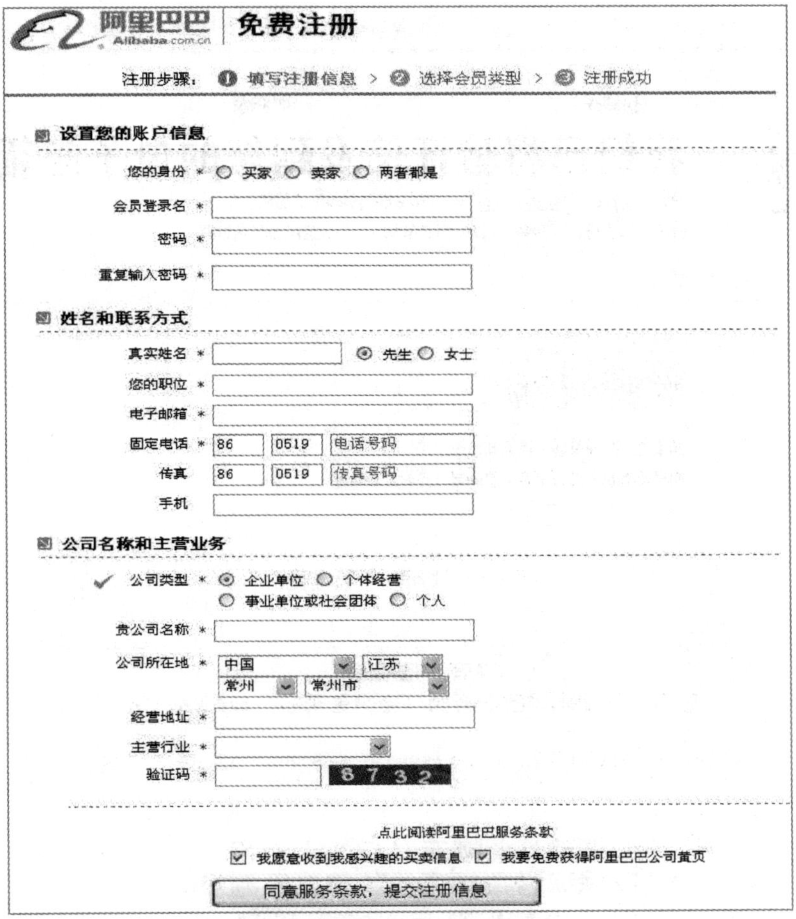

图 2-3 “填写注册信息”页面

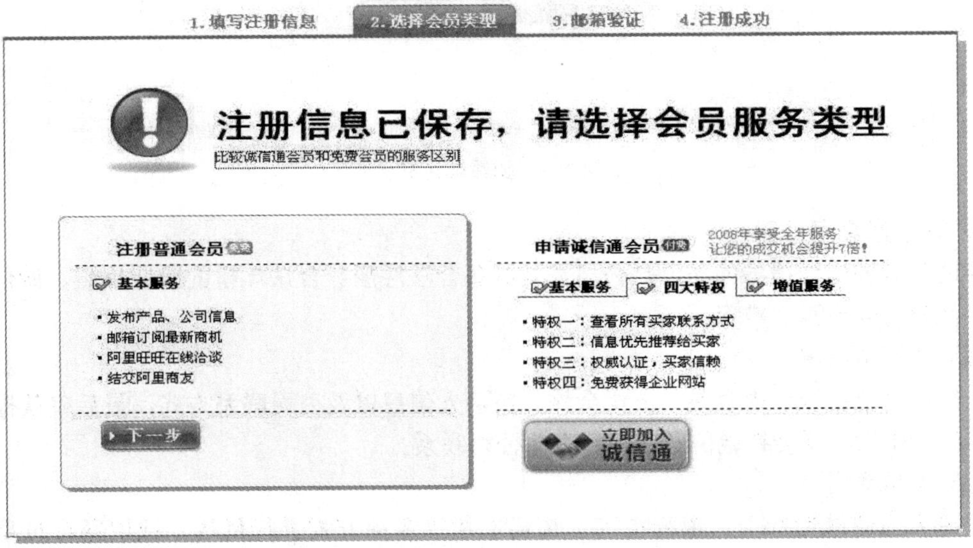

图 2-4 “选择会员类型”页面

图 2-5　注册邮箱验证提醒

图 2-6　邮箱确认页面

2．诚信通会员注册

申请加入诚信通服务的条件是公司需要具备合法注册、合法年检的营业执照。诚信通账号的申请分为以下四个步骤。

（1）填写申请单

在线填写申请表，内容包括公司全称、申请人信息以及公司联系方式，最后确认提交。提交申请表单后，即会有诚信通客户经理与公司联系。

（2）支付费用

申请人可通过银行卡、银行电汇、邮局汇款等多种方式进行付款。诚信通会员是年费制，企业诚信通会员年为 2800 元，个人诚信通会员年费为 2300 元。款项到账后，公司资料将被送至第三方认证公司进行认证。认证周期一般为到账后的 5～7 个工作日，申请人可以在阿里助手中查询办理情况。

（3）第三方认证

企业的身份认证是指具备相应资质的专业认证机构，在认证日对申请诚信通服务的会员进行“企业的合法性、真实性”的核实以及“申请人是否隶属该企业且经过企业授权”的查证。企业身份认证流程如图 2-7 所示。

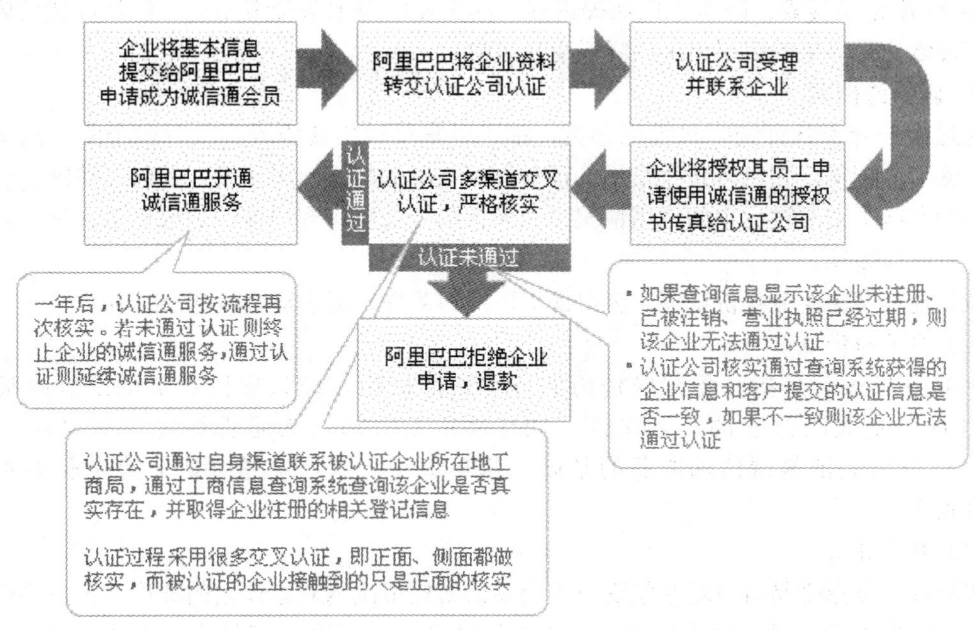

图 2-7　企业身份认证流程

认证内容包括如下两类。

1）工商注册信息：名称、注册号、注册地址、法人代表、经营范围、企业类型、注册资本、成立时间、营业期限、登记机关、最近年检时间。

2）认证申请人信息：认证申请人姓名、性别、部门、职位。

（4）账号开通，成为诚信通会员

账号开通后，企业即享有诚信通会员的各项服务，阿里巴巴的客服中心也将为企业提供全程、专业的咨询服务。

会员注册成功后，可输入会员名和密码登录阿里助手。阿里助手是为每个阿里巴巴会员提供的在线后台管理工具，其后台管理系统主要有供求信息、公司介绍、留言和邮箱、会员资料、诚信通档案、点击推广、管理旺铺、交易管理等功能模块，是阿里巴巴会员发布各类信息、管理各类信息的综合工具。

2.1.4　诚信通指数计算

1. 阿里巴巴中文站的信用体系

阿里巴巴作为全球最大的网上贸易市场，极为重视诚信。诚信的商人在此可以获得商业机会，达成交易；不诚信的商人和不诚信的行为，会被打击、曝光，其会员资格将被取缔。

阿里巴巴中文站的诚信体系主要包括诚信通档案、诚信论坛、投诉曝光机制和信用记录搜索。

1）诚信通档案是阿里巴巴为商人从事网上贸易提供的网上信用活档案。企业在阿里巴巴展示的信用记录就是诚信通档案。

2）诚信论坛。会员企业可以通过诚信安全频道和诚信论坛学习、分享网上防骗技巧，与防骗专家互动。

3）投诉曝光机制。对于不诚信的企业和不诚信的行为，会员还可以进行投诉曝光。

4）信用记录搜索。阿里巴巴还提供强大的企业信用记录搜索工具，会员可通过公司名关键字搜索交易对象的信用记录，降低交易风险。

2．诚信通档案

通过企业身份认证的阿里巴巴会员，都可以享受诚信通服务，获得一个网上信用活档案——诚信通档案。它结合传统信用认证和网络互动的特点，多角度、及时、持续、动态地展现企业在网上贸易过程中的信用情况，让诚信的企业赢得客户青睐达成更多交易，对不诚信的企业进行曝光。

诚信通档案由企业身份认证、客户评价、证书荣誉、资信参考四部分组成。

（1）企业身份认证

企业身份认证是指具备相应资历的专业认证机构，在认证日对申请诚信通服务的会员进行“企业的合法性、真实性”的核实以及“申请人是否经过企业授权”的查证。企业身份认证是诚信通服务的基础，每年进行一次，未通过认证的企业不能使用诚信通服务。

（2）客户评价

客户评价是指交易双方就某笔支付宝交易的履约情况为对方作出的评价。客户评价是企业重要的信用参考记录，分为好评、中评、差评 3 种。评价一旦做出，不能修改，只能删除。评价由交易双方自行作出，并负责内容的真实性，阿里巴巴不介入评价细节，请双方自行协调。

（3）证书荣誉

诚信通会员可以将企业所获得的各种荣誉证书、奖杯等拍摄扫描成电子图片，上传到其诚信通商铺，以将企业线下经营所获得的信用资料延伸到网上，赢得网上客户的信赖，达成更多交易。

（4）资信参考

资信参考包含了“资信参考人”和“阿里活动记录”两部分内容。“资信参考人”可以是与企业有密切良好合作关系的采购商、供应商、代理商、开户行、行业协会、政府机关等；“阿里活动记录”是指诚信通会员在阿里巴巴网上市场的经营活动记录，包括购买的服务、注册成为会员的时间、发布的信息数量、在阿里巴巴获得的荣誉等，体现了该企业的活跃程度。

3．诚信通指数的构成

诚信通档案中体现该企业信用状况的资信材料，都会被量化为具体的信用分值，企业在长期的网上贸易过程中所积累的信用分值，即是该企业的信用积分。诚信通指数即企业信用积分，展示企业的网上信息公开度和贸易成熟度，是企业之间相互了解和选择的一个重要参考。诚信通指数由企业身份认证、诚信通年限、客户评价和证书及荣誉 4 部分组成，具体的信用积分规则如表 2-2 所示。

表 2-2　诚信通指数积分规则

可积分项	可积分的理由	积分规则
通过企业身份认证	在工商机关合法注册，真实存在；认证申请人获得企业授权	通过身份认证，加 10 分
诚信通档案年限	体现企业在阿里巴巴市场接受信用监督的时间长短，以及持续经营、抵抗市场风险的能力	从第 2 年开始，加 20 分/年。
会员评价	1. 只有进行过支付宝交易的诚信通会员之间才可以进行评价，主动给对方作出公正客观的评价，也让对方为您作出好评 2. 建议优先选择诚信通会员和您做生意，多多交流、互相评价	好评：加 2 分/条 中评：不加分 差评：扣 2 分/条 1. 只有诚信通会员之间发生了支付宝交易，才可以相互评价、积分 2. 不成功的支付宝交易只能中评差评、不评
评书及荣誉	将企业线下经营所积累的信用延伸到网上	1. “税务登记证”5 分/张，5 分封顶 2. 经营许可类证书、产品类证书、其他证书，2 分/张，10 分封项

会员在查找信息时，可以选择“按诚信通指数排序”，指数越高的会员排序越靠前，成交的机会也会越大。买家可以通过点击查看诚信通指数，了解企业的资信情况。

企业可以通过以下三种方式提高诚信通指数。

1）与贸易伙伴开展交流，支付宝交易成功后互相评价。

2）展示公司的荣誉证书或专利、认证证书。

3）随着会员加入阿里巴巴诚信通的年限不断增加，该会员的诚信通指数会逐年增长。

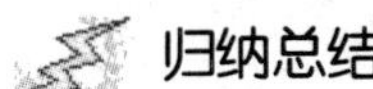

归纳总结

通过以上内容的学习，使我们了解了阿里巴巴中文站的构架和基本功能，熟悉不同会员的功能差异，掌握会员注册的基本流程。由于阿里巴巴中文站的主要价值体现在“诚信通”服务上，因此进一步熟悉阿里巴巴的信用体系，以及诚信通服务的具体内容，为后面在阿里巴巴平台上进行 B2B 网络贸易提供了基础。

2.1.5　思考与实践

一、思考题

1. 阿里巴巴中文站主要有哪些栏目？
2. 阿里巴巴中文站有哪些用户类型？
3. 阿里巴巴中文站为诚信通用户提供哪些特殊服务？
4. 诚信通指数如何计算？

二、实践训练

1. 注册一个阿里巴巴普通账号。
2. 登录阿里助手，熟悉阿里巴巴会员后台管理的主要功能模块。
3. 搜索一家诚信通企业，查看其诚信通档案的具体内容。

任务 2.2　在阿里巴巴中文站进行企业信息推广

任务目标

本任务主要熟悉阿里巴巴平台中商业信息的分类，掌握发布各类商业信息的基本操作流程和发布技巧，熟悉诚信通商铺、网络社区、以及其他营销推广工具，掌握利用各种工具进行网络推广的方法及技巧。

任务分析

企业开展网络贸易，需要利用各种各样的网络营销工具和手段进行网络推广。在阿里巴巴平台，网络推广的方法主要包括发布商业信息，企业网上商铺的展示和营销功能的使用，论坛和博客营销，以及点击推广等增值推广服务。在熟悉各种网络推广的操作流程的基础上，积累营销推广中的各种技巧。

任务实施

登录阿里助手→发布产品信息→发布供应信息→发布企业信息→布置网上商铺→论坛营销→博客营销→点击推广。

2.2.1　商业信息发布

1．网上商业信息的分类

在阿里巴巴网站中，汇集着来自不同企业的大量商业信息，一般可以将这些信息分为三大类，即供求信息、产品信息和公司信息。

（1）供求信息

供求信息是会员自己发布的商品供应或求购的信息。供求信息是最广泛、最高效的推广窗口，是买卖商家关注最多的地方，它能够让买家快速地找到所需的产品或企业信息，提高信息的曝光率，增加成交的机会。根据对阿里巴巴买家网上的调查显示，买家在阿里巴巴搜索供应商时，51%是通过卖家发布的供应信息，31%通过产品信息，还有 18%则通过公司信息，由此可以看出供求信息在网络推广中的重要性。

（2）产品信息

为了让客户全面了解企业的所有产品，用户需要将公司所生产或研发的产品信息发布上网。这些产品信息通常可以在企业的网上商铺中集中展示，客户进入企业网站即可浏览。与发布在阿里巴巴中文站的供求信息不同，展示在企业网站中的产品信息不受数量和发布时间的限制，而且可以对其进行分类管理，就像企业在网站上开辟的一个产品展示厅，通过产品详细信息与图片的完美结合，使企业的产品信息一目了然地呈现给买家，引起买家的关注。产品信息的发布方法将在任务 2.2.2“网上商铺布置”中介绍。

（3）公司信息

发布公司信息就是将企业加入到阿里巴巴网站庞大的公司信息库中。客户也常通过搜索公司库来查找产品，所以公司信息的发布增加了被潜在客户群找到的途径。

公司介绍是向客户介绍和展示企业自身实力的重要窗口之一，用户在搜索供求信息及产品时，都会出现公司名的链接。详实的公司介绍可以加强用户的信赖度，方便潜在的贸易伙伴搜索到公司的资料并进一步了解公司的信息，从而增加成交机会。

2．供应信息的发布与管理

在阿里巴巴中文站上，诚信通会员可直接发布供应信息，普通会员必须是通过邮箱验证或手机验证后方可发布。供应信息都有一定的时效性，在中文站上发布的信息可以选择 10 天、20 天、1 个月、3 个月或 6 个月。

（1）发布单条供应信息

1）登录阿里助手，单击“供求信息”栏目下的“发布供求信息”按钮，打开如图 2-8 所示页面。

图 2-8 “发布供求信息”页面

2）用户选择信息发布类型。阿里巴巴中文站的信息类型包括“产品信息”、“批发信息”、“代理信息”、“加工信息”等等。单击“产品信息”按钮，进入“填写详细信息”页面，如图 2-9 所示。

3）在基本信息页面，“信息类型”选择“供应”，填写“产品名称”、“产品所属类目”等基本信息。其中“产品名称”应填写清晰明确的产品名称，限 8 个字以内；“产品所属类目”应根据填写的产品名称，通过类目匹配功能，快速地找到产品所在类目。

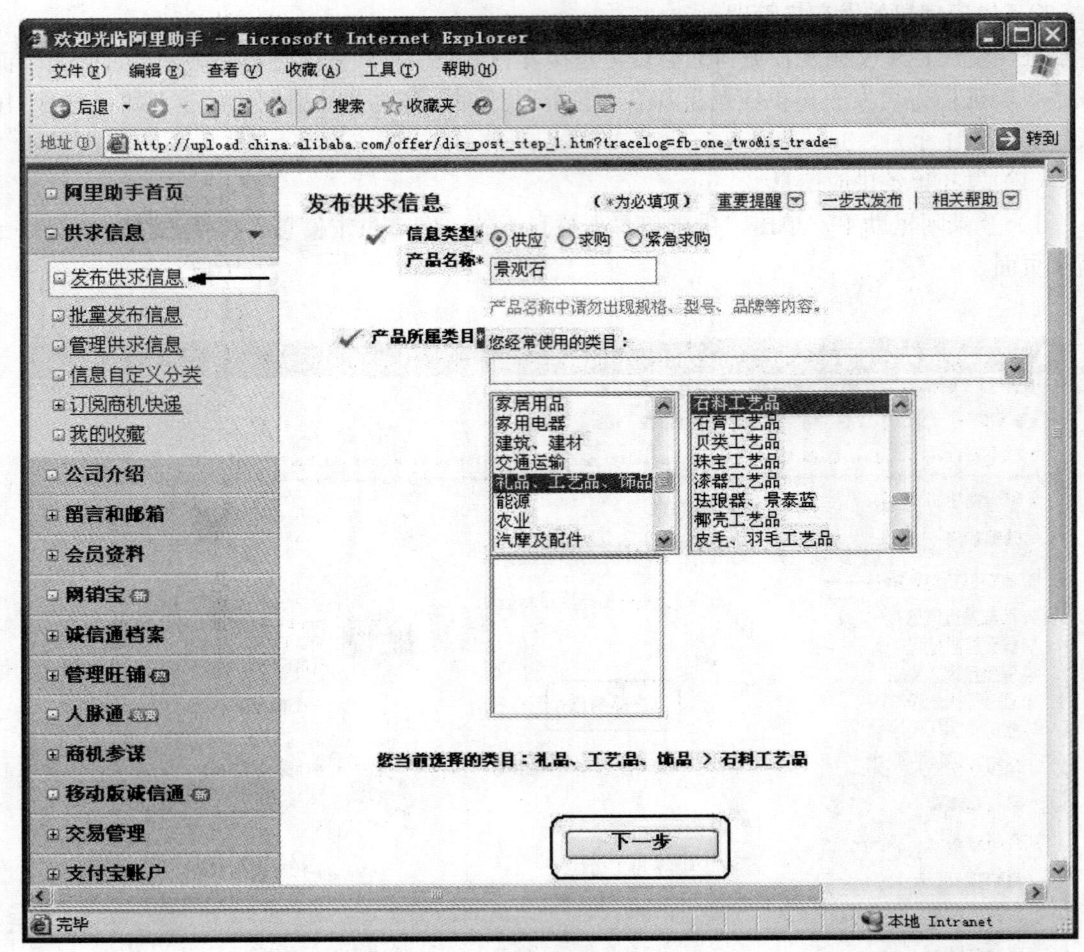

图 2-9 供应信息的基本信息

4）产品的详细信息，包括“信息标题”、“信息有效期”、产品的“材质”等属性、“详细说明”等，还可以上传产品图片，如图 2-10 所示。其中产品属性也就是产品的特性，可以方便买家在搜索信息时进行过滤筛选。产品的“详细说明”可以让买家对其有一个全方面的认识，提高信息的可信度，从而吸引买家询价，增加成交机会。需要注意的是，不要在产品的“详细说明”中带有电话、电子邮件、传真等联系信息，否则无法通过审核。多角度的产品图片可以让买家获得较全面的认识，从而增加产品的吸引力。普通会员只能上传一张图片，而诚信通会员可以上传三张图片，图片格式为 JPG 或 GIF，大小不超过 200KB。

5）交易条件包括交易的价格、数量、交货期和支付方式等，如图 2-11 所示。产品供应信息分为一口价信息和普通信息，两者的区别在于一口价信息中价格、数量、交货期等项目是必填项，可以让买家直接在网上下订单。与普通信息相比，发布一口价信息有获得更靠前的排名位的优势。完成前面三大类内容的填写并提交后，即可将供应信息发布到网上了。

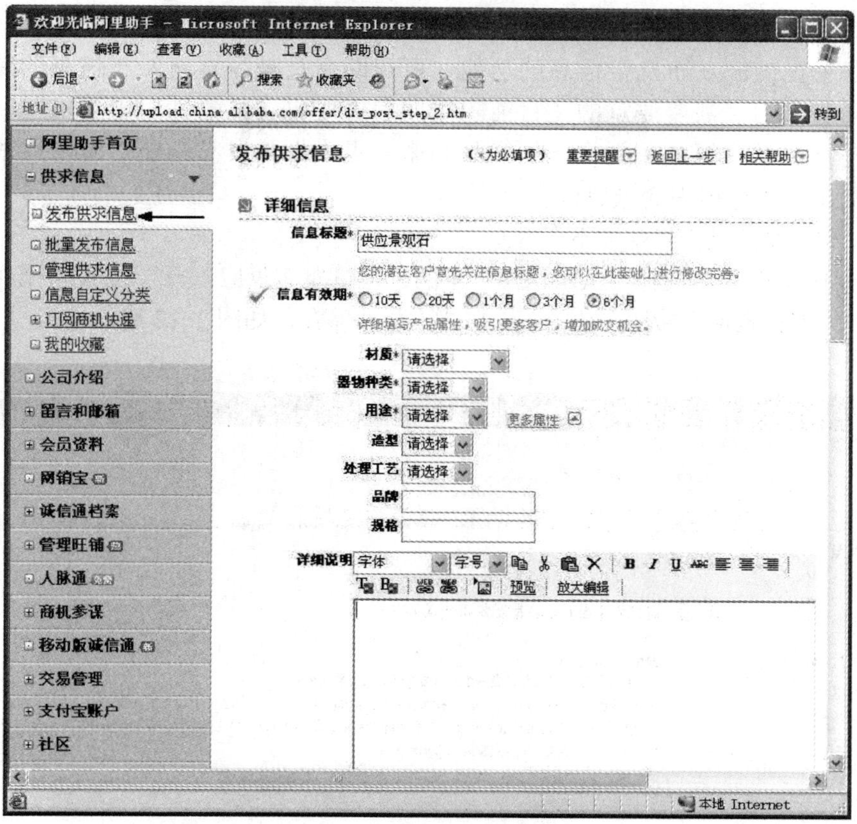

图 2-10　供应信息的详细信息

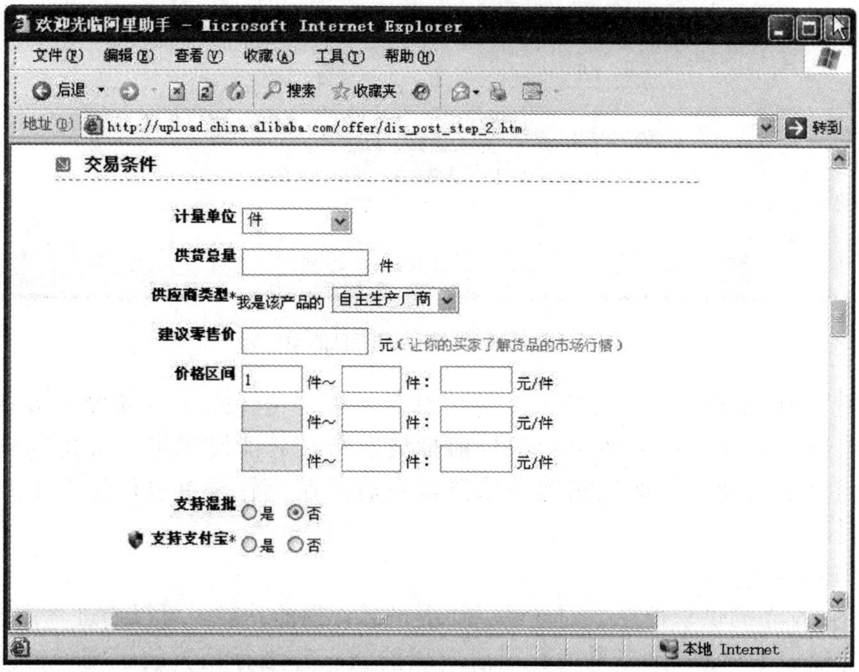

图 2-11　供应信息的交易条件

（2）批量发布供应信息

阿里助手提供的发布批量信息的功能，可帮助会员减少重复发布信息的操作，节省大量的时间和精力。需要注意的是目前阿里助手仅对电子元器件、电工电器、机械及行业设备、精细化学品等几项类目下的产品和服务提供批量发布功能。若错选或随便放置类目，信息在审核过程中会被删除。

批量发布信息的操作步骤如下。

1）登录阿里助手，选择“供求信息”下的“批量发布供应信息”，并选中要发布信息的类目，单击“下载表单”按钮，将Excel文档下载并保存，如图2-12所示。

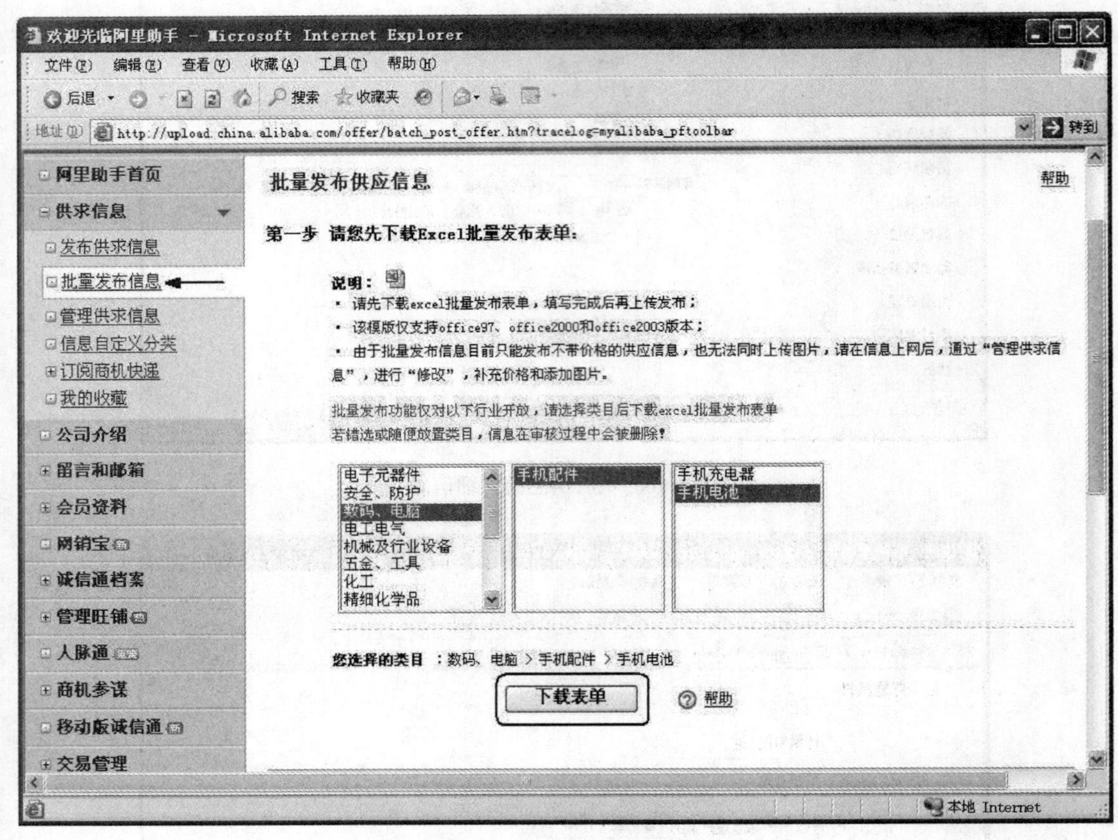

图2-12　批量发布供应信息的第一步

2）根据下载的Excel模板填写相关信息后，再上传Excel批量发布表单即可批量发布供应信息，如图2-13所示。但目前批量发布时只能发布不带价格的供应信息，而且无法同时上传图片，所以需要在信息发布后，在“管理供求信息”中补充价格和添加图片。

（3）管理供求信息

对于企业发布的供求信息，阿里助手还提供了管理的功能。可以通过“供求信息”栏目下的“管理供求信息”，查看所有信息所属的状态并进行相关的重发、修改等操作，如图2-14所示。

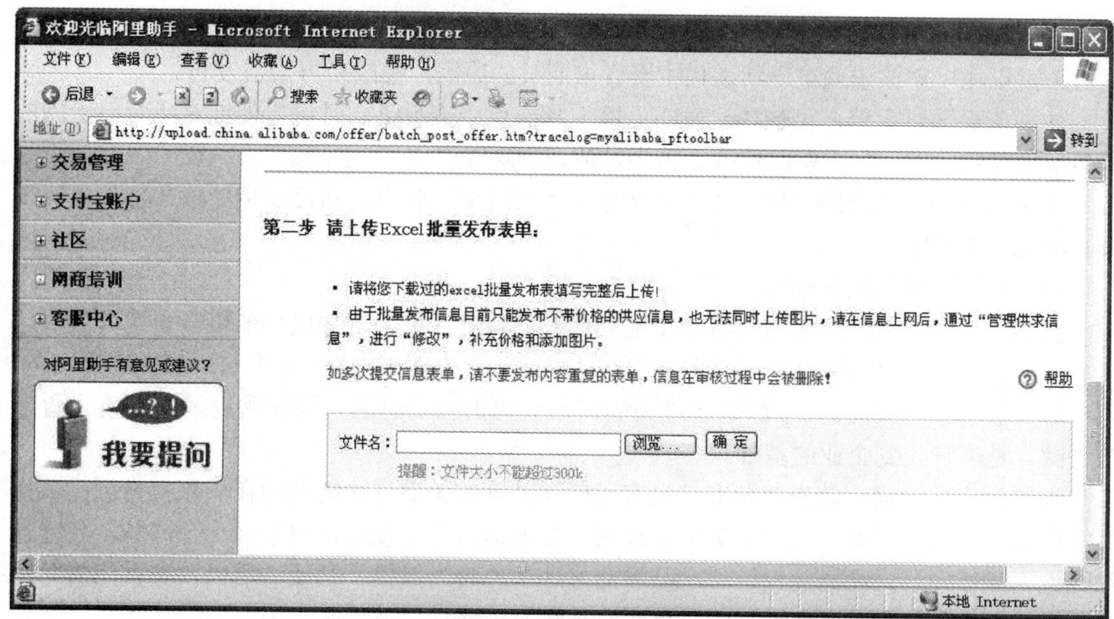

图 2-13　批量发布供应信息的第二步

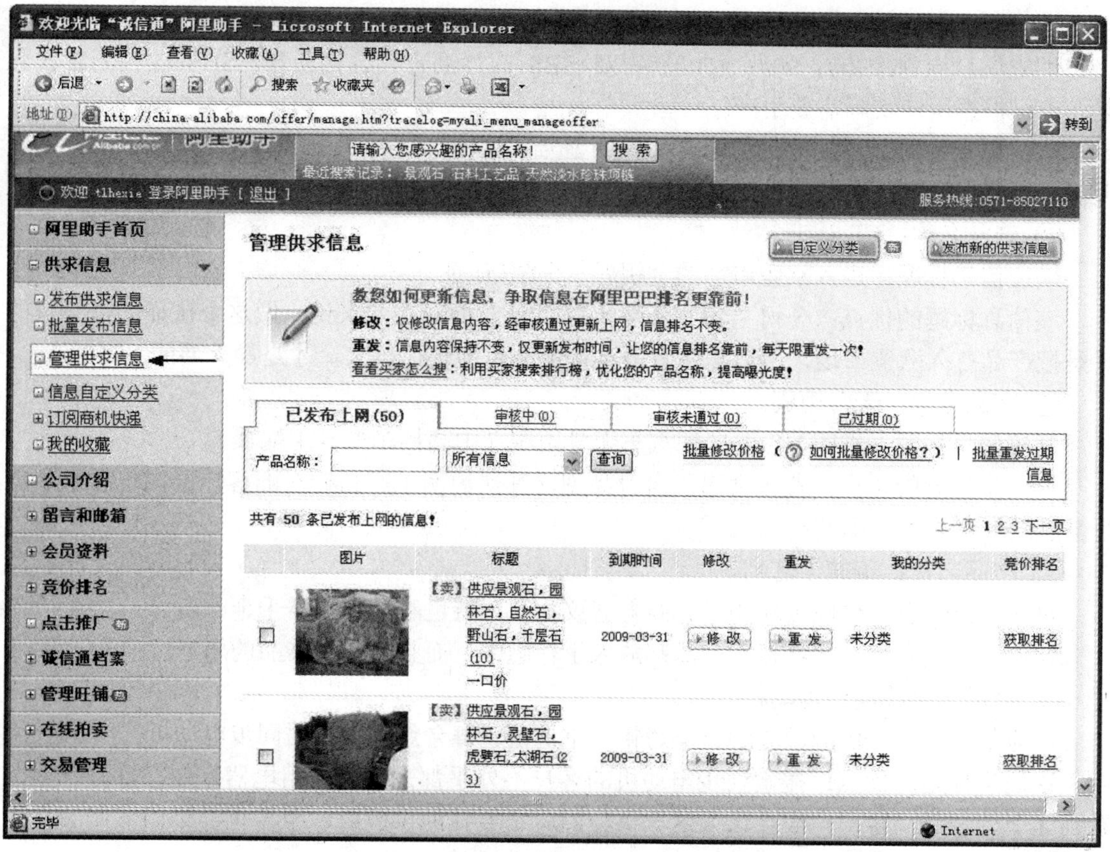

图 2-14　“管理供求信息”页面

信息刚刚发布完毕，会处于“审核中”状态，待审核通过后才能上网展示。若审核未能通过，可以在“审核未通过”状态栏中查看未通过的原因，修改后再重新发布。

如果信息通过审核，可在“已发布上网”状态栏中查看，同时可方便地对所有已上网的有效信息进行管理，如重发、修改、转为过期、删除等。

如果发布的信息已经过期，该信息将处于“已过期”状态。对已过期的信息可以重新发布上网或永久删除。

（4）发布供应信息的技巧

发布一条高质量的供应信息有助于提高信息的被观注度，增加成交的机会。优质的供应信息要从关键词、信息标题、产品图片和产品描述等几方面来把握。

1）关键词。85%的买家都是通过关键词来查找供应信息的，因此关键词的正确设置非常关键，是客户找到企业的基础。

设置供应关键词，首先要精准，只有正确和准确的关键词才能被潜在买家搜索到；其次要符合买家的搜索习惯。由于我国地域辽阔，各地语言差异较大，对于同一个产品，各地的称呼也不尽相同，比如插线板这个产品在北方地区称呼为插排、插板，所以发布供应信息时要尽可能多地包含关键词，以提高商品被搜索到的几率。

2）信息标题。商品信息标题必须清晰明了，可以根据产品或产品所属行业的不同特点来命名。下面列举几个实际例子进行说明。

① 产品名称：沥青。

供应信息标题：70#、90#、100#沥青及 SBS 改性沥青和乳化沥青。SBS 改性沥青和乳化沥青可根据用户实际需要生产。

该信息标题的优点：罗列了所有沥青的型号。这样，只要“沥青”这个关键字保持在前五位，就能保证有不同型号求购要求的客户随时搜索到公司的信息，可谓一举两得。

② 产品名称：CE 认证。

供应信息标题：进入欧盟市场的金钥匙——CE 认证。

该信息标题的优点：公司主营业务是 CE 认证，而对企业来说，做这个认证的最终目的就是把产品打入欧盟市场，所以把两者最直接最醒目地表达出来，才是最重要的。

③ 产品名称：无骨雨刷。

供应信息标题：供应 VIRA 威锐汽车无骨雨刷（中高档车型专用配置）。

该信息标题的优点：首先突出了自身品牌，其次说明了产品针对的客户层，也显示了自身品牌的针对性和产品的高端性。

④ 产品名称：琉璃工艺品。

供应信息标题：供应琉璃印章、商务会议礼品、特色礼品、一诺千金印章。

该信息标题的优点：将很多产品都放入了标题中，而且说明了产品的用户。

⑤ 产品名称：同步电动机。

供应信息标题：供应微波炉、电烤箱、空调器、舞台灯具用记磁同步电动机。

该信息标题的优点：搜索同步电动机的客户不外乎都来自于家用电器行业、灯具行业，看到这个标题后，客户一般会认为这个供应商就是要找的供应商，至少也会询问该产品。这样询价的次数就会上升。

3）产品图片。网上产品展示和传统展会的产品展示有着很大的区别，买家在网上选择产品，主要依靠视觉。网络贸易中的调查反映，对于标准化的产品，如数码产品、化工原料等，价格是买家主要关注的因素，而对于非标准化的感性体验类产品，如服装、礼品、玩具等，买家主要在意感觉。可以这么说，网络贸易中一张好图胜过千言。

一张好的产品图片要具备三个条件，即清晰的展示产品，凸显产品的功能和特性，以及拍出美感以吸引买家的眼球。如果图片不满足上述要求，可以使用阿里巴巴提供的“图片助手”功能对图片进行处理和编辑，但需要安装阿里旺旺（贸易通）才可以使用该功能。

4）详细说明。产品的详细说明可以让买家更详尽地了解产品的优势，体现企业的专业性，这样才能使询价更有针对性，最终提高成交率。

在产品详细说明中一般包括以下一些内容。

- 产品的名称、型号（品牌）。
- 产品的应用范围。
- 产品的独特卖点（包括特点、功能及证书等）。
- 产品完整的规格参数（包括使用材料等）。
- 包装方式及包装尺寸。
- 可供选择的颜色、尺寸、款式。
- 售后服务等。

3. 公司信息的发布

用户登录到阿里助手，单击阿里助手中“公司介绍”栏目（如果是第一次发布公司信息，则需要通过邮箱验证才能发布），系统出现“公司介绍”窗口，如图 2-15 所示。在该窗口中需要填写“公司名称”、“企业类型”、“经营模式”、“注册资本”、“公司成立时间”、“公司注册地”、“公司主营产品或服务”、“主营行业”、“公司简介”等诸多公司相关的信息。用户应逐项填写，仔细核对，然后单击“下一步”按钮，填写公司的详细介绍内容，最后单击“确认提交”按钮，完成公司信息发布。

发布公司信息时需要注意下面几点。

1）“公司名称”必须是中文，“公司介绍”也必须是中文，并且描述要详细，突出公司优势，增加公司信任度。

2）正确选择公司“主营产品”与“主营行业”，注意选择完整的行业大类和子类，并添加为“主营行业”，最多可添加 6 个。将产品名称填全，这可以帮助客户在公司库搜索产品时匹配到公司。

3）详尽、真实的“公司介绍”是网上交易中一个非常基础和重要的环节，要准确填写，才能赢得客户的信赖。但是在“公司介绍”中不要有网址、联系人、联系电话、传真、Email、地址等文字，不要提交与本公司无关的网站，或其他商业网站。

2.2.2 网上商铺布置

1. 阿里旺铺简介

阿里巴巴中文站的旺铺是一个拥有顶级域名、具有营销功能的网上商铺，它能够树立企业形象、显示企业实力，同时也是企业开展网上营销推广的有力工具。

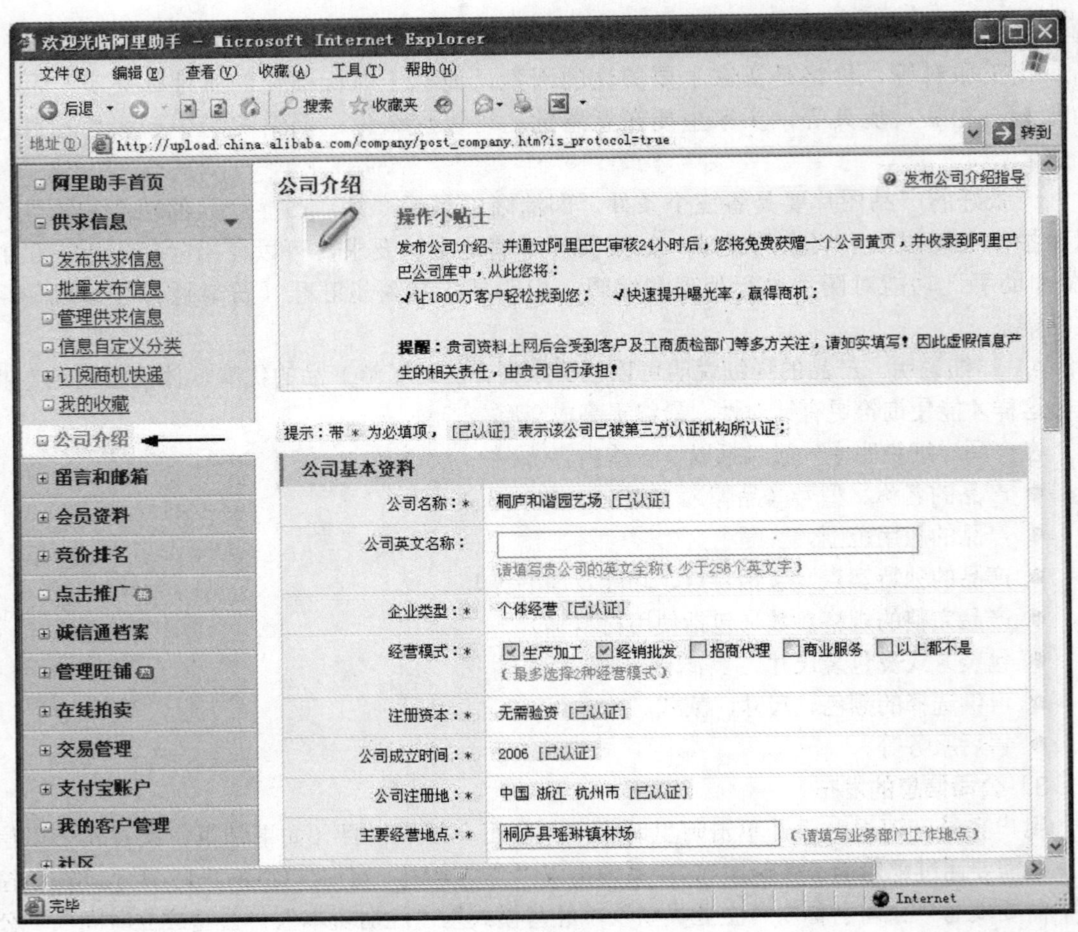

图2-15　发布“公司介绍”

阿里旺铺自动集成展示会员在阿里巴巴市场里发布的所有信息，包括供求信息、公司相册、公司介绍和诚信通档案，让企业充分利用有效的商业信息，使商业信息能够快速有效地传达到客户。拥有一个符合买家浏览习惯的智能型网站，能吸引更多的买家，从而达成交易。

与一般企业网站相比，旺铺的最大区别是它依托于阿里巴巴大市场，可以共享全球最大网上贸易市场的品牌资源和每天百万流量的商机。

旺铺的功能包括以下几点。

1）可申请 1 个中国国家顶级域名。

2）拥有 1 个企业网站，并拥有美观的页面和可灵活进行维护的管理后台。

3）拥有 20GB 超大容量的企业邮局。

4）享有专业的网站浏览分析。

5）实现多账号企业在线系统。

2．开通阿里旺铺

旺铺是阿里巴巴战略级收费产品，目前普通会员可以免费体验，诚信通会员可以免费使用，企业可自行开通旺铺。开通旺铺只需三个步骤。

（1）第一步：查询域名

在图 2-16 所示的域名填写区域中输入想注册的域名，单击“立即查询域名”按钮，可查询该域名是否已经被注册。

图 2-16　旺铺域名查询页面

（2）第二步：申请域名

域名被提交后，系统显示查询结果，并标识出域名的状态（可注册/已被注册）。如果对查询结果中可申请的域名比较满意，则单击“立即申请域名”按钮进行域名申请。若对查询结果中的域名不满意，则可重新查询。

（3）第三步：开通旺铺

在单击“立即申请域名”、提交申请后，阿里巴巴将用户的申请提交至中国互联网信息中心（CNNIC）审核，审核通过后将开通可灵活设计和管理的企业网站系统。该网站系统拥有超大企业邮局、网站浏览分析、企业在线系统等功能。从阿里巴巴将用户申请提交CNNIC 通过审核到旺铺开通需要 48 小时。

3．阿里旺铺的外观设计

旺铺的外观是买家看到的第一个页面，需要精心设计从而给买家留下良好印象，因此设计外观时应选择最能体现企业实力和产品优势的内容，优先呈现给买家。旺铺的外观设计主要包括主题风格、风格设计、栏目设置、板块设置等。

（1）主题风格

登录阿里助手，单击阿里助手中 “网站管理”（或“管理旺铺”）的“网站外观设计”按钮即可进入外观设计界面。选择页面上的“主题风格”选项卡可以设置网站的整体风格，如图 2-17 所示。在这里可结合企业 CI 品牌管理，根据行业或产品特点，自由选择旺铺的主题风格。

（2）风格设计

选择页面上的“风格设计”选项卡可对网站的风格进行个性化设置，包括设置主题图片、网站的招牌、导航栏目图片、背景和颜色等，如图 2-18 所示。网站首页下方的主体部分由各个板块组成，在“板块风格”中可以进行颜色、背景、边框等的设计，在“整体风格”中设置网站正文和链接的颜色，以及网站内外的背景。

图 2-17　旺铺的主题风格

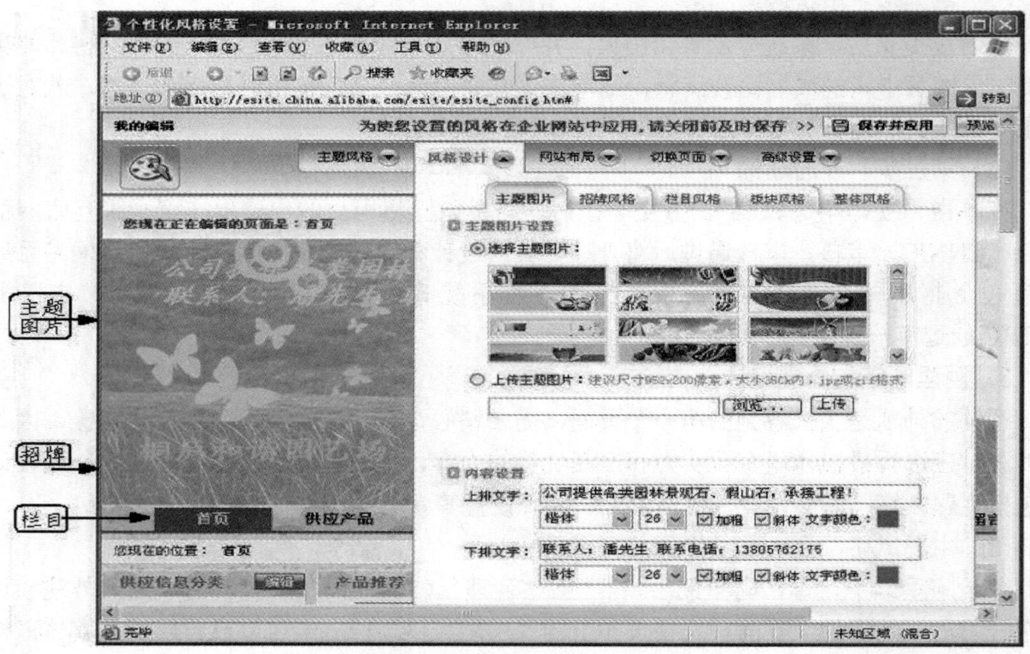

图 2-18　旺铺的风格设计

需要注意的是，在选择颜色和风格时，要与自己的产品相匹配，另外注意与公司的形象宣传要统一。如果公司已经为企业形象的宣传统一了色调，那么阿里旺铺的色调应做成公司的统一色调。

（3）网站内部设计

对网站内各栏目的标题、内容可以进行个性化设计。例如，网站首页主体部分包括供求信息、公司相册、公司介绍、联系方式等板块，可以分列在左右两侧。单击每个板块右上角的“编辑”按钮，如图 2-19 所示，可以进行标题、内容、风格的编辑；各个板块可以上下移动进行位置的调整；为丰富网站内容，还可以插入重要板块。

图 2-19 网站内部设计

其他设置还包括网站的布局、切换页面和高级设置等，用户可自行登录旺铺后台熟悉各个操作。需要说明的是这里仅为外观设计，具体内容比如发布供求信息、产品信息、公司介绍等还是要通过阿里助手的相关功能来完成。

4. 旺铺橱窗布置

所谓橱窗是指把公司的主打产品放置在网站上一个比较显眼的位置，以吸引买家的注意力，如图 2-19 所示，其目的是有针对性地对企业的产品做一些推广活动。用户可以给这个橱窗定义一个比较个性化的名字，以起到宣传推广作用。目前系统默认的名字是“精品橱窗”，可利用旺铺中的“网站外观设计”功能修改为“促销专区”、“新颖热卖”等标题以配合宣传。

橱窗布置的操作方法是登录阿里助手，单击左侧导航中的“网站管理”（或“管理旺铺”），在“橱窗布置”中选择“推荐供应信息”或“推荐公司相册”，根据页面提示选择推荐。图 2-20 所示的是企业推荐的供应信息。选择好供应信息或公司相册后，确认提交即可。需要注意的是被推荐的产品和橱窗的名称都将在企业网站展示，被推荐的供应信息最多为 16 条，推荐相册最多为 10 个。

图 2-20　推荐橱窗展示的供应信息

5．产品图片及公司相册管理

（1）公司相册简介

公司相册是诚信通专有服务之一，它帮助用户展示多个产品图片，相当于在用户的企业网站上建一个展示厅。公司相册有以下优势。

1）长期有效：相当于用户的长期供应清单。

2）数量多：可以无限制地上传图片。

3）直观：型号、图片，一目了然。

4）图片可以发给特定客户：产品图片能设置为公开或者不公开。

通过建立不同相册可以将产品信息管理得井井有条，另外可以对相册展示次序进行调整，从而改变其在企业旺铺中的展示位置。在这里请注意比较供求信息与公司相册的区别。

（2）创建公司相册

登录阿里助手，单击左侧导航中的“网站管理”（或“管理旺铺”），在“公司相册”中进行公司相册的创建。单击“管理相册”，选择“新建相册”，按照提示填写相册名称提交即可，如图 2-21 所示。

公司相册是一个分类目录，相册内可发布各种图片，这些图片可以是企业生产的产品图片，也可以是厂房、生产设备、领导人、奖杯奖状等非产品内容。单击“发布图片”按钮，在如图 2-22 所示的页面中填写图片名称并上传需要的图片，同时选择放入相应的公司相册里。

图 2-21　添加公司相册

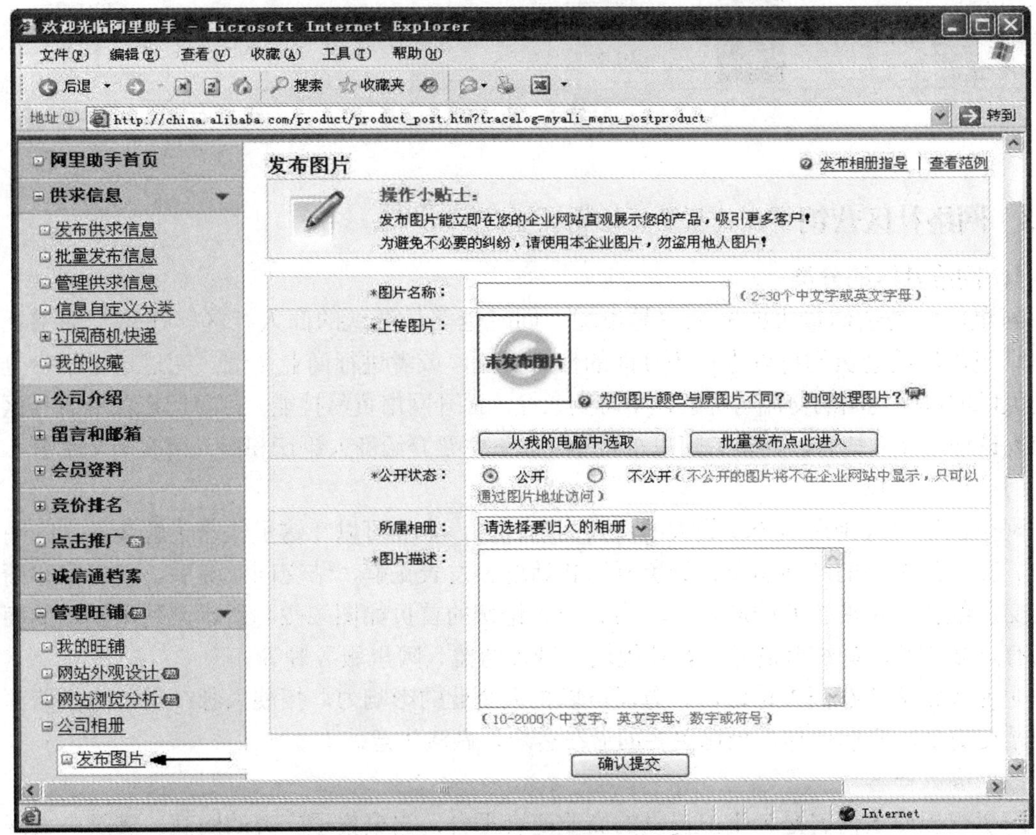

图 2-22　“发布图片”页面

（3）管理公司相册及图片

在“公司相册”中单击“管理相册”和“管理图片”，可进行公司相册的管理，包括调整产品图片或相册在网站上的展示顺序，对已经展示的产品图片进行修改、删除或设置是否公开，将某个产品图片转为带图片的供应信息等，如图 2-23 所示。

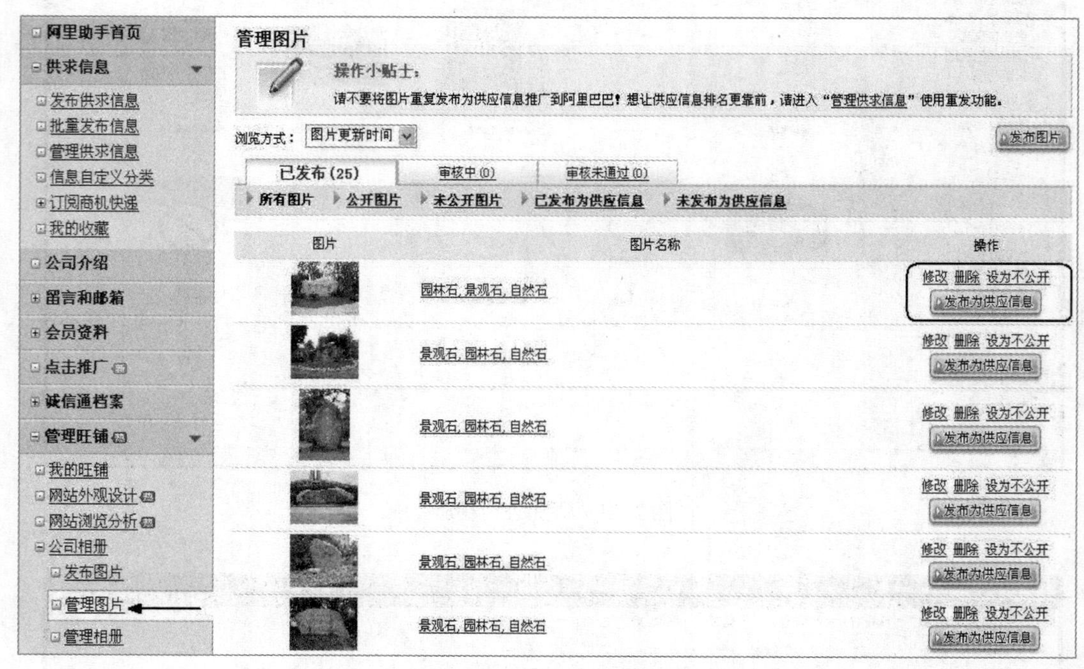

图 2-23 管理公司相册

2.2.3 网络社区营销

1. 网络社区的分类

阿里巴巴是全球最大的网上贸易市场，同时也是最活跃的商人社区。在这个网络社区里，阿里巴巴的会员们可以进行相互间的信息交流，或者进行商业咨询。通过这个平台企业会员可以增进彼此间的交流与了解，学习生意经，提升网络贸易技能。阿里巴巴的商人社区包括商人论坛、商人博客、商友、阿里帮帮等，以下主要介绍商人论坛和商人博客两个部分。

（1）商人论坛

阿里巴巴商人论坛是全球最大的商人互动社区，企业可以在这里快速了解最务实的商战经验、交到最热心的商界朋友、浏览资讯和话题、发表见解、结交同业高手、与专家和商人朋友交流经验、拓展企业的商业影响力。商人论坛的首页如图 2-24 所示。阿里巴巴的商人论坛有众多分类，如综合商务、行业板块、城市商盟、阿里服务等等。

企业经常活跃在商人论坛，一方面可以扩大企业的影响力，拓展人脉；另一方面能帮助企业结交更多的商业伙伴，挖掘更多的潜在客户，做成生意。

（2）商人博客

阿里巴巴商人博客是为用户提供的商业博客平台，它聚集了广大的网商，满足广大网商多方位展示自己、结交商友的目的。它为阿里巴巴千万级商人提供了一个展示鲜活案例、学习实战经验、展示自己公司及产品的互动区。

图 2-24 商人论坛首页

阿里巴巴商人博客的定位是商业博客，和一般的博客有明显的区别。阿里巴巴商人博客的价值在于以下方面。

1）庞大的商业用户：阿里巴巴商人博客平台聚集了庞大的商业用户。

2）轻松结交商友：阿里巴巴商人博客通过“贸易通”、“博友搜索”和“加为好友”等功能，轻松实现结交志同道合的商友的目的。

3）建立自己和企业的影响力：想在千万商人中建立自己和企业的影响力，阿里巴巴商人博客是一个很好的平台。

4）利用博客开展营销。博客营销存在着两种不同形式，一是以宣传展示产品功能为主的产品博客，二是以宣传企业为主的企业博客，其功能如同企业的公共关系部，起到与消费者沟通媒介的作用。

2. 利用商人论坛进行营销

论坛营销是社区营销的初级阶段，企业在论坛上发布的帖子不同于直接发布的供求信息、公司信息等，但如果经常在论坛中发帖、回帖，而且帖子质量较高，被商友们关注，积累了一定的影响力，就能间接达到宣传推广企业和产品的目的。

在论坛中发帖和回帖的操作比较简单。如果要发表新文章，只要单击页面左侧的“社区导航”，根据要发表文章的内容，找到最为适合的论坛，然后进入该论坛，单击页面中的“发帖”按钮，输入标题和内容，单击“发表”即可成功发贴。回帖则是在帖子的上方单击“回复”按钮，按照页面的提示来填写提交就可以。在成功发帖和回帖后，页面都会有所提示。

利用论坛进行营销要掌握以下几个技巧。

1）设置好论坛签名档，包括文字签名和图片签名两部分，这样每发一次帖就会附带签名档。签名档可作为在论坛里“合法”宣传企业业务的强有力武器，是很好的免费广告，如图 2-25 所示。

图 2-25　论坛签名档

2）用企业品牌或者产品名称作为自己的笔名，可以让别人更容易记忆，也起到宣传推广企业的作用。

3）多发原创帖，标题和内容要新颖、有吸引力，回帖时也不要发表没有实际阅读意义的文字，那样无法给人留下好印象。

另外在行业对口的论坛上购买广告位，多参与论坛的活动等，都可以成为企业营销推广的有力武器。

3．利用商人博客进行营销

博客营销，就是利用商人博客开展网络营销。与传统博客不同，商人博客具有明确的企业营销目的，博客文章中或多或少会带有企业营销的色彩。博客具有知识性、自主性、共享性等基本特征，正是这种性质决定了博客营销是一种基于个人知识资源（包括思想、体验等表现形式）的网络信息传递形式。商人博客营销的价值主要体现在企业市场营销人员可以用更加自主、灵活、有效和低投入的方式发布企业的营销信息，直接实现企业信息发布的目的，降低营销费用，实现自主发布信息。

阿里巴巴的注册用户在博客首页登录即可开通博客，进入博客管理后台可设置博客信息和个性化定制。阿里巴巴个人博客的首页如图 2-26 所示。

博客文章是整个博客营销内容体系的核心，在博客管理后台，单击“发表文章”按扭即可发表博文。博客文章撰写的要求有以下几点。

1）以产品知识、行业经验的分享为主，吸引客户。

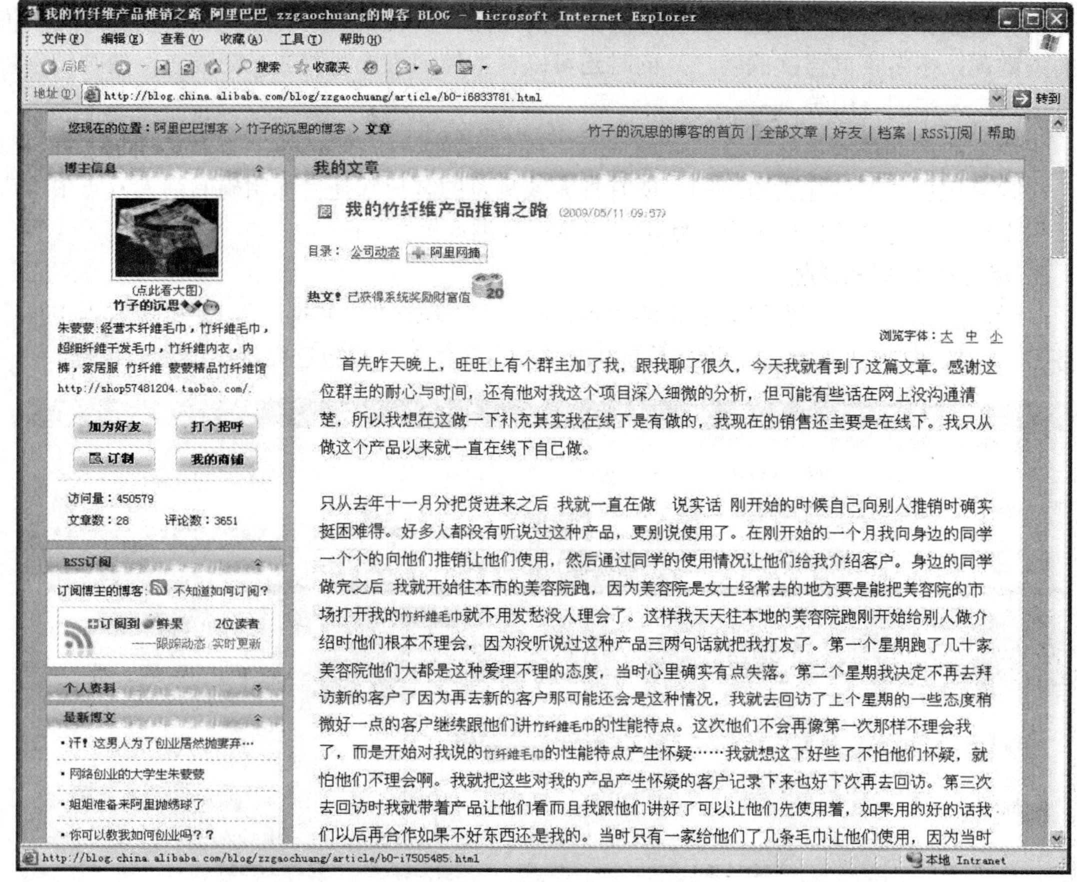

图 2-26　阿里巴巴个人博客首页

2）坚持观点的客观性，避免使用企业官方口吻，引起客户反感。

3）要注意与客户的沟通性，关注留言并予以回复。

在阿里巴巴平台上，已经有很多博客营销的成功案例。这种营销方式具有较大的发展潜力，并将给企业带来无限的商机。

2.2.4　点击推广

1．什么是点击推广服务

点击推广服务是阿里巴巴为诚信通会员提供的按点击量付费的网络推广服务，帮助用户将信息精准地推广到有效目标客户面前，并按实际推广效果来收费。

用户的推广信息会同时出现在阿里巴巴市场和社区两大平台上，包括供求信息、资讯、论坛等搜索结果页面。

2．点击推广的优势

优势一：免费展示，点击付费。

用户推广的信息会在买家搜索或浏览时得到推荐。推广信息的展示是免费的，按产生的点击量结算费用。

优势二：成本可控，推广灵活。

用户可根据自身需要，随时调整想要推广的产品和广告投放的时间，也可以随时调整推广的关键词，锁定不同层次的客户，同时还可以自主控制每天消费的最高限额，随时调整每个点击推广带来的费用等。

优势三：精准找到目标买家。

在阿里巴巴的专业化大市场中，所有搜索或浏览的客户都是目标明确的商人，点击推广可以为用户引入更多的目标客户，帮用户抓住更多生意机会。

3．点击推广服务流程

登录阿里助手，打开左侧导航中的“点击推广”，单击“我要推广”，即可进入点击推广服务首页，如图 2-27 所示。在页面下方单击“推广新信息”按钮进行推广信息的设置。

图 2-27　点击推广服务管理平台首页

点击推广的流程主要包括选择推广信息、选择关键词并出价、账户充值。

（1）选择推广信息

用户可以选择其在阿里巴巴网站上已发布的供应信息进行推广。在图 2-28 中选择要推广的信息后，单击右侧的“推广”按钮即可。如果用户没有可推广的信息，须返回阿里助手发布新的供应信息，待编辑审核通过后，即可进入点击推广平台，然后进行信息点击推广。

（2）选择关键词出价

参加点击推广后，选择关键词很重要。系统会根据供应信息推荐相关的关键词供用户选择，用户也可以自行添加关键词。一般可按照买家的搜索习惯来设置关键词，也可以从产品名称、品牌、型号、用途、功能、质地、成分、优势、特点等方面进行选择。

图 2-28 选择推广信息

选择好关键词后，在“我的竞价”框中输入想要支付的金额，单击“出价”按钮，确认自己的出价即可，如图 2-29 所示。

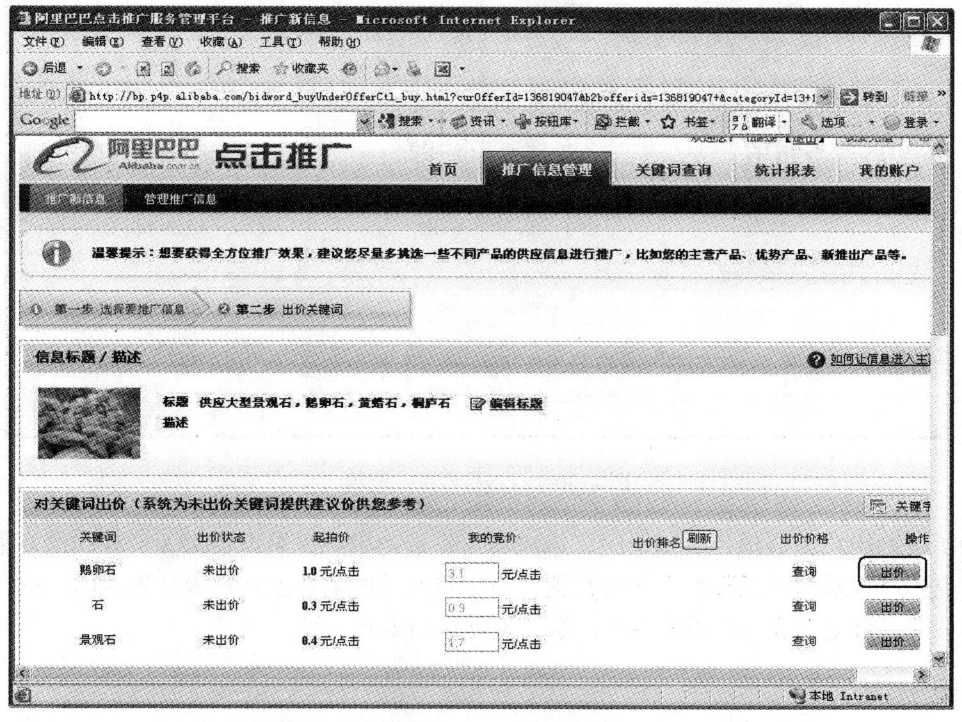

图 2-29 选择关键词并出价

注意

点击推广的实际收费是按点击次数计算的，但每次点击所扣的费用并不一定是用户的出价，而是在下一位广告出价的基础上加 0.1 元，最高不超过自己的出价。如果用户竞价关键词出价 2 元排第一名，而第二名的出价只有 1.5 元，则点击用户的广告一次只扣 1.6 元。

（3）充值和消费设置

为了保证用户的推广效果，参加点击推广服务的诚信通会员，需在正式使用此服务前进行充值操作。首次充值金额最低为 1000 元，续费充值金额最低为 500 元。

在点击推广服务首页，可找到充值入口，或者进入“我的账户”进行账户充值，如图 2-30 所示。目前阿里巴巴提供支付宝、中国银联和中国邮政 3 种充值方式。

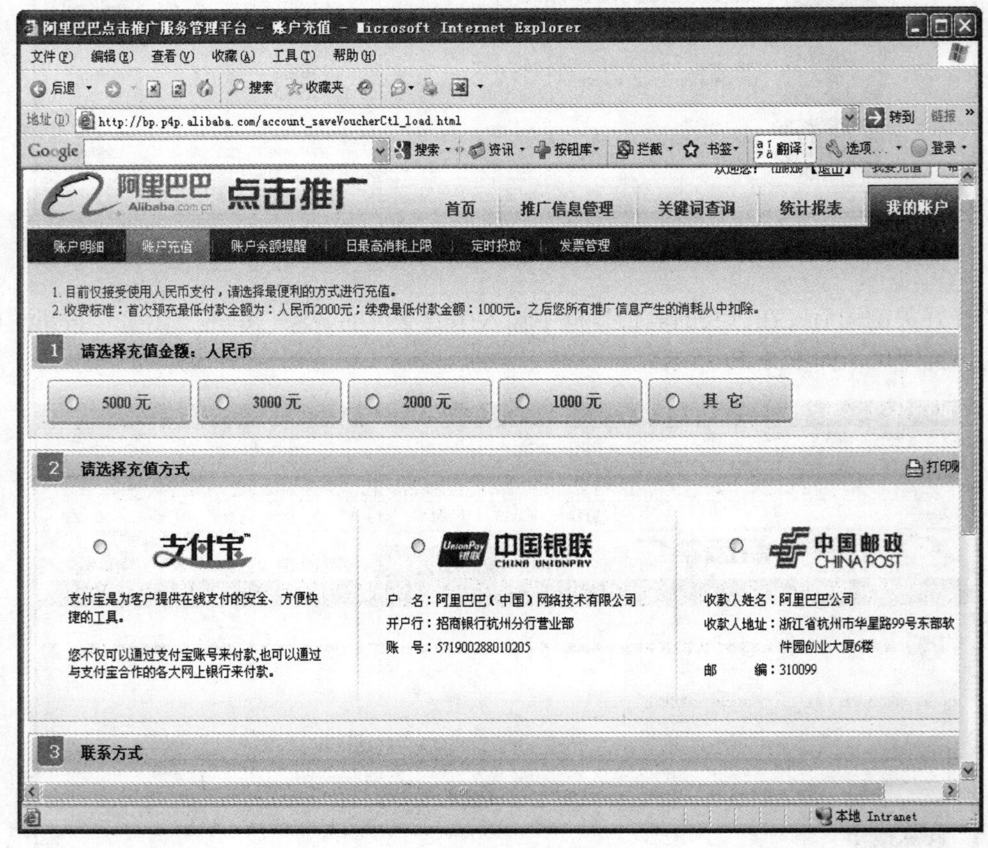

图 2-30　点击推广账户充值

为了帮助用户更好地控制每天的广告成本，系统为用户提供设置每天消耗的最高限额的功能，点击“日最高消耗限额”即可设置。当用户当天的消费超过日最高限额的时候，用户推广的信息将自动下线，不再被展示，第二天再自动重新上线。

归纳总结

通过以上内容的学习，使我们熟悉了中小企业利用阿里巴巴平台进行网络推广的各种工具和手段，掌握了商业信息发布的基本操作流程，熟悉了企业网上商铺的各项功能及基本操作，熟悉了利用论坛、博客等社区营销工具开展网络推广的一些技巧，为达成网上交易奠定了基础。

2.2.5 思考与实践

一、思考题

1．阿里巴巴中文站主要有哪几类信息？

2．在阿里巴巴中文站发布供应信息特别要注意哪些内容？为什么？

3．为了提高供应信息的排位顺序，可以采用哪些技巧？

4．阿里巴巴的旺铺与企业网站相比有什么优势？旺铺有哪些营销功能？

5．比较供求信息与公司相册的不同之处。

6．阿里巴巴中文站的增值推广服务有哪些？如何参与？

二、实践训练

1．发布一条产品供应信息，并对已发布信息进行重发、修改、转为过期、删除等操作。

2．登录阿里助手，布置自己的网上商铺。

3．进入论坛，进行发帖与回帖。

4．在阿里巴巴中文站发布一篇博文。

任务 2.3 商机捕获与询价管理

任务目标

本任务主要熟悉利用阿里巴巴平台寻找买家和收集商业信息的各种方法和技巧，熟悉利用询价留言功能与买家建立联系，对留言进行回复、管理、直至转为订单等操作。

任务分析

作为网络推广的补充，阿里巴巴平台上的供应商可以利用其他途径寻找商机，包括买家信息和实时商机快递。了解市场需求后，企业还需主动出击，联系买家进行网上洽谈，利用好询价留言功能，促成交易的达成。

任务实施

搜索求购信息→使用大买家功能参加竞标→通过关联企业寻找买家→订阅并利用商机快递寻找买家→询价管理。

2.3.1 搜索商机

供应商在网上发布信息的同时，可以通过搜索买家的信息，主动联系买家，获得生意机会。一般供应商寻找买家可以通过搜索求购信息、参加大买家竞标、搜索关联企业和订阅商机快递等四种方法来实现。

1. 通过求购信息寻找买家

这是寻找买家最直接的方法，可以帮企业缩短搜索时间。很多买家会在网站上发布求购信息，大量的求购信息汇集成阿里巴巴的买家库，即买家频道，如图 2-31 所示。在该频道中，阿里巴巴帮助供应商通过多种渠道搜索买家。

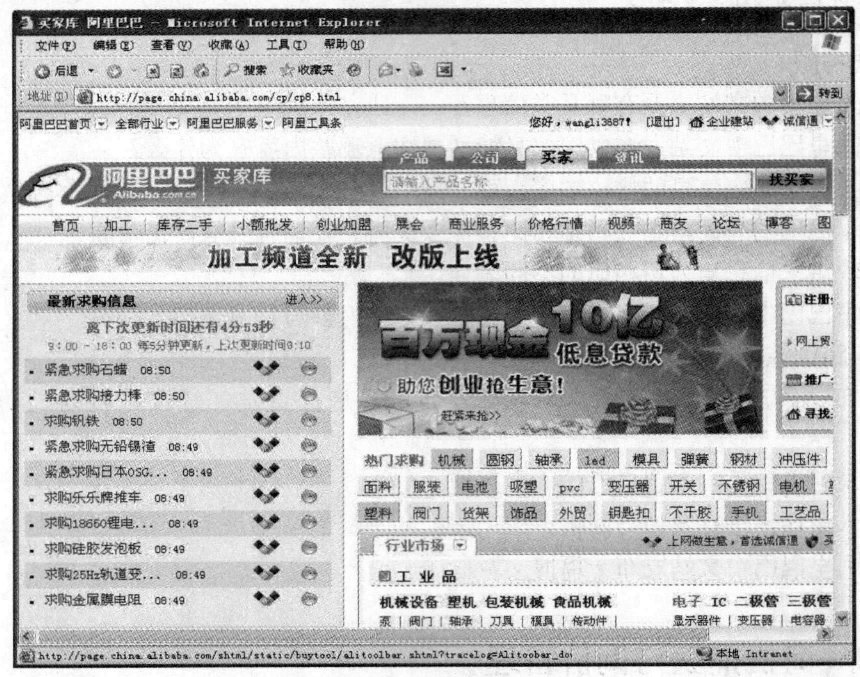

图 2-31 买家频道

具体的操作是在搜索框中输入企业的主营产品关键字，如“轴承”，单击“找买家”按钮，即可搜索到所有信息标题包含“轴承”的求购信息。在求购信息页面中，企业可进一步用类目、省份地区、信息发布时间筛选求购信息，如图 2-32 所示。

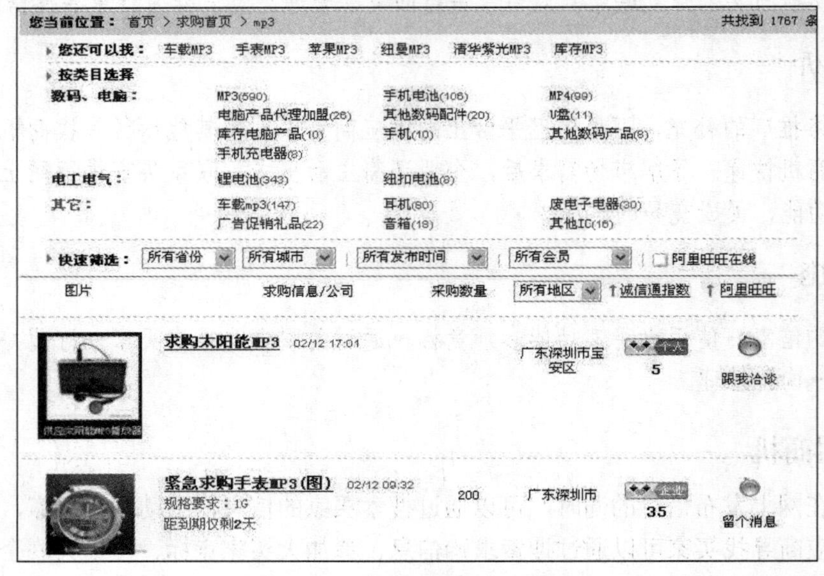

图 2-32 筛选求购信息

选中某一条求购信息可以查看其详细情况，并能通过多种方式与求购商联系，如图 2-33 所示。不过只有诚信通会员才能查看到求购信息的详情和公司联系方式，普通会员只能看到求购信息，却无法获得联系方式。

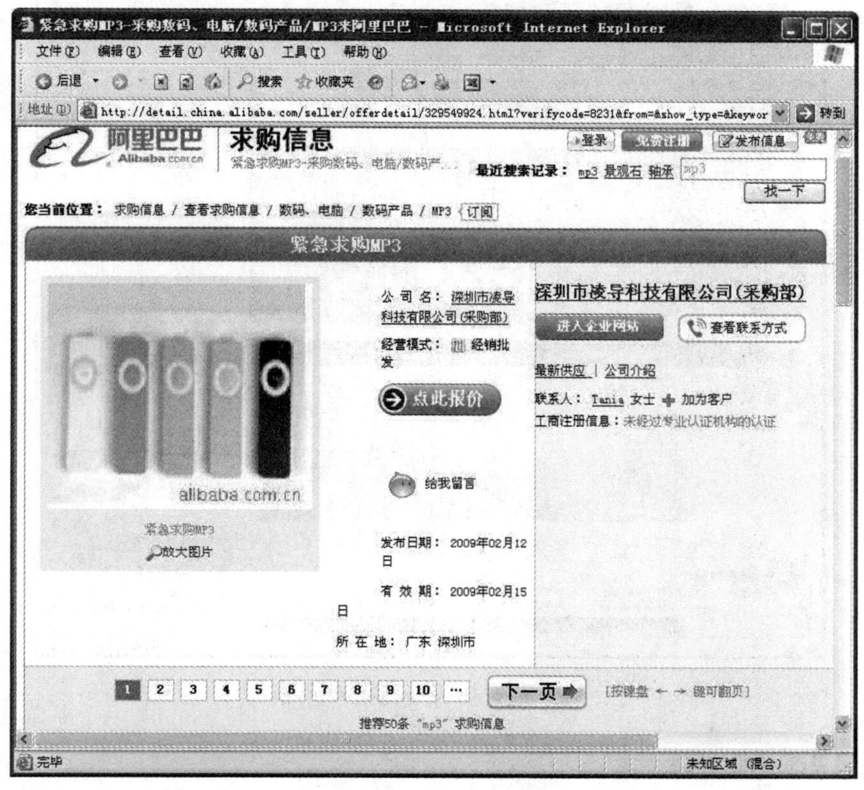

图 2-33 “求购信息”页面

2. 使用大买家功能参加竞标

世界是平的，越来越多的中国企业走出国门以后就会深刻理解这五字箴言蕴涵的道理，特别是当“中国制造”在全球贸易中遭遇反倾销壁垒已经成为屡见不鲜的现象，如何灵活参与国际贸易、规避“反倾销”投诉已经成为国内中小企业关注的焦点。而阿里巴巴 2007 年推出的大买家业务则为我们提供了一种全新的思路。

大买家频道是阿里巴巴提供的名企采购中心，是阿里巴巴中文站为诚信通会员推出的专享服务，其主要目的是展示大买家的采购需求，并提供全程的专业服务，帮助全球知名企业提高采购效率，降低采购成本；同时，通过为大买家和供应商牵线搭桥，帮助国内中小企业获得直面买家的机会，促成交易。成为知名企业的供应商对中小企业来说也起到宣传企业产品、提升企业形象的作用。

所谓大买家，就是指全球 1000 强企业和中国 500 强集团，以及在各行业有影响力的公司。目前只有诚信通会员才能享受阿里巴巴大买家服务，报名后如果通过筛选，将成为大买家的供应商。

在大买家频道中进入“大买家采购”栏目，如图 2-34 所示，在此会员可以浏览到近期各大买家的求购信息，参加相应商品的供应商报名。报名时需按要求填写资料，并确认提交。报名成功后，会员还须经常关注“大买家频道”，在此将会及时公布最新入选的供应商名单，所有后期报道也将通过“大买家频道”发布。

图 2-34 “大买家频道”页面

3．通过关联企业寻找买家

通过关联企业寻找买家是一种间接寻找买家的方法。所谓关联企业指的是与企业生产的产品有联系的供应链上下游企业。

很多企业在阿里巴巴平台上既要发布产品供应信息，也会利用平台进行原料采购。作为原料的供应企业，除了要关注原料的求购信息，也可利用其他企业发布的产品供应信息寻找到买家，为他们提供原料，具体做法是通过下游企业的主营产品搜索其发布的供应信息。例如，本企业是生产牛仔布的，可以利用某种服装作为关键字查找到其他服装加工厂。这种找买家的方法可以帮助企业扩大买家的搜索范围，达到找到买家的目的。

4．订阅并利用商机快递

阿里巴巴中文站每天都有大量实时更新的商业信息和商业资讯，订阅“商机快递”可以帮助中小企业在浩如烟海的信息海洋中，捕捉到最有价值的商业信息，把握好商业机会。

商机快递是根据会员订阅时设定的产品关键字，将符合要求的供求信息以邮件的形式发给用户，使得用户不用搜索就可以查看到自己感兴趣的信息。只要订阅了所需要的信息关键字、所属行业或所属地区，一旦阿里巴巴网站出现符合需要的最新商机，会员就会收到电子邮件或阿里旺旺（贸易通版）提醒，绝不会错过有价值的商机。而且这些商机经过精确的匹配，排除了重复信息，最大程度确保企业收到的是最新的供求信息。

商机快递包括供求信息和商业资讯，利用商机快递订阅“供求信息”也是帮助企业找买家的一种方式。

订阅供求信息的方法是登录“我的阿里助手”，点击“供求信息”目录下的“订阅商机快递”，选择“订阅供求信息”，然后按要求填写订阅条件，包括“商机类型”、“产品关键字”、“产品所属类目”、“所在地区”等，最后确定订阅即可，如图 2-35 所示。

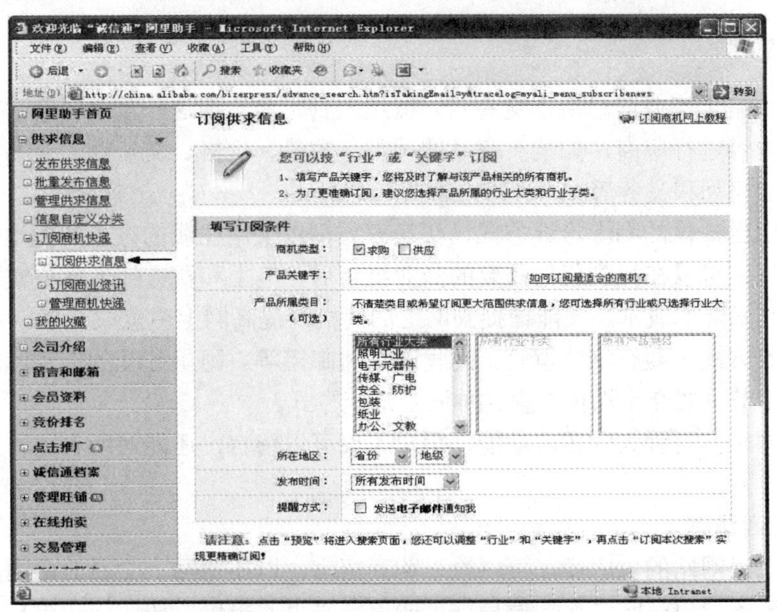

图 2-35 “订阅供求信息”页面

在“管理商机快递”中可以对已订阅的商机快递进行修改、删除，并调整接收邮箱和接收频率等，如图 2-36 所示。

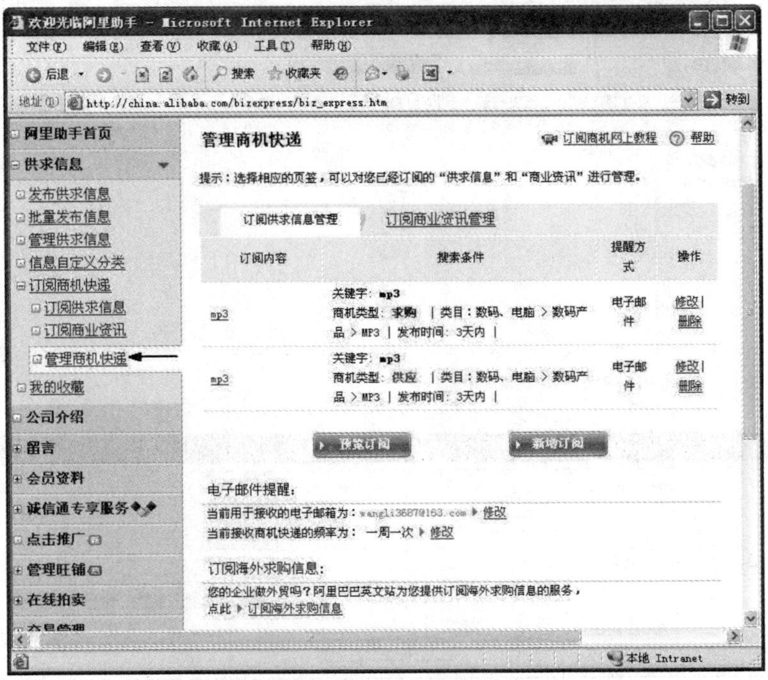

图 2-36 “管理商机快递”页面

商业资讯是阿里巴巴和会员一起精心打造的商务内容栏目，为商人提供专业、及时、准确的市场动态、价格行情、贸易管理经验、创业和防骗技巧等内容，力求为企业的商务之旅开拓宽阔的视野。其订阅和管理的方法与供求信息相同，不再赘述。

2.3.2 询价管理

通过网络收集了商业信息后，交易双方就进入到贸易洽谈这一重要环节，需要就交易中的具体环节和内容进行磋商，如购买商品的种类、数量、价格、交货期、交易方式、运输方式，以及双方的权利和义务等。

依托阿里巴巴提供的网上洽谈方式，买卖双方可以采用在线的方式方便地进行文字、语音或者视频交流，可以在找到任何需要的商业机会后，马上和买方或者卖方建立联系，事半功倍，既节省时间降低成本，又能捕捉到网上的商机，提高网上生意成交率。

网上洽谈的方式主要有询价留言、阿里旺旺和邮箱等。阿里旺旺的使用和管理将在下一节详细介绍，本节主要介绍询价留言这种网上洽谈方式。

阿里巴巴网站具有强大的留言功能，用户不仅可以留言，还能对所有留言进行统一管理和操作。

1. 给采购商留言

作为阿里巴巴网站的供应商，可以给采购商留言，以拓宽网上交易的范围，提高网上交易的可能性。在图 2-33 的“求购信息”页面单击“点此报价”按钮，即可打开留言单给求购企业留言。留言单的页面如图 2-37 所示。

留言单

以下是您对 求购迷你MP4(图) 信息的留言　　提示：带*为必填项

发送给： 杨旺先生 查看该企业信用记录

验证码：* 请在验证框中输入 0547

主题：* 我对您在阿里巴巴发布的“求购迷你MP4(图)”很感兴趣！

建议您修改主题，吸引对方注意，得到优先回复！

主要内容：*（限1500字）

向对方提供我的诚信通档案

我想发送的附件（三个附件的大小总和不能超过1M）：

附件一： 浏览...

附件二： 浏览...

附件三： 浏览...

提醒：附件只能发送到对方的邮箱中

点此检查联系信息，确保对方能联系到我！

发 送

图 2-37 “留言单”页面

在给采购商留言的过程中，要保证提供真实可靠的信息，同时还要注意以下几点。

1）为了及时收到对方的回复，用户注册时填写的邮箱必须经过验证，同时还应尽可能提供详细的联系方式以吸引采购商的目光。

2）在留言单页面上，主要内容部分的填写应该突出自己产品的优势、公司网站地址等，同时还可以在附件中发送公司的相关产品资料、公司介绍等。

3）对于求购信息，阿里巴巴普通会员只有三次使用留言报价的机会，诚信通会员则不受限制。

同样，在供应商发布的供应信息页面也会出现“点此询价”按钮，在这里可方便采购商给供应商留言。

2. 管理留言

当对方给企业的某条信息留言时，企业会收到系统通过三种方式发送的提醒，即邮件提醒、阿里旺旺提醒和阿里助手留言箱留言提醒。如果要查看留言详细内容，则只能登录阿里助手，留言的详细内容只保留在留言箱中。

阿里助手留言箱中包括“我收到的留言”、“我发出的留言”和“垃圾留言”3 项内容，阿里助手将帮助用户有效管理所有留言。

（1）管理收到的留言

为了不错过任何一个商业机会，用户应经常查看客户给自己的留言。单击“留言”栏目中“我收到的留言”按钮，出现收到的留言列表，如图 2-38 所示。在这里不仅可以查看收到的所有留言，还可以按不同分类，或设定一定条件来查看。单击要查看的留言标题即可查看留言的详情，包括此留言的信息标题和图片，留言标题及留言发送时间，留言正文内容，发送留言者的姓名、公司及联系方式，对方的企业信用记录等。

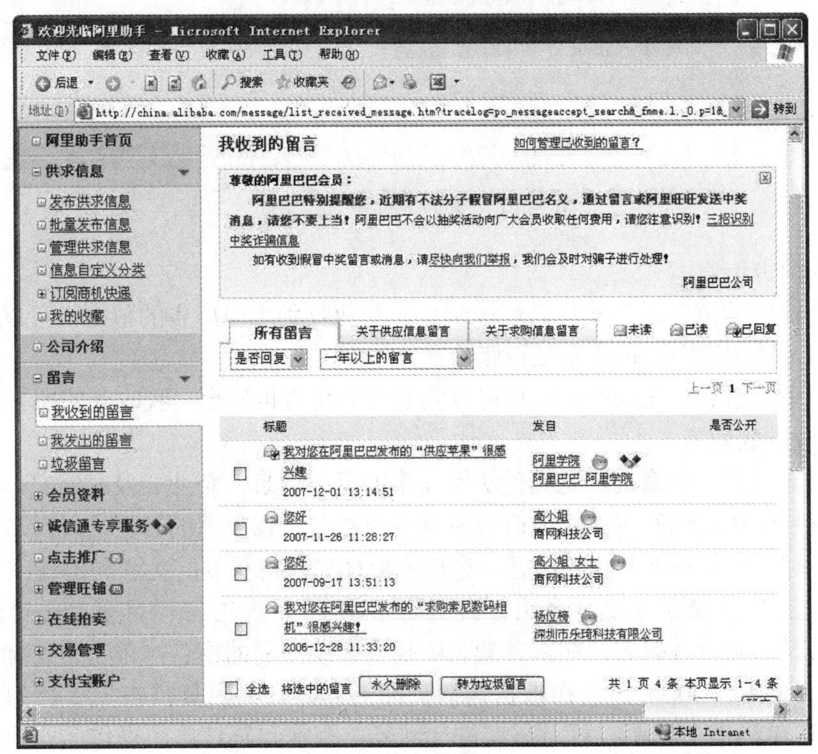

图 2-38 “我收到的留言”页面

用户可以对所有收到的留言进行相应的管理，如是否公开、是否删除、是否转化为垃圾留言、是否回复等。

（2）管理发出的留言

单击“留言”栏目中“我发出的留言”按钮，可查看到所有发出的留言列表，如图 2-39 所示。留言列表里“状态”一栏会显示留言是“对方已读”还是“对方未读”等状态，通过这些状态，我们可以了解到发出的留言对方是否已经阅读或回复。

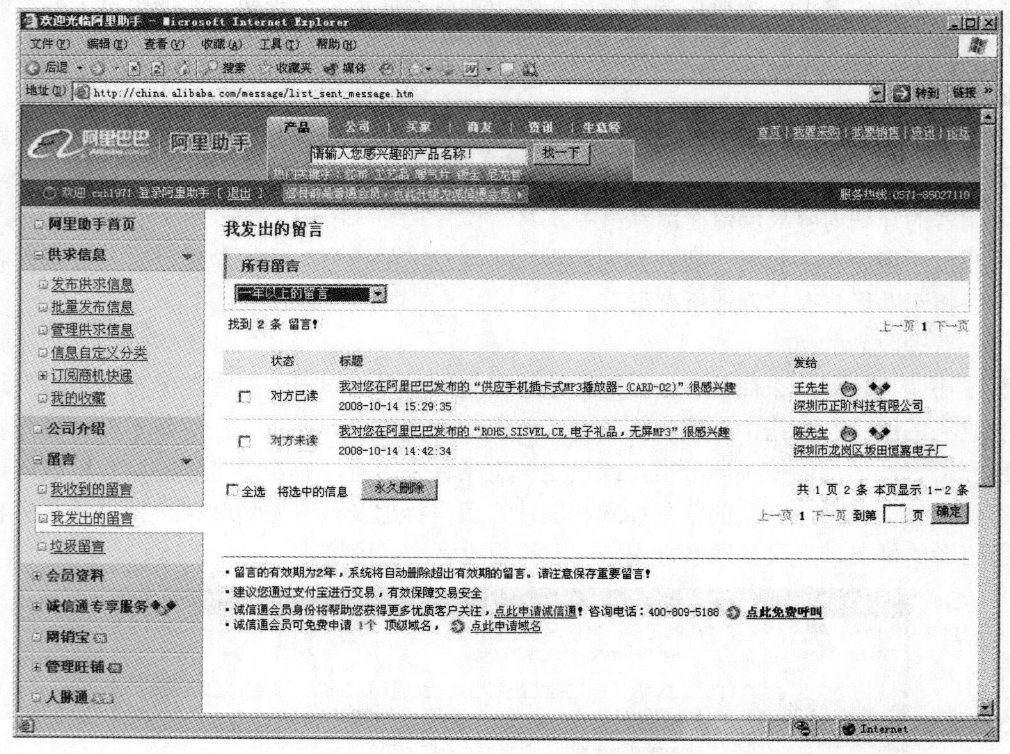

图 2-39 “我收到的留言”页面

（3）管理垃圾留言

用于广告性质的留言通常被称为垃圾留言。企业收到类似广告的留言，可以直接删除，也可以先转到垃圾留言中，再决定是否删除。

垃圾留言中的留言可永久删除，也可以将有用的留言再转至“我收到的留言”中。

3. 回复收到的留言

每一条留言都是一个商机，尤其是买家发来的反馈信息，企业要及时回复。据统计，买家一般会比较关注前三位回复的供应商。所以养成经常查询反馈的习惯，及时查看一些反馈的来源，第一时间回复买家关注的问题，这样才能优先获得买家的关注和信任。

回复留言的具体操作步骤是登录“我的阿里助手”，在留言栏目里单击“我收到的留言”按钮，出现相应留言列表，在留言列表中找到需要回复的留言，单击留言标题，查看该留言的详情，如图 2-40 所示。在留言详情页面上方，有“回复留言”、“转为垃圾留言”、“给该客户发订单”三个按钮，可对留言进行回复、删除和发订单的操作。删除和发订单的操作见本节其他相关部分。

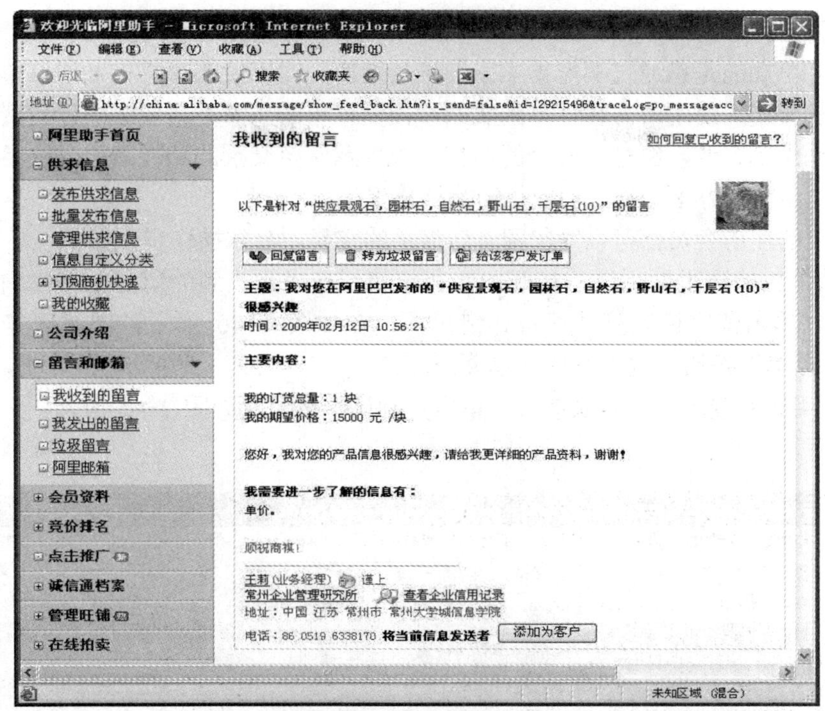

图 2-40　留言的详情

在留言详情页面下方可以直接回复留言，填写完“标题”、“正文”和所需要添加的附件后，单击“回复留言”按钮即可，如图 2-41 所示。

图 2-41　“回复留言”页面

4．留言转订单

留言转订单功能是指通过买家给卖家发送的留言，卖家给买家直接发送订单，并开始交易的一种交易形式。使用留言转订单的卖家和接受订单的买家不需要缴纳任何费用。该功能不仅为卖家提供了方便、快速、安全的销售方式以及资金交割的功能，而且交易是属于单对单的交易邀约，第三方不可见，商业机密被严格保护。

阿里巴巴的注册会员都可以发起留言转订单的交易，具体操作步骤如下。

1）登录“我的阿里助手”后打开留言和邮箱，在“我收到的留言”中找到有明确交易意向的留言，单击留言标题打开留言详情页面，在如图 2-40 所示的留言回复页面，单击“给该客户发订单”按钮，进入发送订单页面。

2）核对买家的登录名、联系信息，单击“确认”按钮，如图 2-42 所示，进入“填写订单内容”页面。

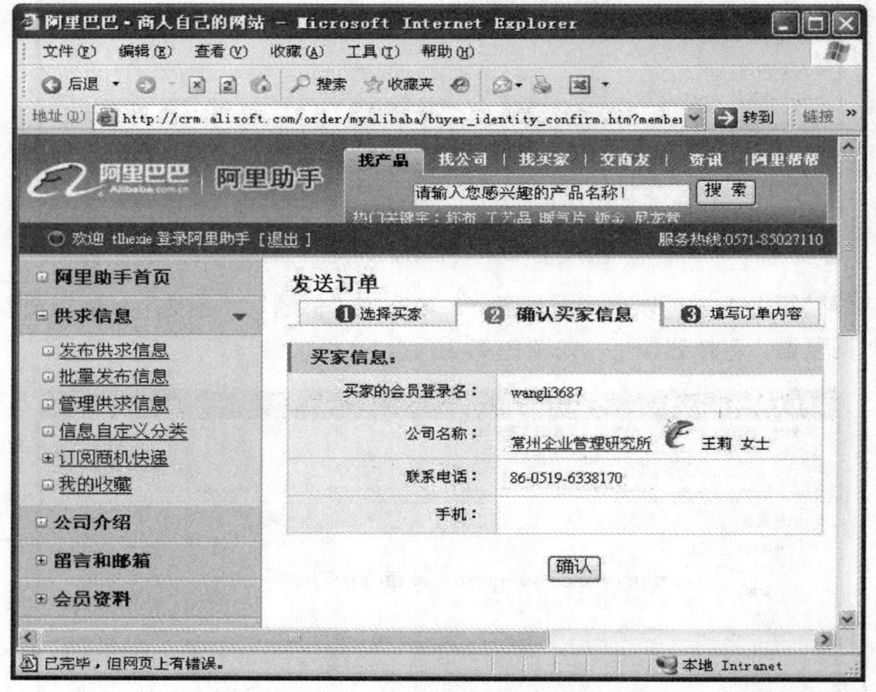

图 2-42 “确认买家信息”页面

3）在图 2-43 所示的页面中，填写订单的“货品名称”、“计量单位”、“货品单价”、“购买数量”等内容并上传产品图片后，预览确认订单内容，并发送订单给买家。订单的内容要严格按照要求填写，并且可以事先与对方进行沟通，这样才能保证整个交易如期进行。发送订单后卖家可以通过各种方式与买家联系，请买家确认订单并支付货款。

归纳总结

通过以上内容的学习，使我们熟悉了利用阿里巴巴平台捕获商机的方法和技巧，掌握了询价留言功能的使用方法和技巧，以及利用询价留言功能发送订单、进行交易的操作方法。

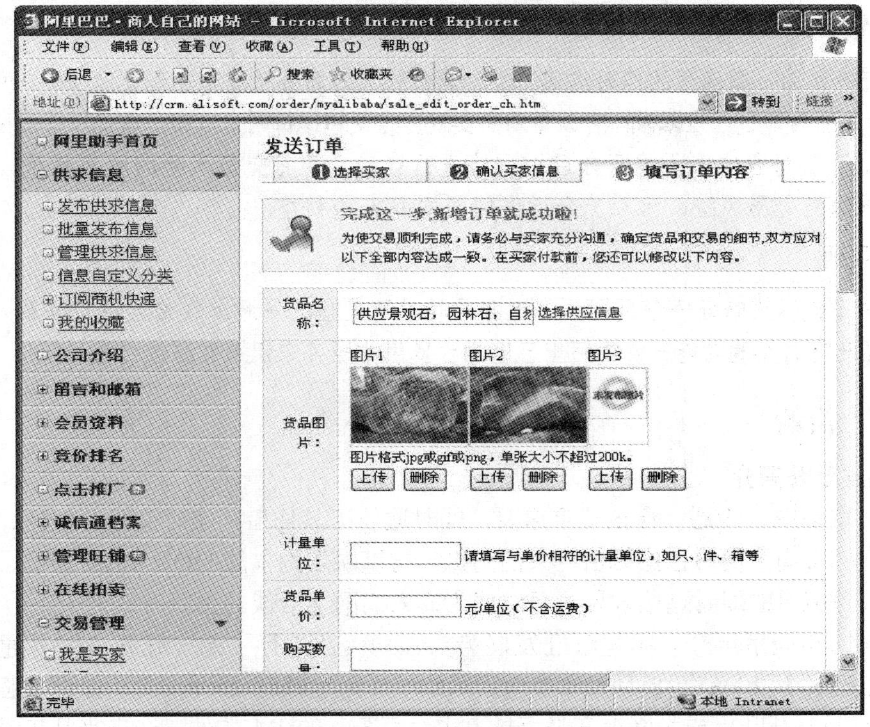

图 2-43 “填写订单内容”页面

2.3.3 思考与实践

一、思考题

1. 在阿里巴巴中文站可以通过哪些方法寻找到商机？
2. 什么是阿里巴巴的大买家服务？作为供应商如何参加大买家采购？
3. 什么是商机快递？为什么使用商机快递可以寻找到商机？
4. 什么是询价留言？回复一个询价留言需要注意哪些方面？

二、实践训练

1. 搜索求购信息，并使用筛选功能查找一家企业，查看其联系方式。
2. 订阅商机快递，通过三种方式查看。
3. 给客户发送一个询价留言。
4. 回复一个询价留言，并将一个询价留言转为订单。

任务 2.4 网上洽谈与安全防范

任务目标

本任务主要熟悉阿里旺旺的功能，掌握阿里旺旺的基本使用方法，了解在网络交易过程中出现的网络交易风险的类型，熟悉识别网络交易风险的常用方法、技巧以及阿里巴巴平台防范交易风险的措施。

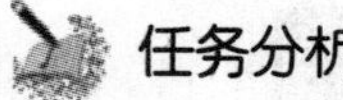

任务分析

阿里旺旺作为一款商用的即时沟通工具，具有强大的商务功能和在线管理功能，用户熟悉其各项功能，并熟练地进行操作后，可以帮助买卖双方方便地进行网上洽谈，有助于促成网上交易。

在网上洽谈过程中，买卖双方通过网络进行接触。学习交易风险的防范措施、通过各种手段有效地甄别交易风险，可以充分地保障买卖双方的利益。

任务实施

下载并安装阿里旺旺→使用阿里巴巴账号登录阿里旺旺→添加联系人→与联系人进行洽谈→使用阿里旺旺的其他功能→使用阿里巴巴平台提供的服务来识别并防范交易风险。

2.4.1 网上洽谈

1. 阿里旺旺简介

在网上贸易中，沟通、洽谈非常重要，即时通信工具凭借其实时交互、便捷、高效的特点受到人们的喜爱，同时也挖掘出巨大的商机。与以娱乐为主的 QQ、MSN 相比，阿里旺旺是专注于商务应用的即时通信软件，已经成为商人们网上洽谈的主要方式之一。

从 2007 年问世至今，阿里旺旺发展势头强劲。在进行了淘宝旺旺与贸易通的整合之后，阿里巴巴又于 2008 年 8 月发布了全新版本——阿里旺旺 2008，其功能更加强大。据统计，2008 年阿里旺旺已成为网上交易市场上占有率第一的 IM 软件。在未来几年里，阿里旺旺除了继续承载商务 IM 的功能，还将着力打造面向阿里巴巴 1.23 亿中小企业及个体商家的软件服务在线交易客户端平台。

在阿里巴巴首页的左上角单击“阿里旺旺”，即可进入阿里旺旺下载页面，如图 2-44 所示。

图 2-44 阿里旺旺下载页面

在这里单击下载按钮，运行程序或者保存程序，按照提示可以进行安装。安装完毕后，输入会员登录名和密码即可登录使用。需要注意的是 2008 版的阿里旺旺将贸易通版和淘宝版进行了整合，用户可以根据自己的需要选择不同的账号登录，如图 2-45 所示。

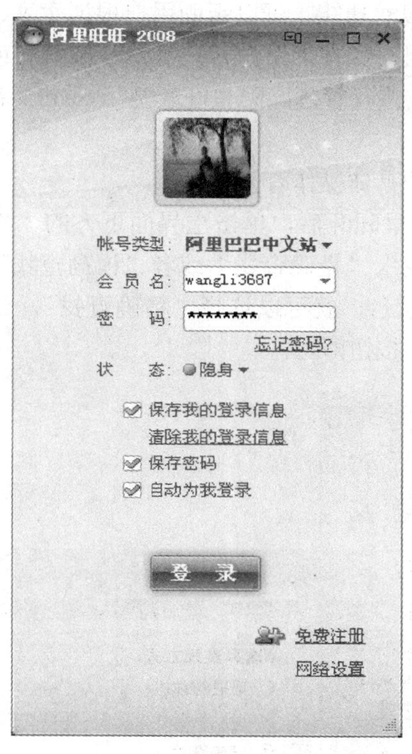

图 2-45　阿里旺旺登录界面

2. 阿里旺旺的优势

阿里旺旺不仅拥有目前主流即时通信软件的各项功能，还具备了针对电子商务用途的特有商务功能，能满足商人日常的商务洽谈和办公需要。它集成了即时文字、语音、视频、邮件、短信等商务沟通和客户管理工具，可广泛应用于网站的在线客服、电子商务实时在线销售等，是商人网上贸易的必备工具。阿里巴巴会员可以使用中文站账户直接登录贸易通，实现中文站和贸易通信息互通，特别适合于电子商务在线交易的多样化数据通信。阿里旺旺的优势包括如下几个方面。

1）谈生意：成功率达 67.8%。

2）办公：降低费用 25%。

3）找客户：千万级客户随你选。

4）享受商务服务：零费用。

3. 阿里旺旺的功能及应用

2008 版阿里旺旺作为一款即时通信软件，在原有的功能之外，新增了群、会员兼容、动态表情、软件百宝箱等新功能，可以方便地实现即时的文本通信、发送短信、传送文件、软件便捷下载等。此外，它还为办公人群量身定制了多种工具，如商务服务、阿里助手、视频直播等，让客户工作、生活更加便捷从容。其主要功能及应用如下。

（1）广交朋友，在线客户管理

阿里巴巴中文站、淘宝网以及其他下属行业网站共有一亿多会员，买卖双方都可以通过阿里旺旺来搜索和发布商机、找客户、与客户在线洽谈，最终达成交易。

阿里旺旺提供了强大的搜索功能，可以帮助用户根据卖家、买家、产品、公司查找并添加商友，然后对商友进行分组，如按上下游客户身份、按销售或采购的地域以及产品类别等分组，对不同商业目的的商友进行管理。阿里旺旺基于 SaaS（在线软件服务）模式，是一个高效的客户管理工具。

添加商友联系人并分组的具体操作有以下几步。

1）添加联系人。登录阿里旺旺后，单击主界面下方的“添加好友”按钮，打开添加联系人向导，选择“旺旺帮你找”、“精确查找”或者“模糊查找”添加联系人，如图 2-46 所示。如果已经知道对方的登录名，就可以选择“精确查找”，在出现的联系人列表中选择所需用户，单击“加为联系人”按钮即可。

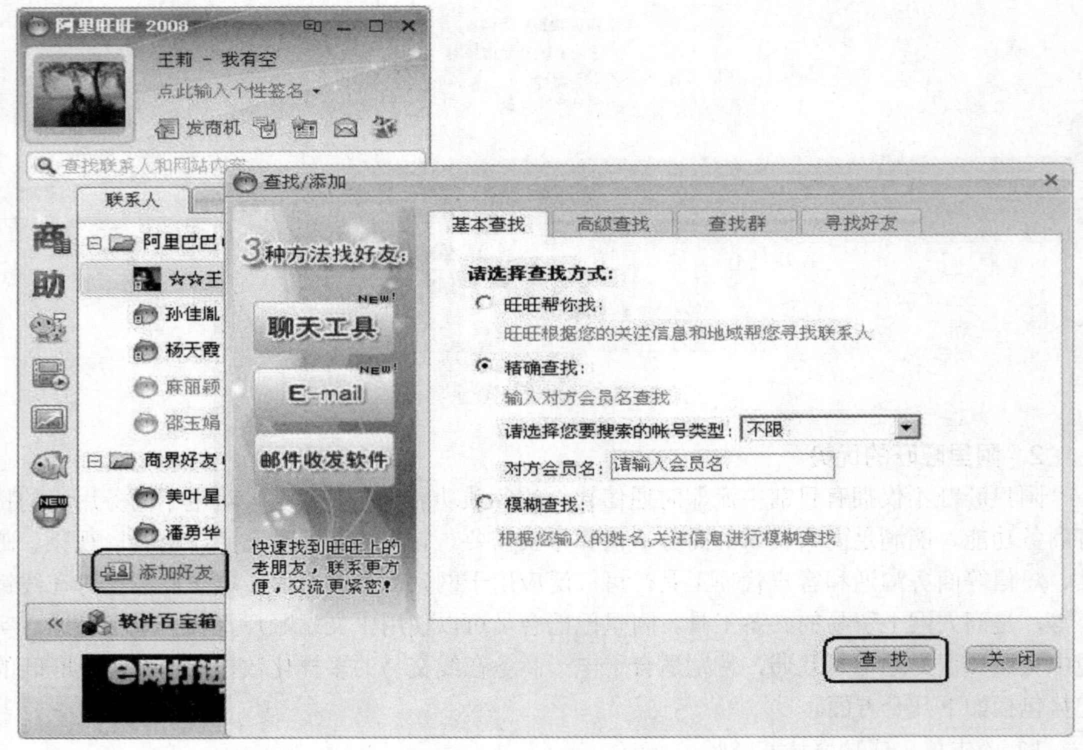

图 2-46　添加联系人

阿里旺旺除了基本查找外，还提供了高级查找、查找群和寻找好友等功能。添加了联系人之后，用户可查看联系人的名片、编辑联系人资料，以及对联系人进行移动、删除等操作。

阿里巴巴的注册会员都可设置并修改自己的关键字以便于他人找到自己。如果不想有太多陌生人打扰，可以设置好友验证，这样只有通过验证，其他人才能将自己加为好友。

2）联系人分组管理。联系人分组管理的主要作用在于易查找，管理更方便。阿里旺旺 2008 提供了多级分组功能，可以在组内再建立子组，以便于更详细更细致地管理联系人。

添加组的操作是在联系人列表中，用鼠标右键单击已有的组名，选择“添加组”，然后输入组的名称即可。如果选择“添加子组”，则可在当前组中再添加下一级子组，如图 2-47 所示。另外还可以对联系人分组进行重命名或删除等操作。

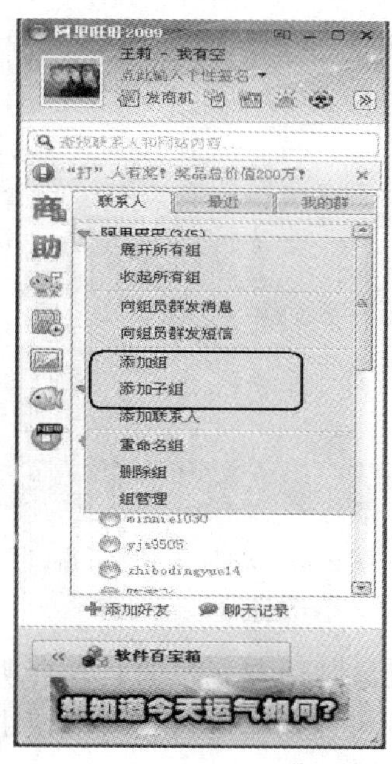

图 2-47　添加联系人组

（2）买卖沟通，达成交易

阿里旺旺可以帮助用户与阿里巴巴网站的网商建立紧密的联系，实时接受客户的询价或报价信息。与 Email、页面留言相比较，阿里旺旺更方便、快捷、实时，是网上买卖双方进行商务洽谈的重要工具。

阿里旺旺提供了四种网络沟通方式。

1）即时文字交流。一旦找到感兴趣的商机，可以在阿里旺旺上直接发送即时消息联系对方。双击联系人头像，或用鼠标右键单击联系人头像选择“发送即时消息”，即可打开阿里旺旺的即时文本聊天界面，如图 2-48 所示。在对话框内输入文字，单击“发送”按钮后，消息就会发送到指定的联系人处。还可以使用输入框上方的各种功能来设置字体、发送表情符号、发送快捷短语等。

阿里旺旺还提供了 99 个动态表情，在用户交流时可以随意选用，更贴切的表达心情，同时拉近彼此的距离，让谈生意变得更亲切、更容易。

2）语音/视频聊天。阿里旺旺有免费语音聊天的功能。只需拥有传声器和摄像头，就能足不出户，与商友在网上亲切地交谈。

3）离线消息。如果对方不在线，可以向其发送离线消息，对方只要一上线就可以看到。这样就不会错过任何客户询价或相关消息，能把握好每个商机。

4）自动回复。自动回复功能一般用于用户不在计算机边时使用，可以让对方及时了解用户目前的情况，并能按照预先设置的内容自动回复客户。

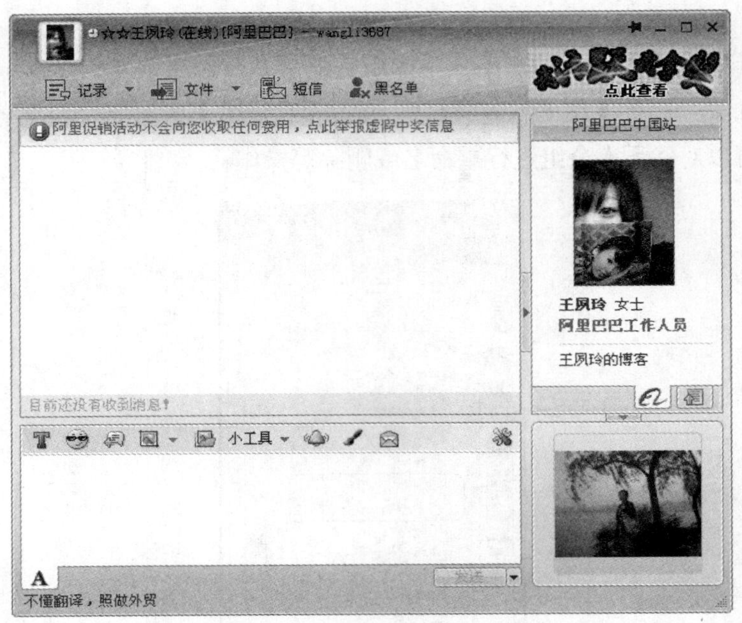

图 2-48　即时文本聊天窗口

（3）阿里旺旺群，积聚人气

阿里旺旺提供的群功能，就象是朋友聚集的私人会所，是一个多人交流的空间。群中的成员大多有着相同的爱好，可以在一起讨论或洽谈生意、交流工作经验，还可以休闲聊天。

通过阿里旺旺自己创建群，或加入别人的群都可以达到结交商友、拓宽商圈的目的。具体操作步骤包括如下步骤。

1）搜索并加入群。登陆阿里旺旺，单击主页面中“我的群”，或者在阿里旺旺左侧导航条上的“阿里旺旺群”中单击“查找添加群”，即可打开“查找/添加”的向导，如图 2-49 所示。在这里可按分类、关键字或者按群号查找群。在搜索结果中选择需要加入的群，点击“立即加入”按钮即可。

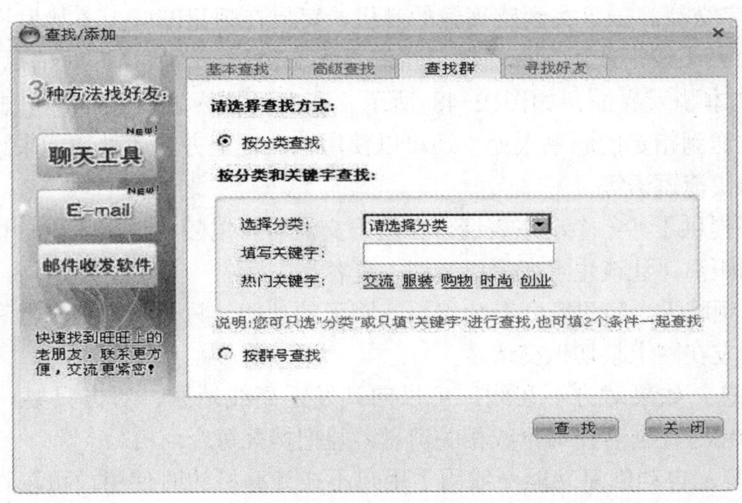

图 2-49　“查找/添加”向导

2）创建启用群。注册会员从第一次登录旺旺开始即分配有 1 个群，1 个账号最多可以启用 4 个群。在阿里旺旺主页面“我的群”中双击“立即双击启用群”，填好基本信息，包括“群名称”、“群分类”，以及“群介绍”等，单击“提交”按钮即完成操作，如图 2-50 所示。群建好后，再邀请联系人加入。如果建立了自己的公司群，还可方便公司内部员工的办公交流。

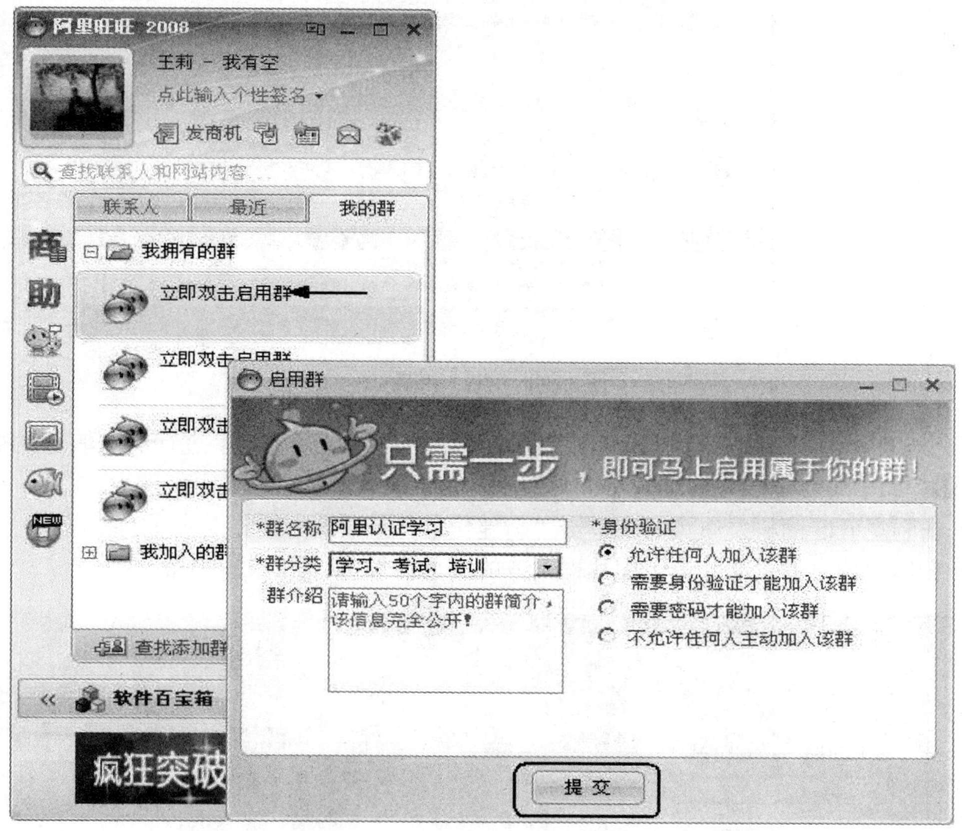

图 2-50　创建启用群

（4）海量商机，随时搜发

阿里旺旺的“商机助理”功能是用户管理商业信息的快捷功能。通过阿里旺旺的快速通道，用户无须登录网站，无须点击多个页面，就可以快速发布、重发、管理和跟踪商机。不过一口价信息无法使用“商机助理”，需要登录阿里助手进行发布和管理。另外，“商机助理”除了发布和管理供求信息外，还具有批量重发信息和自动处理图片功能。商机助理的使用方法如下。

1）登录阿里旺旺 2008 版，在主界面上单击“发商机”按钮，进入商机发布页面，如图 2-51 所示。

2）在商机发布的左侧，可以对所有的供求信息进行管理，包括供应信息、求购信息以及回收站等。在该页面的上方是对商机信息进行管理的菜单，可以新建信息或对已有的信息进行修改和打印。如果需要批量发布商机，只要单击页面上的“批量发布”按钮即可进入批量发布商机页面。

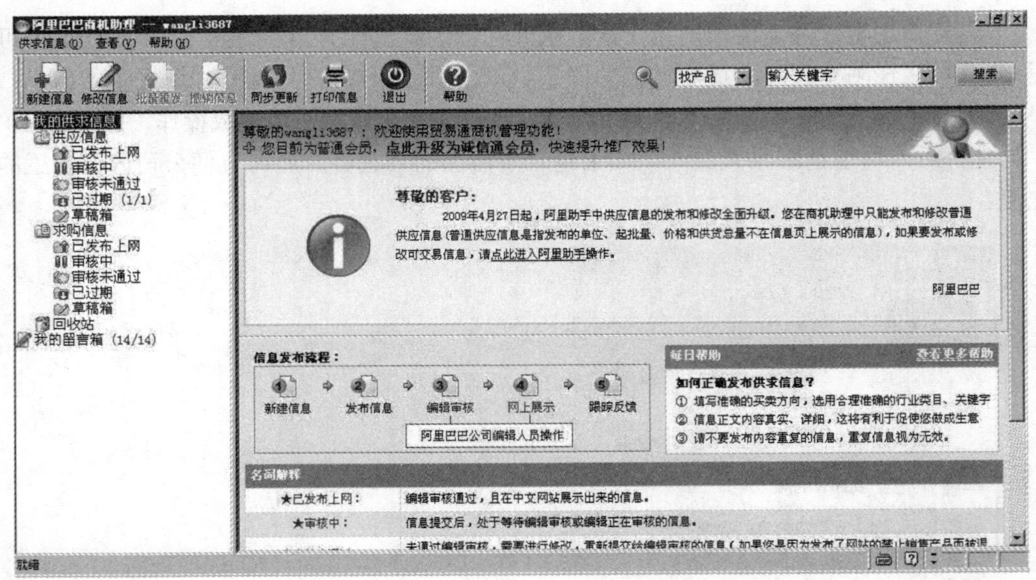

图 2-51　商机发布页面

阿里旺旺发布商机具有自动处理图片的功能。用户登录阿里助手进行供求信息发布时，使用“图片助手”功能也可启动阿里图片助手，进行图片的处理。

1）在阿里旺旺商机发布页面上单击“新建信息”按钮。

2）在新建信息的页面，单击图片框下方的“上传”，如图 2-52 所示。

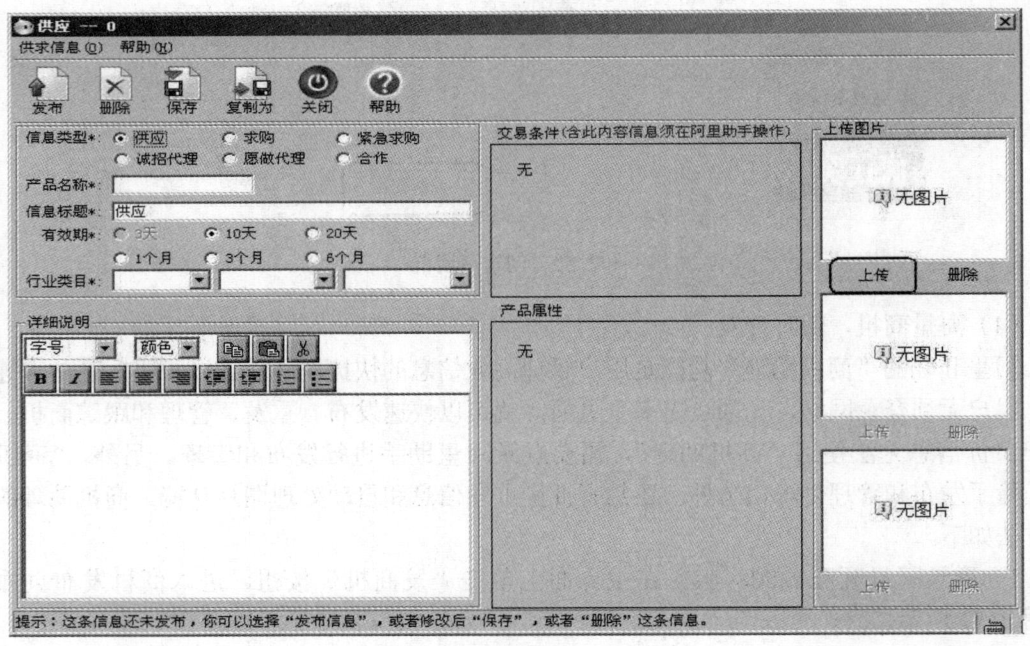

图 2-52　上传图片

3）打开阿里图片助手，选择需要修改的图片，选择“手工编辑”或“自动处理” 并上传。一般建议选择“自动处理”方式，如图 2-53 所示。

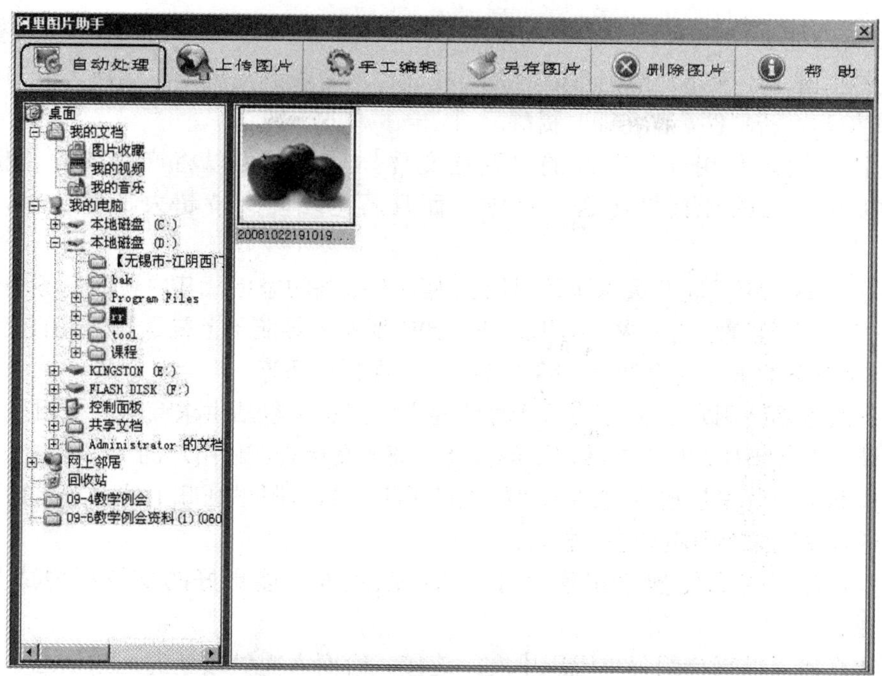

图 2-53　阿里图片助手自动处理图片

4）单击“保存”按钮，完成自动处理图片过程，如图 2-54 所示。这时图片规格完全符合上传要求。

图 2-54　阿里图片助手保存图片

（5）其他功能

1）交易提醒。不管用户的阿里旺旺是否在线，所有收到的反馈，包括客户询价、最新商机、竞价拍卖、新邮件等都将即时提醒。

2）文件传输。利用阿里旺旺的“发送文件”功能，可以将产品图片、报价表和合同等直接从自己的计算机传送给对方。而且阿里旺旺支持超大文件传输，快速而且安全。

3）办公工具。阿里旺旺秉承了阿里巴巴为商人服务的宗旨，其内置的商务功能很好地满足了电子商务在线联络的需求。阿里旺旺 2008 版左侧导航条上就是其内置的商务功能，这些功能包括商务服务、阿里助手、阿里旺旺群、视频直播等。

- 商务服务围绕用户需求提供了针对性的实用信息，包括供求商机、今日资讯、在线翻译、天气预报、商旅在线、证券行情、商务文档等，让用户的工作更高效。
- 阿里助手是阿里巴巴中文站中“阿里助手”栏目在阿里旺旺上的直接入口，单击即可进入系统的“阿里助手”栏目。
- 阿里旺旺群能方便搜索和管理自己的群联系人，能更好的支持群内成员交流和沟通。
- 视频直播可以直接跟阿里巴巴中文站连接，给商人提供最新的视频信息、嘉宾语录分享等最新咨讯，满足客户多方面的需求。

4）软件百宝箱。软件百宝箱是阿里旺旺为用户开发的一个全新功能，用户可以直接从这里下载自己需要的软件，体现了所需软件从搜索到安装使用一步到位的便捷。

4．移动旺旺

移动旺旺是阿里旺旺推出的“短信服务”功能。使用移动旺旺，用户不会错过任何反馈，用手机直接联系商友，实现移动办公。移动旺旺具体的优势如下。

1）24 小时显示阿里旺旺手机在线，不会错过任何反馈信息。

2）外出时，用手机及时接收和回复来自旺旺的反馈。

3）用旺旺直接发送短信给任何商友。

4）用手机发送指令，主动联系旺旺商友谈生意，移动办公。

阿里旺旺的移动功能绑定和使用方法如下。

1）登录阿里旺旺 2008 版，在主界面上单击“移动旺旺”按钮。在没有绑定手机的情况下，打开的窗口中会提示未绑定手机。在移动旺旺绑定向导页面查看并同意用户协议后，单击“下一步”按钮，如图 2-55 所示。

2）输入需要绑定的手机号码，单击“下一步”按钮，如图 2-56 所示。

3）程序会向需要绑定的手机发送验证码。收到验证码后，输入手机号码及验证码，如图 2-57 所示，即完成手机的绑定。绑定手机的过程不产生任何费用，可随时根据需要进行绑定手机或者取消绑定手机的操作。

4）开通移动旺旺后，用户的阿里旺旺 24 小时显示在线，吸引客户发送信息。同时，如果用户要找的联系人不在线，而且对方已经绑定过手机，则可以发送短信给对方。需要注意的是，通过阿里旺旺发送的短信有字数的限制，且短信费用按照运营商的定价收取。移动旺旺的使用说明详见表 2-3。

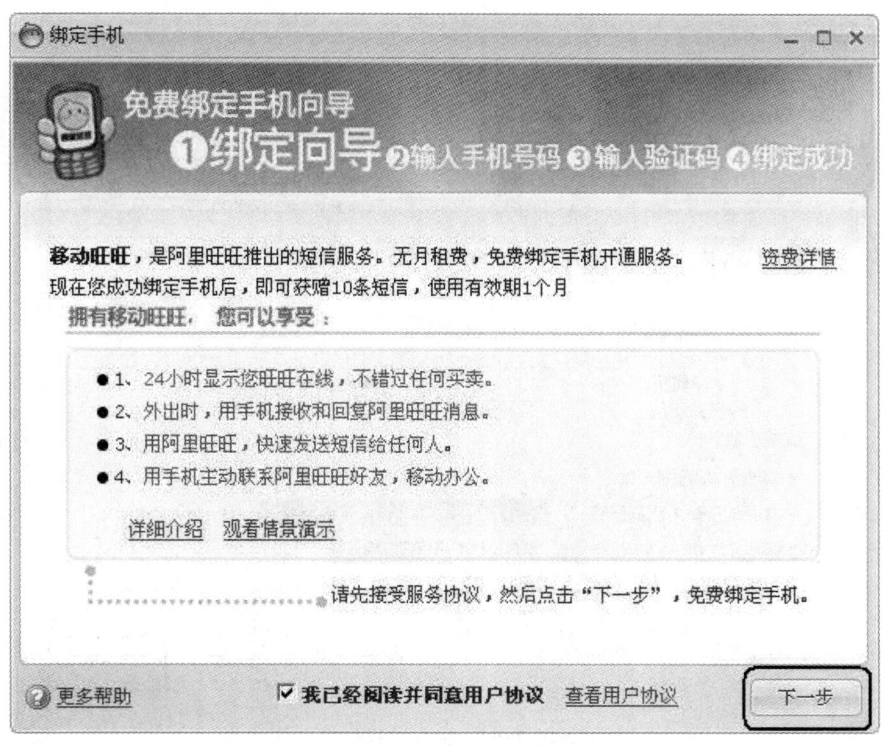

图 2-55　移动旺旺绑定向导

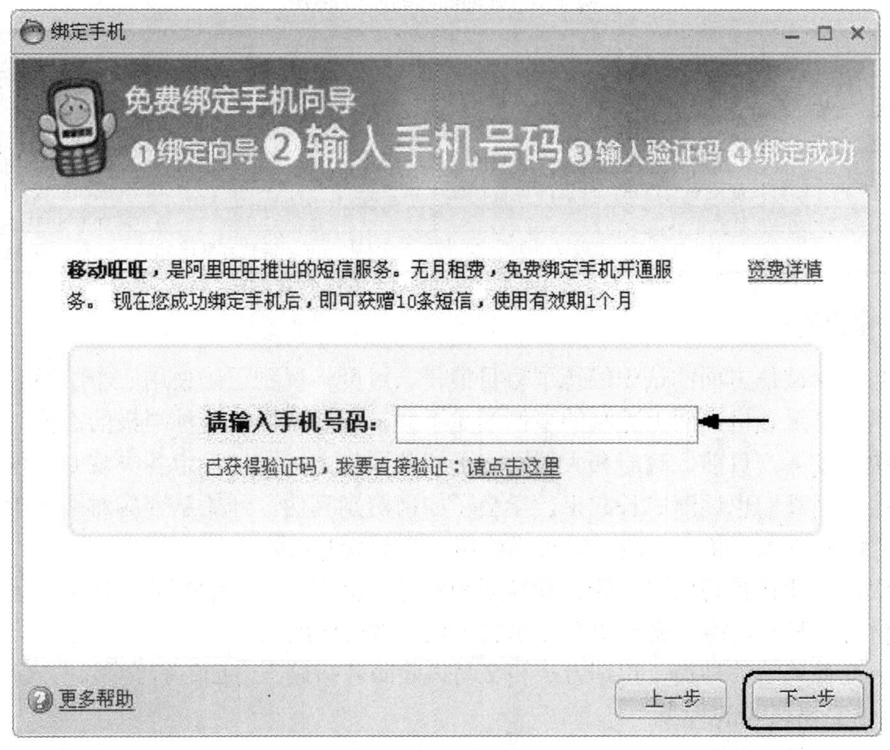

图 2-56　输入绑定手机

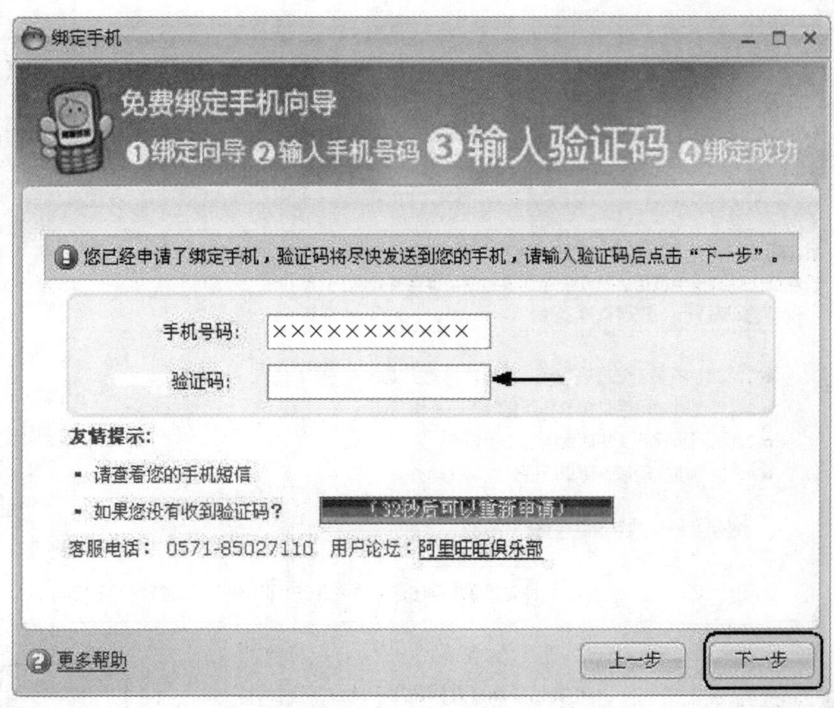

图 2-57 输入验证码

表 2-3 移动旺旺的使用说明

	具 体 介 绍	发 送 方	接 收 方
通过旺旺发送短信	可以直接用阿里旺旺发送短信到对方手机	需要绑定手机 发送成功每条短信支付 0.1 元	无须绑定手机 接收方接收免费，回复则 0.1 元/条
离线消息转手机	离线时，可通过手机自动接收旺友发来的信息（此业务可自行选择）	无须绑定手机 免费	需要绑定手机 成功接收及回复每条短信各支付 0.1 元
备注	无包月费用，采取预付费方式，可通过支付宝充值，充值月累计 20 元以上的，可寄送发票		

2.4.2 安全防范

人们对网络诚信方面的认识经历了盲目信任、过度怀疑到正确使用三个阶段。盲目信任给很多骗子以可乘之机，网上受骗的事例屡见不鲜，而过度怀疑这种消极的态度，阻碍了网络贸易的快速发展。目前，政府和大型网络公司共同努力，通过设定各类规则，保证网络交易安全诚信。网商们也逐渐成长起来，学会了如何辨别真伪，开始从容应对网络中的各种骗局，此时互联网进入了第三阶段，即正确使用，合理规避风险。

阿里巴巴集团在预防网络风险，保障用户利益方面有着独到的措施与保障，无论是诚信通还是支付宝，都对网络的交易安全都起到了积极推进作用。

下面从交易风险的种类、识别方法和交易风险防范措施三方面进行介绍。

1．网络交易风险的种类

网上交易风险大致有如下几类。

（1）产品识别风险

由于网络的虚拟性，买方有可能不索取或得到不真实的样品。在把一件立体的实物缩小许多变成平面图片的过程中，商品本身的一些基本信息会丢失，买方不能从网站的图片和文字描述中得到产品全面、准确的资料。这就会给买方带来产品识别的风险，这种风险会延伸到产品的性能、质量等诸多方面。

（2）质量控制风险

电子商务中的卖方可能并不是产品的制造者，质量控制便成为风险因素之一。如果卖方选择了不当的外包方式，就有可能使买方承担这一风险。

（3）网上支付风险

作为电子商务的一部分，支付手段也会有所变化，许多企业仍然担心安全问题而不愿使用网上支付手段，因此，支付问题是电子商务的风险因素之一。

（4）物权转移风险

电子商务需要建立远程作业方式，商品在转移过程中的意外情况都会影响交易的成功，物权转移过程中也会产生相应的风险管理问题。

（5）信息传送风险

电子商务的主要业务过程是建立在互联网基础上的，许多信息要通过网络传送，网络安全或信息安全是电子商务的另一个风险因素。如果遭受黑客的攻击，重要的企业信息甚至支付权限被窃取，其后果将是异常严重的。

2．交易风险的识别

针对各种网络贸易风险，最为关键的防范措施是准确识别交易风险，特别是交易前对对方的身份进行识别。阿里巴巴在实际运作中积累了大量实用经验，以下措施可以有效防范交易风险。

（1）辨别信息内容的真伪

在阿里巴巴的平台上发布了公司产品信息后，如果收到一条求购信息，需要从信息内容去进行分析。如果公司介绍太简单，求购意图不明显，地址也写得很模糊，预留的公司网站是虚假地址等等，通常情况下，这就有可能是虚假信息。虽然由此并不能完全断定对方的询价是虚假的，但至少可以提高警惕。根据信息本身的内容发现问题，是防范风险的第一步。

（2）查询企业信用记录

网上交易和线下的交易一样，会有产品质量缺陷、交货期延误等问题发生，在阿里巴巴的企业信用记录中，记录了会员投诉的详细情况。被投诉会员主要包括在交易中曾发生不诚信行为的会员，还有利用网络实施诈骗嫌疑的会员。

将对方会员的公司名输入到阿里巴巴的企业信用记录中，查询对方的信用情况。在阿里巴巴的企业信用记录中，可以查询到很多信用不良的企业被投诉的记录，如图 2-58 所示。如果我们遇到或身边的朋友遇到欺诈的行为，也可到阿里巴巴网站上去投诉，这样可以帮助其他的诚信会员免受欺诈。

（3）论坛搜索

阿里巴巴论坛是网商们交流信息的场地，其中不少是揭露网络骗子的信息。因此，用户对某企业诚信程度不能把握时，可以到阿里巴巴论坛中去搜索相关信息。只要把某个企业的名称输入到阿里巴巴论坛中进行搜索，如果发现有网商发贴子揭露该企业的不诚信行为，那么用户与该企业进行商业贸易的风险性就比较大了。

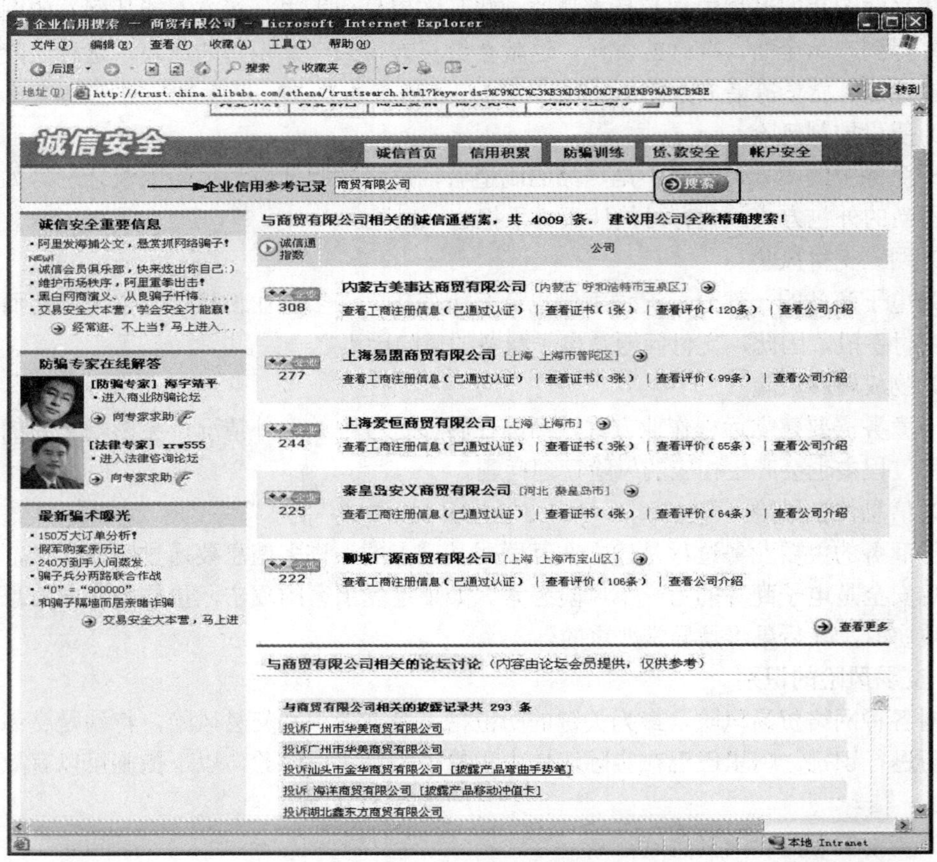

图 2-58　企业信用查询

（4）查询诚信通指数及评价

如果对方是一个诚信通会员，那么我们辨别起来就比较方便了，因为诚信通会员是通过了第三方认证的，我们可以去查看该会员的诚信通档案，如图 2-59 所示。诚信通档案里面有客户的评价，由此综合判断该公司的生产经营是否诚信。

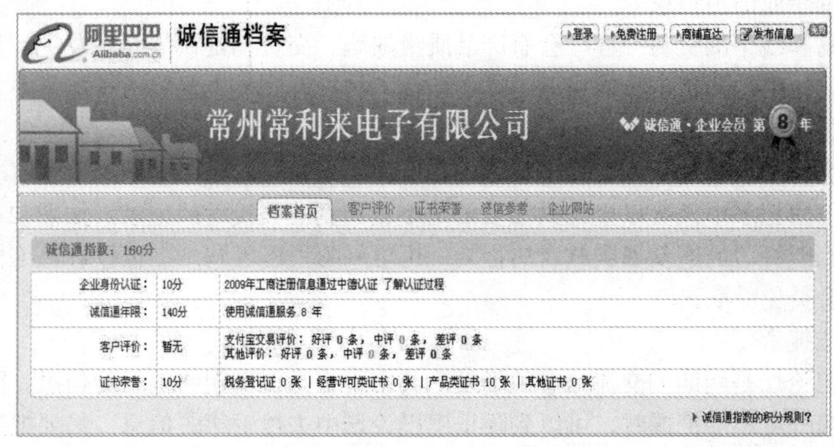

图 2-59　企业诚信通档案

（5）利用搜索引擎搜索

运用搜索引擎也可以帮助我们辨别真伪。将对方公司的公司名、地址、联系人、手机、电话、传真等信息输入到搜索引擎中，可以找到相关的信息，帮助我们综合判断。

（6）工商网站查询

许多商人在日常经营中，会有一些自已的核实手法，比如会向对方索要营业执照复印件、身份证复印件等，来了解对方的工商注册信息。

而在网络中，工商查询可以更快更准确地核实对方的信息。从国家工商总局的网站中，可以找到各地工商红盾网的链接。在红盾网中，可以查到对方公司的企业代码、法人代表、地址，以及联系方式等信息，帮助大家了解对方公司的真实注册情况。

（7）手机归属地判断

现在的通迅比较发达，在和对方交往的时候，通常会留下手机作为联系方式，通过手机我们可以核实对方的所在地。例如，可以在 WWW.IP138.COM 这个网站进行手机所属地查询、IP 地址所属地查询、身份证号码所属地查询等，帮助我们了解对方的手机注册地，以及身份证登记所在地，如图 2-60 所示。

搜索引擎、工商网站、手机号码归属地查询是互联网上比较实用的核实工具。

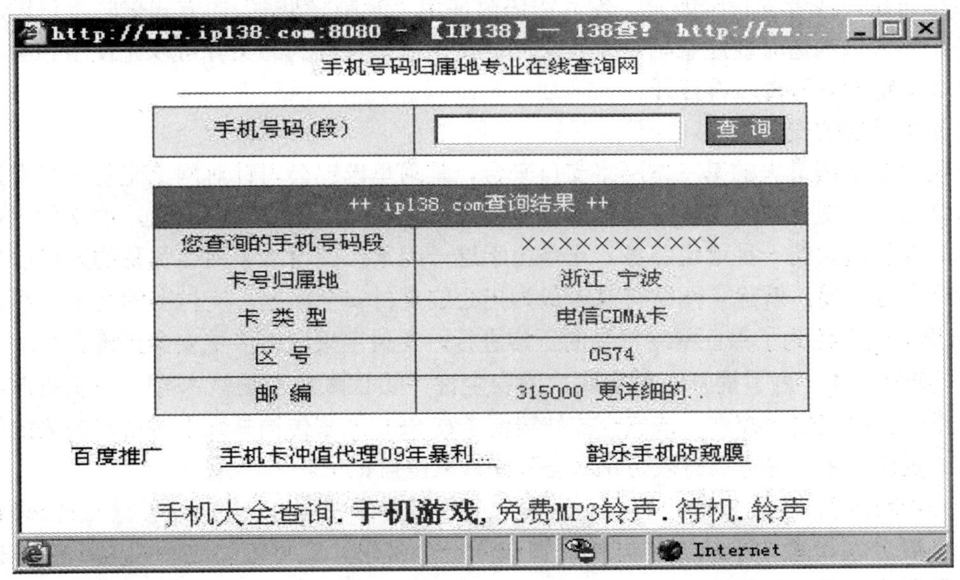

图 2-60　手机归属地查询

（8）专业性测试

在我们和客户交流的过程中，始终应该利用我们的专业知识进行必要的测试。很多骗子是通过格式化的传真、求购函、散发传单的方式来发布求购信息的，因为他们没有真实的采购意图，往往对自已想要采购的产品并不了解，或是了解不多。在我们和客户沟通的过程中，可以询问采购商对于产品各项技术指标的要求，设定一些问题来测试对方是否了解他想采购的产品，进而来判断对方是否是真实专业的采购商，是否有真实采购意图。

3．交易风险的防范措施

（1）账户密码安全

阿里巴巴集团各网站的用户，包括诚信通会员、支付宝会员以及阿里旺旺的用户，都有用户专属的账户和密码，因此设置安全的账户密码是防范网络贸易风险的第一关。

一个不安全的密码，将增加诸多风险。一旦密码被不法分子盗用，将会产生严重的问题。比如阿里巴巴账号被不法分子盗用后，将无法正常登陆，影响日常交易。更有甚者，不法分子会借用诚信通会员的名义行骗，使公司声誉受害。还有不法分子直接窃取网上银行资金等。

设置安全密码的基本规则如下。

1）密码长度为8到20个字符。

2）使用英文字母和数字的组合，如CDMA058、8465nihao等，尽量不要有规律可循。

3）阿里巴巴会员账号、电子邮箱账号、支付宝账号等，应设置不同的密码。

4）定期修改密码。

5）不要轻易将自己的密码和账户告诉他人。

6）切不可将密码设置得与公开的信息一致。

除了严格遵守密码管理规则之外，养成良好的网络使用习惯也是防范网络贸易风险的措施之一。例如，不要打开来历不明的邮件、邮件附件和网络链接，尽量不要在网吧登录阿里巴巴诚信通账户或者支付宝账户，输入密码时使用“复制+粘贴”的方式来防止记键木马，使用旺旺和客户沟通时要注意陌生人发来的链接，对于接收到的文件可以先使用各类杀毒软件检测，确定没有病毒后再打开。

（2）支付宝的安全措施

支付宝是中国最大的第三方网络支付平台，是阿里巴巴公司针对网上交易而特别推出的安全付款服务。支付宝的实质是以其为信用中介，在买家确认收到商品前，由支付宝替买卖双方暂时保管货款的一种增值服务。正是由于这一因素，使得从事网络贸易的人可以坦然地利用网络进行交易，解除了网络交易者最为担心的支付安全问题。支付宝的交易流程见任务2.6，这里主要介绍为了保证网络贸易的正常进行，支付宝采取的多重安全措施。

1）安全控件。为了提升支付宝账户的安全性，防止账户密码被木马程序或病毒窃取，支付宝推出支付宝安全控件。该安全控件实现了在SSL加密传输基础上对用户的关键信息进行再次的复杂加密，并可以有效防止木马程序截取键盘记录。

2）双重密码。支付宝账户有两个密码，分别是登录密码和支付密码。登录密码和支付密码一定要分别设置，不能为了方便设置成同一个密码。支付宝的这种双因子密码验证体系，为我们的账户安全提供双保险。

3）支付宝信使。当用户支付宝账户的信息、交易或资金发生变动时，支付宝信息服务就会第一时间用手机短信、电子邮件、阿里旺旺三种方式进行提醒，将信息传递给用户，以保护账户的安全。在支付宝账户的“安全策略中心”中可定制支付宝信使服务，而且是完全免费的。

4）数字证书。数字证书是由权威公正的第三方机构，即 CA 中心签发的证书。以数字证书为核心的加密技术可以对网络上传输的信息进行加密、解密、数字签名和签名验证，确保网上传递信息的机密性、完整性。使用数字证书后，即使用户发送的信息在网上被他人截获，甚至丢失了个人的账户、密码等信息，仍可以保证账户、资金的安全 。

支付宝数字证书具有三大特点，即安全性、惟一性与方便性。

为了避免传统数字证书方案中由于使用不当造成证书丢失等安全隐患，支付宝创造性地推出双证书解决方案。支付宝会员在申请数字证书时，将同时获得两张证书，一张用于验证支付宝账户，另一张用于验证会员当前所使用的计算机。第二张证书不能备份，会员必须为每一台计算机重新申请。这样即使会员的数字证书被人非法窃取，仍可保证其账户不会受到损失。

惟一性方面的措施是支付宝数字证书根据用户身份给予相应的网络资源访问权限。用户申请使用数字证书后，如果在其他计算机登录支付宝账户而没有导入数字证书的备份时，只能查询账户，不能进行任何操作。这样就相当于用户拥有了类似钥匙一样的数字凭证，增强账户使用安全。

方便性方面的措施是即时申请、即时开通、即时使用，不需要使用者掌握任何数字证书相关知识，就能轻松掌握其使用方法。

（3）诚信论坛与防骗专家

诚信的网商在网络贸易中需广交诚信的朋友，互帮互助，共享共赢。图 2-61 是阿里巴巴中文站商人社区中的诚信社区——商业防骗专题论坛。

图 2-61　商业防骗论坛

商业防骗论坛有三个功能是其他论坛所没有的。第一是企业信用记录查询功能，即核实对方身份时可以借鉴的工具；第二是投诉功能，如果遇到一个缺乏诚信的商人或是网络骗子，可以直接在这里向阿里巴巴反馈，提醒其他网商，同时在更多网商的帮助下揪出骗子；第三是论坛提供的咨询功能，当网商遇到问题无法自行解决时，可以通过这里向千万网商提问，会有来自全国各地的网商帮助解答难题。

（4）重要安全提示

网络贸易机会与风险并存，一旦受骗，一般建议采取如下应对策略。

1）保留所有交易过程中的一切资料，包括合同、聊天记录、往来邮件、发货凭证、汇款凭证、账户信息、联系方式等。

2）到当地公安机关报警，将公安机关的立案证明或者法院的立案通知书的复印件提供给阿里巴巴公司。

3）到诚信论坛进行投诉，写明事情发生经过，相关服务人员将会联系对方使其对此事作出合理解释。如果对方不能合理解释，则可能会被取消账号，在阿里巴巴网站上永远留下差评，并供其他会员搜索和浏览。

归纳总结

通过以上内容的学习，使我们熟悉阿里旺旺的主要功能和基本使用方法，了解网络交易风险的种类，熟悉通过各种途径识别交易风险的方法和技巧，为在第三方电子商务平台上进行安全的网络贸易提供了保障。

2.4.3 思考与实践

一、思考题

1．使用阿里旺旺与客户沟通有什么优势？

2．阿里旺旺有哪些功能？与一般聊天工具有什么区别？

3．在阿里旺旺上添加联系人有哪几种方式？

4．网上交易风险通常有哪几类？

5．有哪些措施可以防范交易风险？

二、实践训练

1．下载安装阿里旺旺，并添加联系人、添加联系组，对联系人进行分组管理。

2．使用移动旺旺功能，进行手机绑定、解除手机绑定的操作。

3．使用阿里旺旺的图片助手对图片进行处理并上传。

4．浏览诚信论坛，学习网络防骗技巧。

任务 2.5 网络采购

任务目标

本任务主要掌握阿里巴巴中文站采购的基本流程，学会在阿里巴巴中文站通过搜索和发布求购信息采购商品的操作过程，并掌握网络采购中的一些方法和技巧。

任务分析

阿里巴巴的企业会员是商品的供应商，同时也是原料的需求者。利用阿里巴巴平台提供的大量供应资源，企业可以开展网络采购，充分发挥网络高效率、低成本的优势。

在阿里巴巴平台进行网络采购可以有两种不同采购方式，采购过程中可以使用货比三家、批量询价、匿名采购、买卖速配等网络采购技巧，从而提高采购效率。

任务实施

搜索供应信息→货比三家→询价信息发布→网上洽谈→订单管理→发布求购信息。

2.5.1 了解网络采购

1. 网络采购的优点

目前，网络采购越来越受到国际市场的关注，也在我国得到重视和大力推广。相对于传统采购来看，网络采购具有明确的优势：价格透明、效率高、竞争性强、节约成本等。

（1）价格透明

通过电子采购交易平台进行竞价采购，可以使竞争更安全、更充分，获得更为合理的低廉价格。据统计，网上采购价格平均降幅为20%左右，可大大节省采购开支。

（2）效率高

网上采购不是对人工采购的简单替代，而是重构采购流程，通过信息化再造，摒弃传统采购模式中影响采购效率和效益的不利因素，建立科学的采购流程和商务模式。

目前，网络采购已经成为各国政府采购的主要方式。利用电子数据交换系统进行市场交易的网络采购，与人工采购相比，缩短了空间距离，节省了竞标谈判时间，减少了对电话传真等传统通信工具的依赖，提高了采购效率。

（3）竞争性强

网上采购有利于规范采购行为，增强采购的竞争性，而传统的采购方式很难控制，隐蔽性较强，各个环节在实际操作中也不很规范。通过网络采购，可以充分利用其公开透明和竞标的特点，促使供应商不再为贿赂而挖空心思，而把精力放在如何公平交易上，从而大大降低采购的交易成本，增强了采购的竞争性。通过网络采购，一方面可以丰富采购的形式，更重要的是可以借此建立一整套网络采购规章制度、规范采购行为。同时，利用网络开放性的特点，可以使采购项目形成了最有效的竞争，有效地保证了采购质量。

（4）节约成本

网络采购大大降低了采购成本。采购成本包括与采购相关的各种因素，如直接成本（产品的总价等）、间接成本（完成采购工作所需要支出的费用，如采购需要的书面文档材料）、采购周期、后续成本等。网络采购作为采购方式的创新对于降低采购成本具有决定性意义。

总之，网络采购与现有的传统采购方式相比，更有利于规范采购行为、降低采购成本。要充分利用现代信息技术，改变以人工操作为主的采购形式，实现采购的电子化，提高工作效率，实现无纸化交易，建设节约型社会。

2. 网络采购方式

对于买家来说，阿里巴巴上有两种主要的采购方式：一是自主寻找商机即寻找供应信息和供应商信息，二是采购商发布的求购信息，如图 2-62 所示。前者的采购流程包括搜索供应信息和供应商信息、货比三家、发送询价、网上洽谈、订货等；后者主要是发布求购信息后，等待供应商反馈，然后再进行网上洽谈，进行订货等。

2.5.2 搜索供应信息

1. 搜索供应信息

阿里巴巴网站在为供应商提供强大服务功能的同时，也为采购商提供了方便快捷的采购服务。对于采购商来说，寻找供应信息是网络采购的重要途径。阿里巴巴拥有全球最大的商机搜索引擎，可以快速、准确地找到需要的信息，及时把握商机。很多页面的上部导航都可以方便地找到阿里巴巴的搜索功能。打开阿里巴巴网站首页，其搜索栏上默认的状态就是供应信息，因此，采购商能方便地找到相应的产品信息。

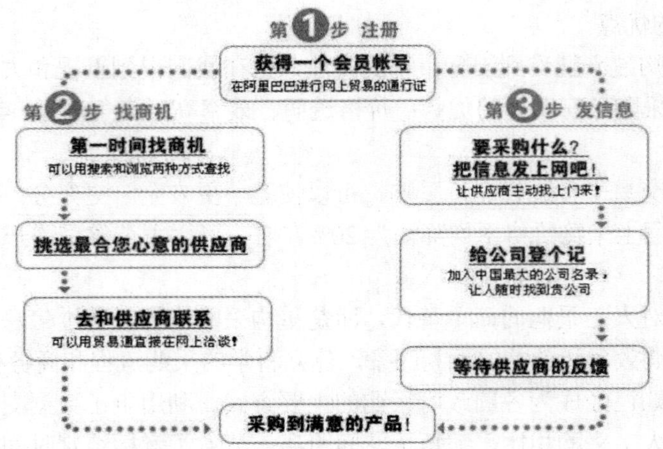

图 2-62 阿里巴巴的采购方式

搜索供应信息的具体步骤如下。

1）打开阿里巴巴中文站首页（www.alibaba.com.cn），选择需要的信息类型，包括产品、公司、买家、资讯等，然后在搜索栏处输入产品关键字，如“无纺布袋”。

2）单击搜索栏右侧的“搜索”按钮，即可浏览网站上所有包含“无纺布袋”关键字的产品供应信息，如图 2-63 所示。

图 2-63 供应信息搜索结果

3）搜索到产品信息后，用户还可以搜索供应商信息。供应商信息可以通过搜索产品、公司名关键字来查看，如图 2-64 所示。通过浏览行业类目，也可以查找到该行业相关的供应商信息，还可以通过主营产品、经营模式、地区等方面来缩小供应商的查找范围。

在搜索供应信息的过程中，搜索结果页面将会出现成百上千的供应信息。如果觉得搜索结果内容太多，可以根据产品所属的行业类目精确锁定目标，找到自己需要的供应商。例如搜索“无纺布袋”的供应信息，可以在搜索结果中通过进一步分类更快速、更准确找到需要的信息。

采购商除了可以通过类目寻找合适的供应商，还可以通过缩小搜索范围来查找符合条件的供应商。在搜索页面中，可以通过省份、城市、信息时间范围和公司经营模式等条件筛选结果，也可以选择仅查看诚信通会员信息、在线会员信息等条件筛选信息，或者选择采购商感兴趣的产品参数对信息结果进行过滤筛选，以便采购商更准确的定位搜索结果，如图 2-64 所示。

图 2-64 供应商信息搜索结果

2．货比三家

网上采购最大的优势就在于价格的透明化。当采购商查找到的商品信息比较多时，系统提供了对比功能，采购商可以对产品信息进行对比来选择采购的商品。

1）在前面的产品信息搜索结果页面中，单击需对比产品信息前的小方框，即出现如图 2-65 所示的“批量询价”或“对比产品”的按钮。

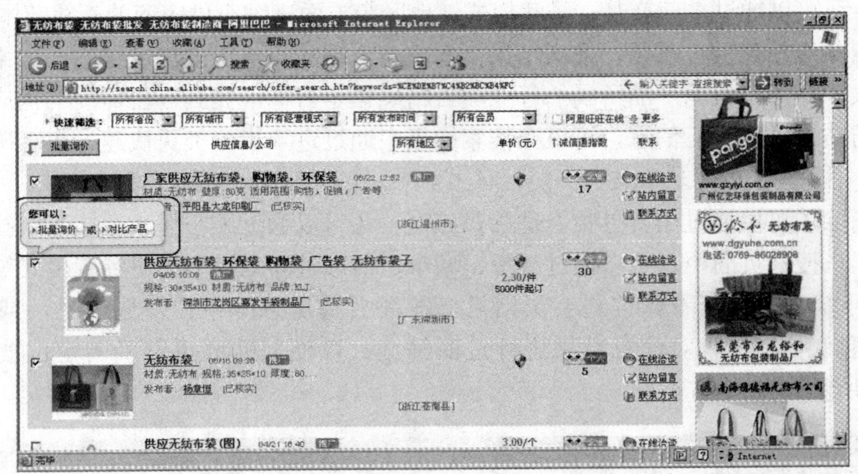

图 2-65　选择对比产品

2）选择好需要对比的产品信息，单击“对比产品”按钮，即可查看同样产品的性能、参数、供应公司的实力对比，如图 2-66 所示。

	移 除	移 除	移 除	移 除
图　片				
供求信息	厂家供应无纺布袋，购物袋，环保袋 2009/06/22	无纺布袋 2009/04/21	供应无纺布袋 环保袋 购物袋 广告袋 无纺布袋子 2009/04/05	无纺布袋 2009/06/16
公　司	平阳县大龙印刷厂	上海博鑫礼品有限公司	深圳市龙岗区嘉发手袋制品厂	苍南县银海无纺布有限公司箱包分部
诚信通指数	17	30	30	5
经营模式	生产加工	生产加工	生产加工 经销批发	生产加工 经销批发
注册资本	无需验资	人民币 50万	无需验资	无需验资
员工人数	201 - 300 人	—	101 - 200 人	51 - 100 人
成立日期	2005年	2005年	2005年	2006年
贸易通状态	跟我洽谈	跟我洽谈	跟我洽谈	跟我洽谈
留言询价	留言询价	留言询价	留言询价	留言询价
	移 除	移 除	移 除	移 除

图 2-66　商品详细信息对比

3）采购商每次最多可以选择 10 条供应信息进行对比，而且可以从各项条件对比筛选合适的供应商。

2.5.3 询价信息发布与网上洽谈

1．发送询价信息

询价留言是采购方和供应商进行在线交流的常用方式。采购方找到需要的产品信息并有了购买意向后，就可以在卖家提供的产品展示窗口中发起询价，然后通过网站反馈信息，填写询价表单并发送反馈。询价的具体操作步骤如下：

1）在产品信息搜索结果页面，选中某一条产品信息，进入商品详细信息页面，如图 2-67 所示，单击“点此询价”按钮。

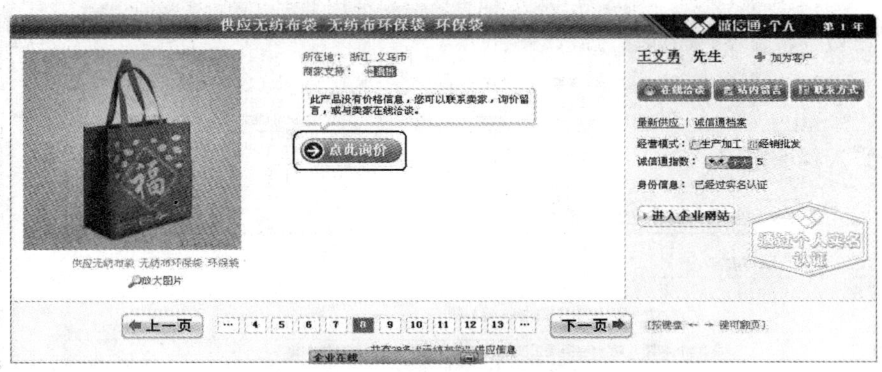

图 2-67　商品详细信息页面

2）在打开的“询价单”页面，采购商需要填入相关的信息，单击“发送留言单”按钮，供应商将会收到此询价单。询价单主要包括用户需要进一步了解的信息，如“产品规格/型号”、“供货能力”、“能否提供样品”、“单价”、“最小订货量”、“包装”、“原产地”、“交货期”、“质量/安全认证”等，如图 2-68 所示。

图 2-68　“询价单”页面

2. 发送批量询价信息

如果采购商对多条商品信息感兴趣，可以采取对多条商业信息进行批量询价来简化用户的操作过程，还可以节省时间。

批量询价的具体操作步骤如下。

1）在图 2-65 所示的产品信息搜索结果页面，单击需要批量询价的产品信息前的小方框。在弹出的快捷菜单中，单击“批量询价”按钮，出现“批量询价单”页面，如图 2-69 所示。

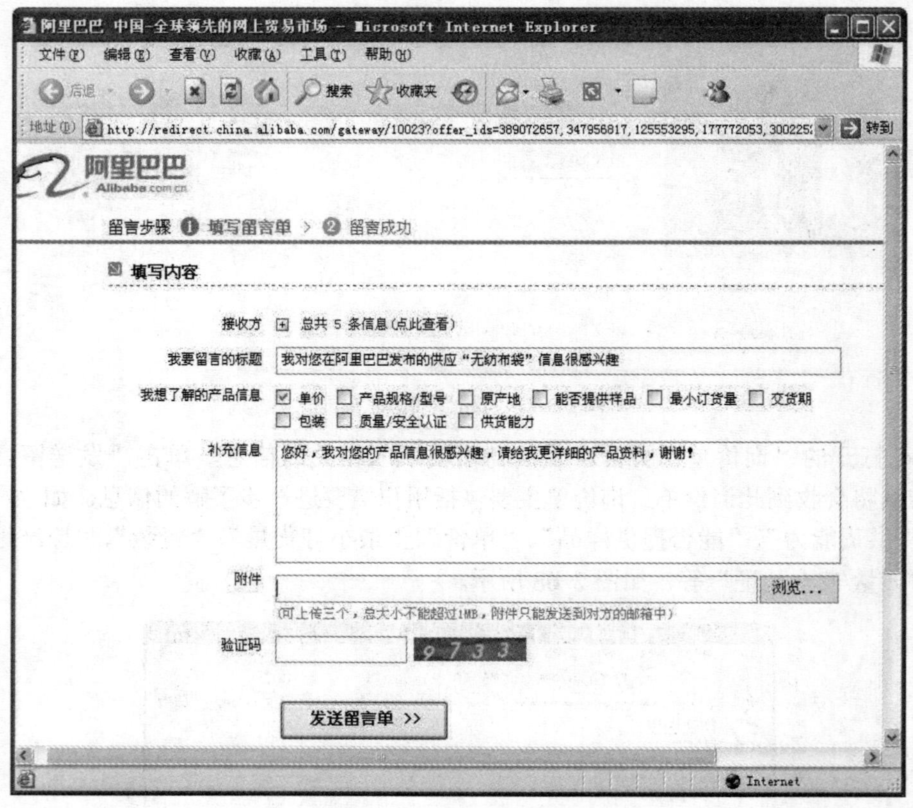

图 2-69 “批量询价单”页面

2）按照采购需求尽量详细地填写批量询价单页面，如订单总量、期望价格等，以便卖家有针对性地回复。

3）填写完成后，单击“发送留言单”按钮即可完成批量询价。注意所选的需询价供应信息不能超过 5 条，候选供应信息条数如果超出则无法进行批量询价。

3. 网上洽谈

网上洽谈是买卖双方在线沟通的主要方式。买卖双方可以对整个网上交易流程中双方所享有的权利、所承担的义务，对所购买商品的种类、数量、价格、交货期、交易方式和运输方式，违约和索赔等细节进行谈判。依托阿里巴巴提供的网上洽谈方式，采购商可以在找到需要的产品信息后，马上和卖方建立联系，及时取得卖方反馈的信息。成功的洽谈可以提高网上生意成交率，实现买卖双方的共赢。

网上洽谈主要以阿里旺旺的使用为主。旺旺的使用详见任务 2.4，这里不再赘述。

2.5.4 订单管理

当采购商在阿里巴巴网站搜索到固定价格的产品供应信息，并了解清楚产品、企业、交易信息后，就可以直接向对方购买。此时，在如图 2-70 所示的商品详细信息页面，单击“立即购买”按钮，系统会弹出“确认订单信息”窗口，输入订货数量和产品总价，单击“确认无误，提交订单”按钮，然后立即联系卖家尽快补充运费等交易条件，确定最后交易金额，如图 2-71 所示。

用户确认产品单价和购买数量后，一旦提交，即表示同意购买，因此，必须谨慎操作，否则将被视为违约。如果交易通过支付宝进行付款，可以保证交易过程更加安全和便捷。

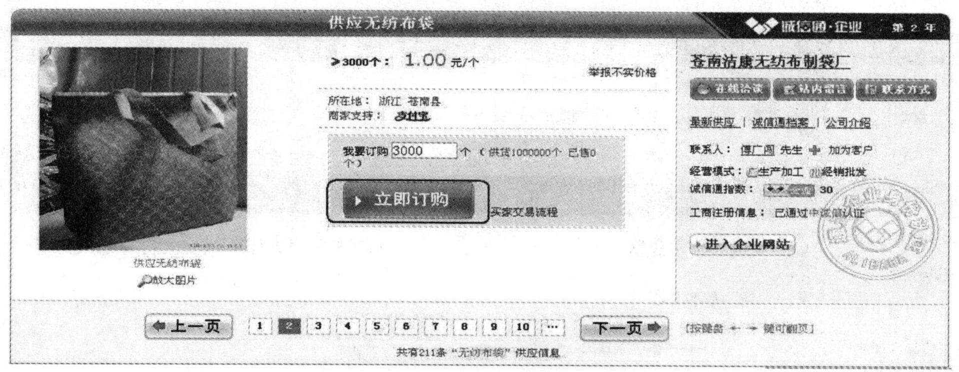

图 2-70 产品订购

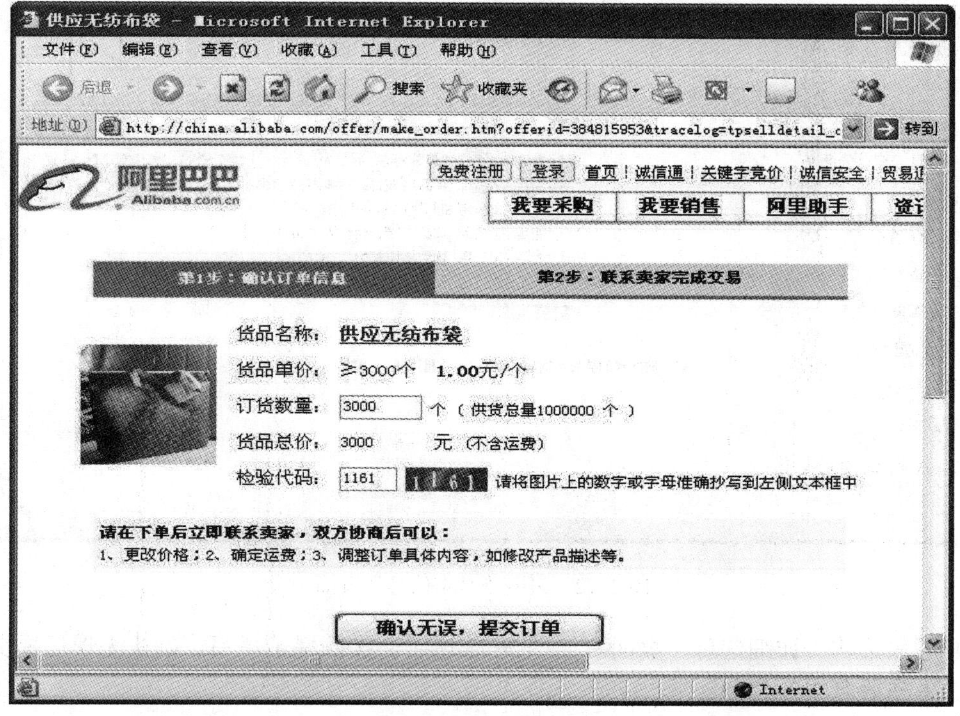

图 2-71 发出订货单

2.5.5 求购信息发布

如果通过搜索找不到满意的供应商，则可以通过发布求购信息，让供应商主动来联系。用户在网上发布求购信息，也是进行网络采购的基本途径。

诚信通会员可直接在阿里巴巴网站上发布求购信息，而普通会员必须通过邮箱验证或手机验证才可进行发布。

1. 发布求购信息

发布求购信息的操作步骤如下。

1）登录阿里助手，单击左边导航条中“供求信息”栏目，打开“发布供求信息”页面。

2）在打开的“基本信息”页面中按提示填写“产品名称”、“产品所属类目”等项目，如图 2-72 所示，然后单击“下一步”按钮。

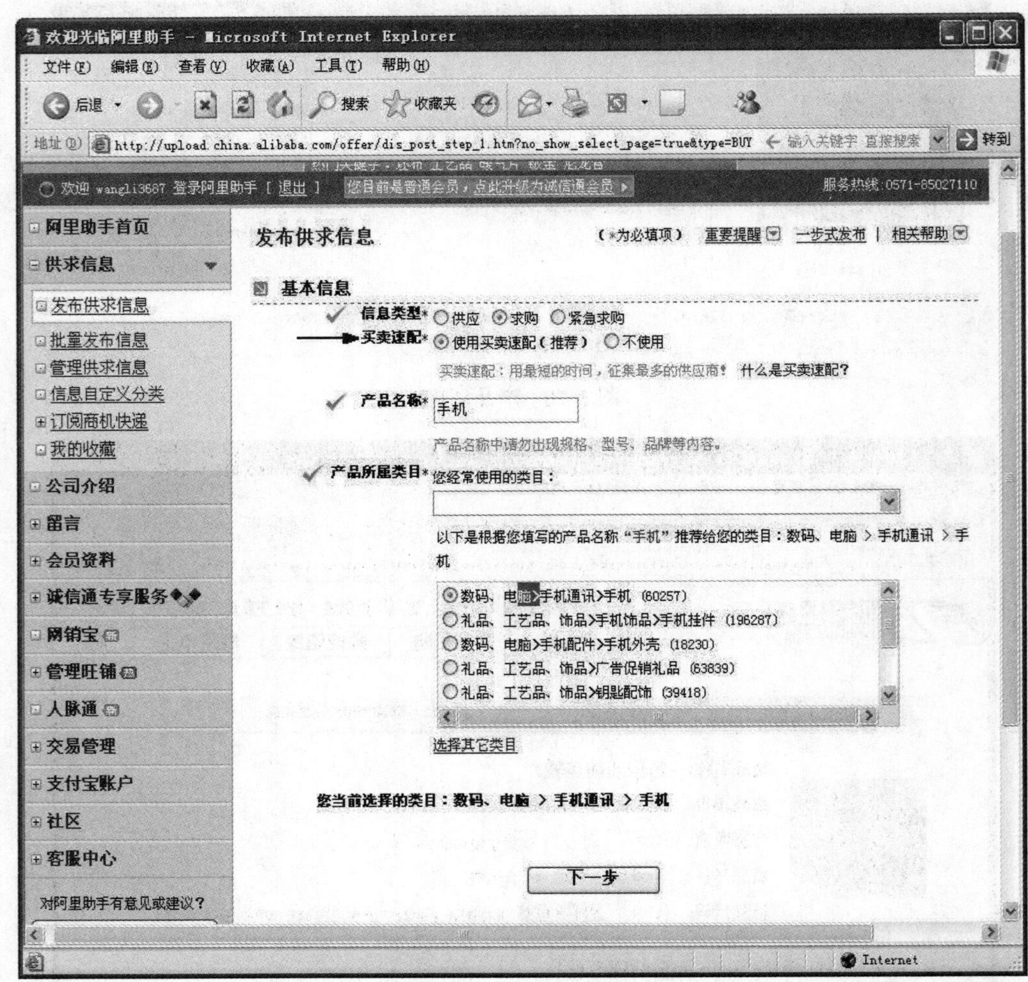

图 2-72 采购“基本信息”页面

3）进入采购“详细信息”页面，如图 2-73 所示。按照提示填写，确认无误后提交。

2. 发布匿名求购信息

为避免大量的电话、传真反馈和询问，保证采购正常的工作，阿里巴巴还提供了匿名采购的功能，即可以在发布求购信息时使用“匿名求购信息”解决这个问题。

发布产品求购信息时，在采购“详细信息”页面下方，选择“只允许卖家给我网上留言报价”即可实现匿名发布，如图 2-73 所示。这样信息审核通过并发布后，买家的电话、传真、手机、阿里旺旺等联系方式不会展示到网上，卖家只能通过留言作反馈或报价，采购方可定期收取网上反馈或报价，这样就不会打乱日常工作安排。

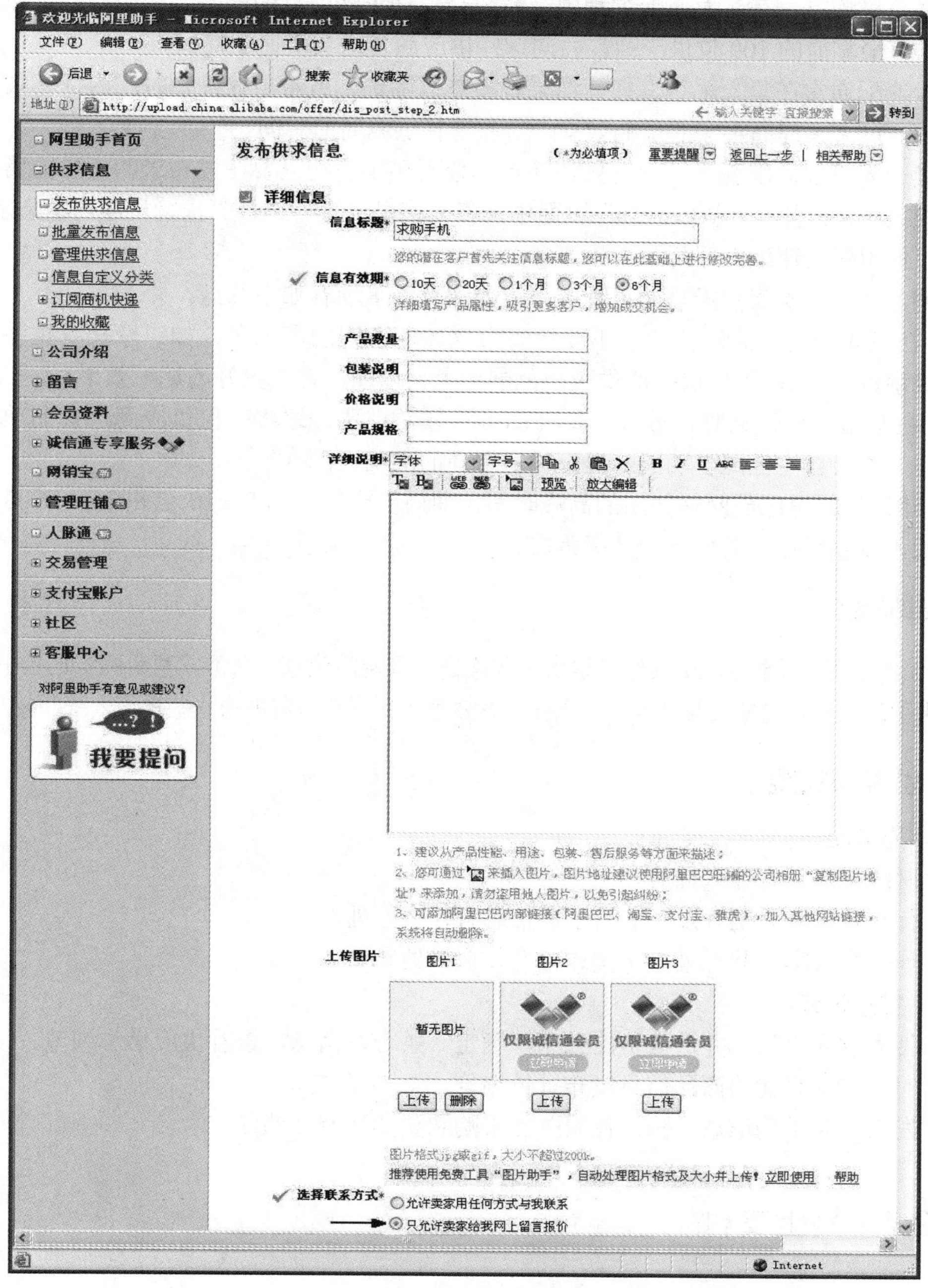

图 2-73　采购“详细信息”页面

需要特别注意的是，匿名采购功能通常适用于常年采购。如果在短期之内需要完成采购，如紧急采购、稀缺采购等，建议不要使用。

3．买卖速配

作为买家，有时会遇到紧急采购的情况，这时可使用阿里巴巴网站为用户提供的买卖速配功能。

所谓的买卖速配，就是将求购信息第一时间发送给在线的相应供应商，让有意向的供应商主动联系采购方。在买卖速配过程中，系统会根据求购信息的产品名和类目，选择此产品类目中排序最靠前的100位供应商，并向这些供应商发送买卖速配提醒。

买卖速配通常在紧急采购、搜索结果过多难以筛选，或希望在最短时间内征集大量供应商时使用，可大大提高买家的采购效率、节省选择供应商的时间。

买卖速配不仅功能强大，而且操作简单。使用买卖速配只要在发布求购信息的第一步，即图 2-72 所示的采购“基本信息”页面中，将“信息类型”选择“求购”或“紧急求购”，并选中“使用买卖速配”即可。

采购方在使用买卖速配功能过程中，需要注意的事项有如下几点。

1）在发布求购信息时，建议不要填写含描述性说明的产品名，如“摩托罗拉手机”可以写成“手机”。这样可供选择的供应商范围会大大增加，带来更好的速配效果。

2）在发布求购信息时，准确选择产品类目非常重要，这将确保供应商选择的准确性。建议使用“类目自动匹配”功能，提高类目选择的准确性。

3）建议在阿里巴巴网站使用的高峰时间，即周一至周五的 9～10 点和 15～16 点，使用买卖速配，以获得更大的供应商选择范围。

归纳总结

通过以上内容的学习，使我们了解利用网络进行采购的优势，熟悉了利用阿里巴巴中文站进行网络采购的两种采购方式及基本操作流程，并熟悉了在网络采购中的一些操作方法和技巧。

2.5.6 思考与实践

一、思考题

1．网络采购具有什么优势？

2．什么是匿名采购？发布匿名求购信息有什么好处？

3．什么是买卖速配？采用买卖速配有什么好处？

二、实践训练

1．搜索供应信息，并进行货比三家，确定一条合适信息，查看供应信息细节。

2．对多条感兴趣的商品信息发布批量询价。

3．发布一条求购信息，分别使用匿名采购和买卖速配功能。

任务 2.6 网上支付

任务目标

本任务主要完成中小企业 B2B 国内贸易中的网上支付结算业务，要求掌握目前常用的两种主要网上支付结算方式，一是网上银行方式，二是第三方支付平台方式。本任务要求掌握招商银行企业网上银行的操作流程以及支付宝企业账户的操作流程。

任务分析

在 B2B 网上交易中，通常买方会担心付款拿不到货物或货物不符合要求而不愿意先付款，卖方会担心发货拿不到货款而不愿意先发货。另外由于订单金额一般较大，为确保交易安全，企业都会比较保守地采用银行柜面转账、汇款等传统支付手段，即所谓“在线订购，离线支付”的交易方式，不能实现完整的电子商务。然而近年来随着交易诚信体系的完善和网上支付技术的发展，上述制约 B2B 网上支付的问题已得到逐步解决。例如，招商银行推出的网上企业银行 U-BANK，成功地通过 Internet 或其他公用信息网将客户的计算机终端连接至银行主机，将银行服务直接送到客户办公室、家中或出差地点，使客户足不出户就可以享受到银行的服务。又如阿里巴巴中文站针对中小企业 B2B 网上交易方式灵活、交易次数频繁、订单金额小、付款期限短等特点，创造性地引入了支付宝信用担保体系，成功解决了中小企业 B2B 网上交易的信赖问题。目前，利用网上银行、支付宝等第三方支付平台已经能够解决 B2B 交易中的网上支付结算问题，从而实现了完整的电子商务交易，大大提高了网上交易的效率。网上支付因其方便、快捷、成本低等优势，在未来 B2B 交易中，尤其是中小企业 B2B 交易中，将逐步成为主流支付方式。

任务实施

利用网上银行进行网上支付→利用第三方支付平台进行网上支付。

2.6.1 了解网上支付

网上支付，英文一般描述为 Net Payment 或 Internet Payment，它是指以金融电子化网络为基础，以商用电子化工具和各类交易卡为媒介，采用现代计算机技术和通信技术作为手段，通过计算机网络系统特别是 Internet，以电子信息传递形式来实现的资金流通和支付方式。可以看出，网上支付带有很强的 Internet 烙印，是基于 Internet 的电子商务核心业务流程。网上支付的基本模式主要包括网上银行模式和第三方支付平台模式。网上银行模式主要以银行为中介实现网上支付与结算，而第三方支付平台模式主要通过除银行以外的第三方独立机构实现网上支付与结算。

1. 了解网上银行

网上银行是目前电子商务交易活动中最主要的网上支付结算方式。网上银行除了可以向客户提供网上支付结算服务外，还可以提供开户、销户、对账、同行转账、跨行转账、网上证券、投资理财、账务查询、代发工资、集团公司资金头寸管理、银行信息通知、金融信息查询等各种金融服务项目。国内知名的网上银行主要包括：招商银行“一网通”、中国工商银行“金融@家”、中国建设银行“e 路通”、中国农业银行“金 e 顺”等。

2. 第三方支付平台

第三方支付平台是介于银行和用户之间的第三方支付机构，通过和国内外各大银行签约，代理银行支付业务，面向客户提供个性化支付产品和服务。目前，国内知名的第三方支付企业主要包括：支付宝、PayPal 贝宝、Ebay 易趣安付通、YeePay 易宝、财付通、快钱支付、云网、网银在线、上海环迅、首信易支付、银联电子支付等。第三方支付平台提供的网上支付服务主要包含以下三个方面。

（1）提供不同银行之间的支付网关接口服务

网上商家如果要在自己的网站上为客户提供网上银行支付功能，一般必须和银行建立支付接口并缴纳费用。而银行卡的种类很多，如果要在线支持不同银行的银行卡支付，网上商家就必须和每个银行建立支付接口，这对一个小型网站而言，不仅存在技术上的难度，而且费用也太高。第三方支付平台提供的支付网关服务正好解决了这个问题，对于网上商家而言，只需要购买某一家第三方支付平台的支付网关服务，就可以把在线支付交给专业的第三方去完成了。

（2）提供交易担保的增值服务

交易担保增值服务主要是为了解决网上交易中买卖双方互不信任的问题，即买方担心付钱拿不到货，卖方担心发货拿不到钱的问题。第三方支付平台作为信用中介介入交易过程，替买卖双方暂时保管货款。买家先将货款支付给第三方支付平台，等买家收货验货满意后，第三方支付平台才把货款划给卖家。支付宝就是典型的提供交易担保增值服务的第三方支付平台。由于传统银行金融业务一般只负责资金的流向，而第三方支付平台整合了电子交易中的资金流（银行）、信息流（交易订单）和物流（物流公司），使三者有机的联系在一起。第三方支付平台提供的交易担保服务可以有效地保障货物质量、交易诚信、退换要求等环节，在整个交易过程中，都可以对交易双方进行约束和监督。

（3）提供虚拟账户服务

虚拟账户是第三方支付平台为方便消费者灵活应用不同支付工具向不同网上商家在线支付而推出的一项服务，其典型代表包括支付宝、财付通等。用户可以通过不同途径事先向虚拟账户冲值，如支付宝就提供了网上银行、邮局汇款等多种充值途径，然后用户就可以利用虚拟账户中的资金在支持该虚拟账户系统的不同网站上进行支付使用了。通过使用虚拟账户，可以在网上支付时绕开银行支付网关，提高在线支付结算的速度。

2.6.2 利用网上银行支付

本任务将以在国内率先全面启动网上银行服务的招商银行“一网通”（All In One Net）系统为例，介绍利用网上银行进行 B2B 国内贸易的支付方法。

1．招商银行“一网通”

“一网通”是招商银行网上银行的服务品牌，无论在技术性能还是业务量方面均在国内同业中处于领先地位，新浪、当当书店等超过 95%以上的国内电子商务网站都采用“一网通”作为网络支付工具，中国人民银行总行、国家外汇管理局、联想集团、朗讯科技、诺基亚、中国远洋、国通证券等众多政府机构和大型企业都选择了“一网通”进行财务管理。2003 年 6 月，“一网通”作为中国电子商务和网上银行的代表，登上了被誉为国际信息技术应用领域奥斯卡的 CHP 大奖的领奖台，这是中国企业首次获此殊荣。“一网通”的网站首页如图 2-74 所示，访问网址是 www.cmbchina.com。

2．招商银行网上企业银行

招商银行网上银行系统主要分为网上企业银行和网上个人银行。本任务主要结合 B2B 国内贸易介绍利用网上企业银行进行支付结算的方法。招商银行网上企业银行主要面向企业或政府部门，利用 Internet 或其他公用信息网，将客户的计算机终端连接至银行主机，以便在任何时间、任何地方、以任何方式为客户提供金融服务。

图 2-74　招商银行“一网通”首页

3. 申请开通招商银行网上企业银行的业务流程

申请开通招商银行网上企业银行的业务流程如图 2-75 所示，具体包括如下步骤。

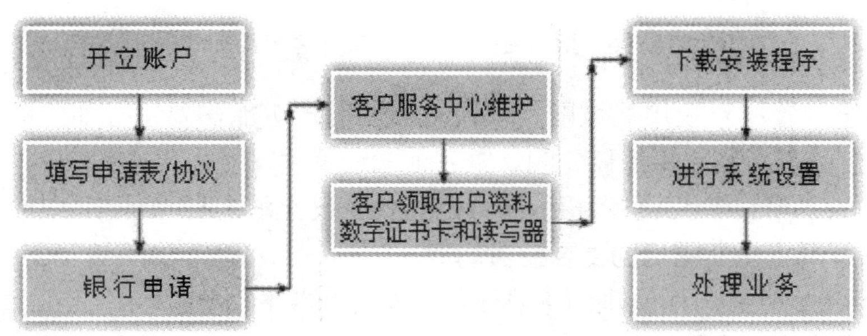

图 2-75　申请开通招商银行网上企业银行的业务流程

- 开立账户：携带企业“营业执照”和“法人代码证”正本以及复印件（加盖公章），带齐企业公章、银行预留印鉴章（财务章、私章），到招商银行网点办理开户手续。
- 填写申请表/协议：填写《网上“企业银行”服务协议》和《网上“企业银行”申请表》，选择好使用的版本和登录方式，确定开办的业务，然后将申请表和协议书提交账户行。

- 银行审核：银行受理客户的申请后，审核用户的身份，并检查申请表和协议是否正确。
- 客户服务中心维护：客户服务中心根据用户的申请，为企业开户，打印并分发用户开户资料及系统管理密码信封、IC 卡密码信封等。
- 客户领取开户资料、数字证书卡及其读写器：客户取得系统管理员用户号、数字证书卡及其读写器、读写器驱动程序等资料。
- 下载安装程序：如果是数字证书卡用户，先安装好数字证书卡读写器及其驱动程序，然后从招商银行网页（www.cmbchina.com）上下载安装企业银行程序，图 2-76 为安装成功后的网上企业银行客户端首页。

图 2-76 招商银行网上企业银行客户端首页

- 进行系统设置：对使用局域网代理服务器的用户可能需要进行通信参数的设置。如果是数字证书卡用户，建议先测试数字证书卡及读写器。
- 处理业务：详细内容请参考招行网页上的企业银行系统演示或帮助文件。

4．招商银行网上企业银行的主要业务功能

招商银行网上企业银行所提供的主要业务功能包括以下几种。

- 账户信息查询：用于查询本单位账户信息或集团公司查询全国范围内在招商银行开户的子公司账户信息，包括查询账户汇总表、账户余额明细、账户交易明细及协定存款查询等。
- 内部转账：用于在全国范围内招商银行开户的本单位账户或本集团公司内部母子公司、各子公司账户之间的资金划拨。
- 支付：用于向在招商银行或他行开户的其他企事业单位付款。

- 集团支付：集团公司母公司和其子公司均在招商银行开户，根据协议的约定，当子公司收到款项后，系统自动将款项逐笔划入母公司账户；当子公司对外付款时，款项从母公司账户转到子公司，再通过子公司账户支付给收款人。系统根据子公司账户发生的资金收付，自动统计其在母公司的头寸额度，母公司可选择是否允许子公司超出其头寸额度对外支付。
- 发放工资：用于向本单位员工发放工资。
- 其他代发：用于代发工资以外的其他现金代发业务，如代发投资分红款、保险理赔、差旅费报销款等。
- 代扣：用于公用事业单位或其他与招商银行签订代收款协议的单位，主动从缴款人账户扣收费用款项的业务，如代扣水电费、代扣电话费、代扣保费等。
- 企业信用管理：客户可以查询本公司或其异地子公司在招商银行的信贷记录情况，包括各币种、各信用类别的余额和笔数，授信总金额和当前余额、期限、起始日期，以及借款借据的当前状态和历史交易。
- 自助贷款业务：客户向招行申请并获得自助贷款专项授信额度后，通过网上企业银行发送额度内用款申请，自助提取流动资金贷款，并可通过网上自助归还贷款。
- 委托贷款业务：委托人和借款人分别与招商银行签订网上委托贷款有关协议，招商银行按委托人规定的用途和范围、定妥的条件代为向借款人发放、监督使用并协助收回的贷款业务。委托人可在网上发送委托贷款通知，经借款人网上确认后，发放委托贷款。借款人可通过网络归还委托贷款。
- 主动信息通知：客户可以自主订阅信息和设置信息的发送条件，通过银企直通车、个人计算机终端、电子邮件、手机短信等多种渠道获取银行主动发送的金融资讯、银行通知、账务信息、交易信息、业务处理进程信息等信息通知。

5. 利用招商银行网上企业银行完成 B2B 支付结算业务

（1）用户身份管理

在利用企业银行系统进行具体业务操作之前，必须先清楚系统中的用户身份。用户分为系统管理员和一般用户。企业到银行申请开办“企业银行”业务时，由银行为企业生成两个系统管理员，两个系统管理员的权限完全平等，共同负责企业银行管理的工作。通常系统的设置必须由一个系统管理员进行经办而由另一个系统管理员进行审批，必须两个系统管理员同时认可后设置方才有效。建议由公司财务经理担任系统管理员之一。一般用户由系统管理员使用“用户管理”功能增加到系统中，由系统管理员设置其权限，负责在权限内经办和审批各项企业银行业务。另外，系统管理员也可具有业务权限，处理企业银行业务。

（2）业务操作规范

业务操作规范是指在网上企业银行系统中建立适应企业内部财务管理要求的财务审批管理制度。招商银行网上企业银行采用灵活的预设模式策略，实行“操作链”式管理，客户可以自由定制企业内部财务管理的岗位设置、业务分工和业务流程，同时规定岗位上不同身份的人员的操作权限和关系。“操作链”上设经办岗位一个，设审批岗位一级或多级。经办岗位可以设置多人，人数不限制。经办人员负责所有其有权处理的业务的制单发起操作，经办人员之间是同一级别的并列关系。每一级审批岗位可以设多名（最多 10 名）审批人员，审批人员负责其有权处理的业务的复核审批操作，不同级别审批岗位之间是上下级的关系，审批的权限依次增大，但是审批的流程必须依次进行，不得越级。

客户网上企业银行管理模式分为“标准化”模式和“个性化”模式，由客户在向招商银行申请网上企业银行业务时选择，并在申请表上注明。管理模式选定后如果要变更，需要重新向招商银行提出申请，并由系统管理员重新设置。但不能由“个性化”模式变更为“标准化”模式。

“标准化”模式是为适应一般企业财务管理要求设计的，采用“傻瓜”式操作，直观易用。每种业务只能设置一条“操作链”，链上审批岗位最多设置三级，最少一级。每一级审批岗位只可以设一名审批人员。

“个性化”模式是为了满足集团性公司的“财务结算中心”等复杂管理的需要设计的，可以适应不同财务管理方式的组合，业务流程清晰，权限条件设置严格，人员分组分工更加灵活。每种业务可以设置多条“操作链”，每条链上审批岗位最多可设置九级，最少一级。每一级审批岗位可以设多名（最多 10 名）审批人员。

（3）支付结算业务办理

在明确了网上企业银行系统中的用户身份和业务操作规范之后，就可以进行支付结算具体业务操作了。支付结算业务具体内容包括经办内部转账业务、单笔经办支付业务、成批经办支付业务、单笔经办集团支付业务、成批经办集团支付业务、撤消支付结算业务、审批支付结算业务、查询支付结算业务等。针对阿里巴巴中文站中的 B2B 网上订单的支付，一般完成单笔经办支付业务和审批支付结算业务即可完成网上支付。如果网上订单数量较多，也可选择成批经办支付业务和审批支付结算业务来完成网上支付。

1）单笔经办支付业务。经办人利用数字证书登录系统，在菜单中选取“支付结算”→“支付单笔经办”，将出现如图 2-77 所示“支付单笔经办”页面。选择需要使用的“业务模式”、“付方账号”，按以下要求填写其他选项，单击“经办”按钮将支付经办请求发送到银行。

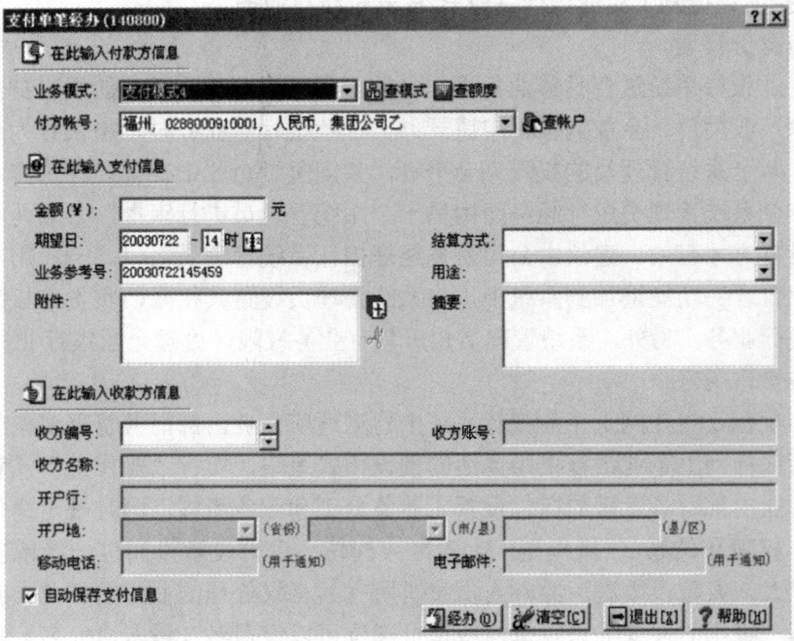

图 2-77　单笔经办支付业务办理

- “结算方式”：从下拉框中选择“快速结算”或“普通结算”。
- “期望日”：期望支付业务发生的日期，可以是将来某一天某一时间。
- “业务参考号”：系统自动产生，用户也可自行输入，注意同类型业务的业务参考号不能重复。
- “转出账号”：从允许经办账号下拉框中选择，“转出账号”与“收方账号”的币种必须一致。
- “金额”：整数部分最多13位，小数部分为2位。
- “用途”：最长 56 位字符（一个汉字占两个字符，下同），可以直接输入，也可以事先选择“支付结算”→“编辑用途信息”功能将常用用途信息保存在系统中，以便此处直接选择。
- “收方账号”：最长35位数字，账号中的“-”、“*”、“()”不需要输入。
- “收方名称”：最长58位字符。
- “开户行”：最长 58 位字符。名称中必须包含有“行”、“信用社”、“合作社”、“联社”、“金库”或“信托投资”。
- “省份”：从下拉框中选择。
- “市/县”：从下拉框中选择。对于直辖市，此项可以为空。市/县/区也可以自己输入，必须包含市、县、区。
- “收方编号”：最长 20 位字符，不能为空。用户可以在收方编号域输入收方编号，系统会自动按编号引用相应收方信息，当然前提是用户已经在菜单中选择“支付结算”→“编辑收方信息”功能，事先将收款方信息输入系统，图2-78为编辑收款方信息的操作页面。另外需要注意的是，如果企业开通受限支付功能，收方必须从事先编辑好的受限支付收方信息列表中选取，不在该表中的收方将不能进行支付业务。

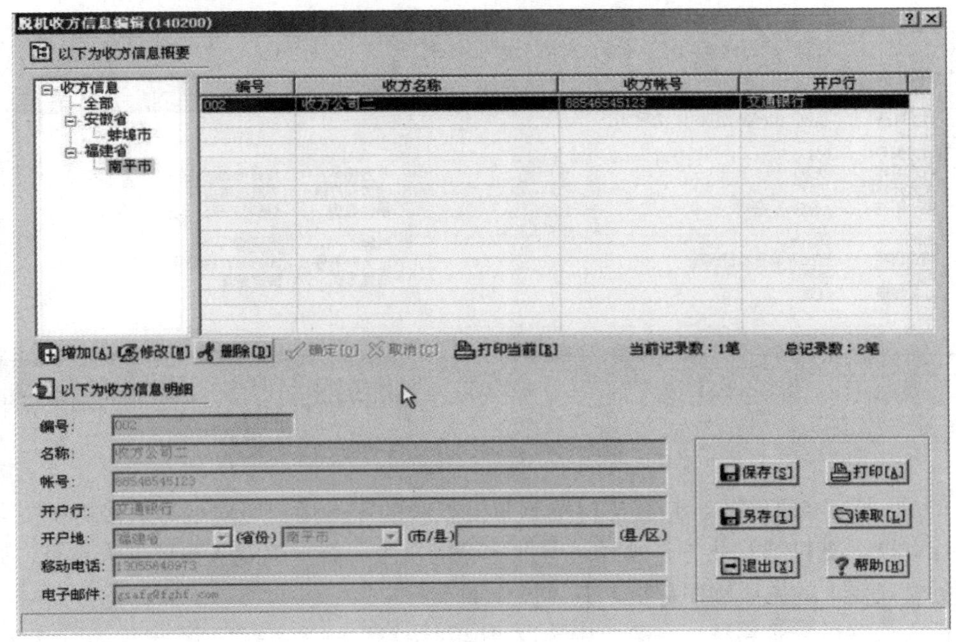

图2-78　编辑收款方信息

● “附件”：按“＋”键增加其他文件作为附件。

● “摘要”：最长200位字符。

● “移动电话”：移动电话号码，该业务完成后以短信方式通知此移动用户。

● “电子邮件”：必须包含“@”，该业务完成后以电子邮件方式通知此邮箱用户。

● “自动保存支付信息”：勾选此项后，系统自动保存该支付信息。

2）成批经办支付业务。用户可一次完成一批支付业务的经办。先用支付脱机制单功能编辑好这一批数据，或者由自己的财务系统一次性生成一批符合企业银行要求的支付数据，然后用本功能完成经办工作。

具体操作是经办人利用数字证书登录系统，在菜单中选取“支付结算”→“支付成批经办”，将出现如图2-79所示“支付成批经办”页面。按“ ”选择成批经办的支付文件，按“ ”可以编辑支付文件，点击支付经办信息中的业务记录可以显示该业务记录的支付明细，双击支付经办信息中的业务记录可以对该记录进行修改。单击“经办”按钮可以开始成批经办支付业务。完成后，将弹出“支付成批经办结果”页面，用户可以查看、打印本次成批经办结果。

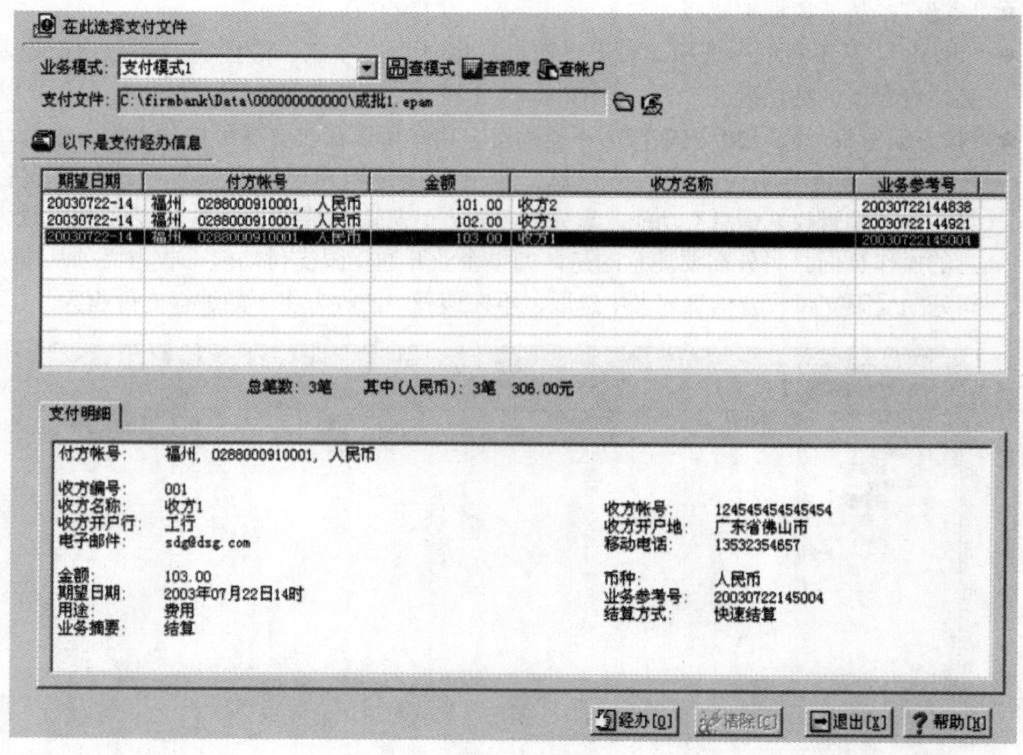

图2-79 成批经办支付业务

3）审批支付结算业务。具有支付结算审批权限的审批用户可对经办人经办的支付结算业务进行审批，支付结算业务必须经过审批才可能发生。若一笔业务需要多人审批，则必须按照业务模式要求的先后顺序审批。具体操作如下。

审批人员联机登录系统，在菜单中选取“支付结算”→“审批”，将出现如图2-80所示“支付结算业务审批”页面。

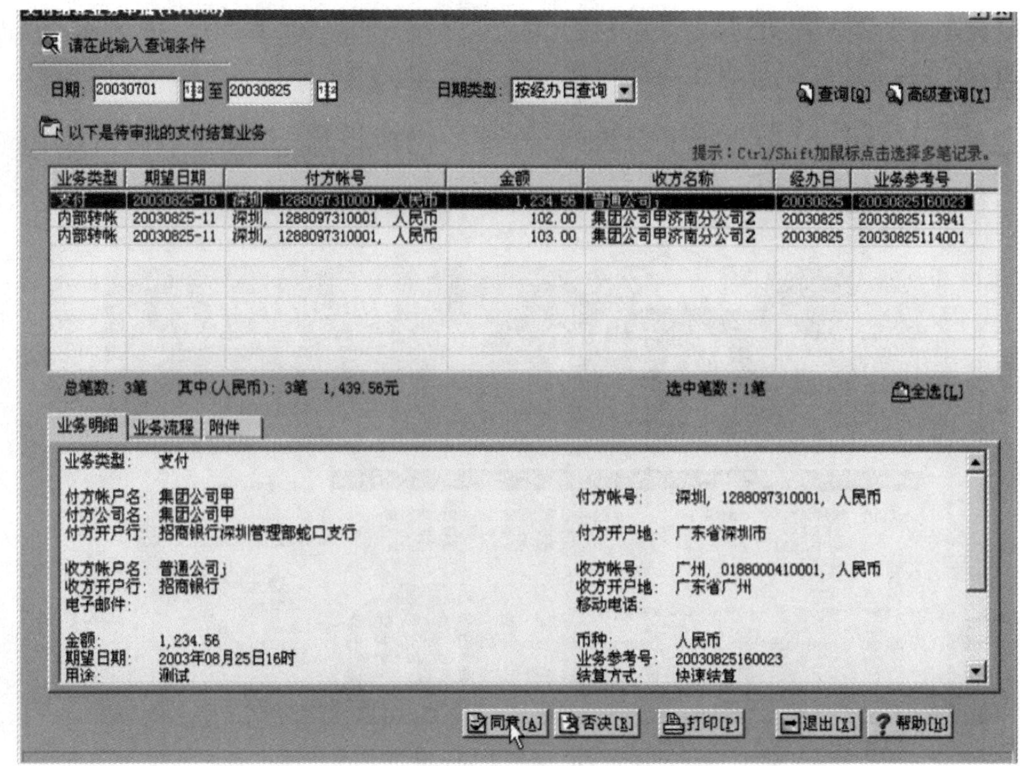

图 2-80 支付结算业务审批

输入查询的“日期”、“日期类型”，单击“查询”按钮，待审批的业务将显示出来。也可以单击“高级查询”按钮，输入相关查询条件，符合查询条件的待审批业务将显示出来。

选取待审批的支付业务（在待审批支付列表中单击该笔业务），系统会列出这笔业务的全部明细。用户可查询已对这笔业务审批的其他用户。为方便审批工作，用户在逐笔查看完待审批支付数据后，可利用〈Ctrl〉/〈Shift〉键选择多笔待审批业务，按“同意”或“否决”即完成对这一批业务的审批工作。

支付结算业务必须在期望日之前审批完毕，该笔业务才能在期望日发生；若审批日期为期望日之后，则该笔业务在审批完毕后发生；超过有效期的业务无效。如果在期望日之前完成了所有审批，则到期望日当天，交易自动执行；如果过了期望日，但未过 10 天的有效期，则审批完毕时，交易立即执行；如果过了期望日，并超过 10 天的有效期审批，交易无效。

2.6.3 利用第三方支付平台进行支付

本任务将以国内领先的第三方支付平台支付宝为例，介绍利用第三方支付平台进行 B2B 国内贸易的支付结算方法。

1．支付宝

支付宝（中国）网络技术有限公司是国内领先的独立第三方支付平台，由阿里巴巴集团创办。支付宝（www.alipay.com）致力于为中国电子商务提供“简单、安全、快速”的在线支付解决方案。该公司于 2004 年建立，目前用户覆盖了整个 C2C、B2C 以及 B2B 领域。截至 2008 年 11 月，支付宝注册用户数达到 1.1 亿，日交易额突破 5.5 亿，日交易笔数 250 万笔。目前除淘宝和阿里巴巴外，支持使用支付宝交易服务的商家已经超过 46 万家，涵盖了虚拟游戏、数码通信、商业服务、机票等行业。图 2-81 为支付宝网站首页。

图 2-81　支付宝网站首页

2．申请开通企业支付宝账户的业务流程

申请开通企业支付宝账户的主要业务流程是账户注册→实名认证→下载并安装数字证书，主要业务内容如下。

（1）账户注册

支付宝账户分为个人账户和企业账户两种，前者主要用于个人网络支付结算，后者主要用于企业网络支付结算，并要求企业在银行开设公司类型的银行账户。两类账户的注册方法基本相同，只要拥有手机号码或 Email 地址就可以免费注册，具体操作方法是在支付宝网站填写注册申请表，按要求设置支付宝账户名、登录密码、支付密码、安全保护问题、个人或企业真实信息资料，最后通过接收手机校验码短信或电子邮件完成账户激活，即可完成账户注册工作。

（2）实名认证

支付宝实名认证服务是由支付宝（中国）网络技术有限公司提供的一项身份识别服务。支付宝实名认证同时核实会员身份信息和银行账户信息。通过支付宝实名认证后，相当于拥有了一张互联网身份证，可以在淘宝网等众多电子商务网站开店、出售商品，从而增加支付宝账户拥有者的信用度。支付宝实名认证分为个人认证和商家认证两种，个人认证针对支付宝个人账户用户，商家认证针对支付宝企业账户用户。下面介绍商家认证的主要操作方法。

1）填写认证信息。登录 www.alipay.com，找到认证入口，选择“申请认证”，填写如图 2-82 所示认证信息，具体包括“公司名称”、“营业执照号”、“申请人真实姓名”、“申请人身份证号码”、申请人“手机”、企业“联系电话”、“公司银行账号”、“营业执照扫描件”等。

需要注意的是企业名称必须与营业执照上完全一致。另外如果申请人不是企业法定代表人，必须填写企业授权委托书，然后再上传申请人身份证扫描件或数码拍摄件。

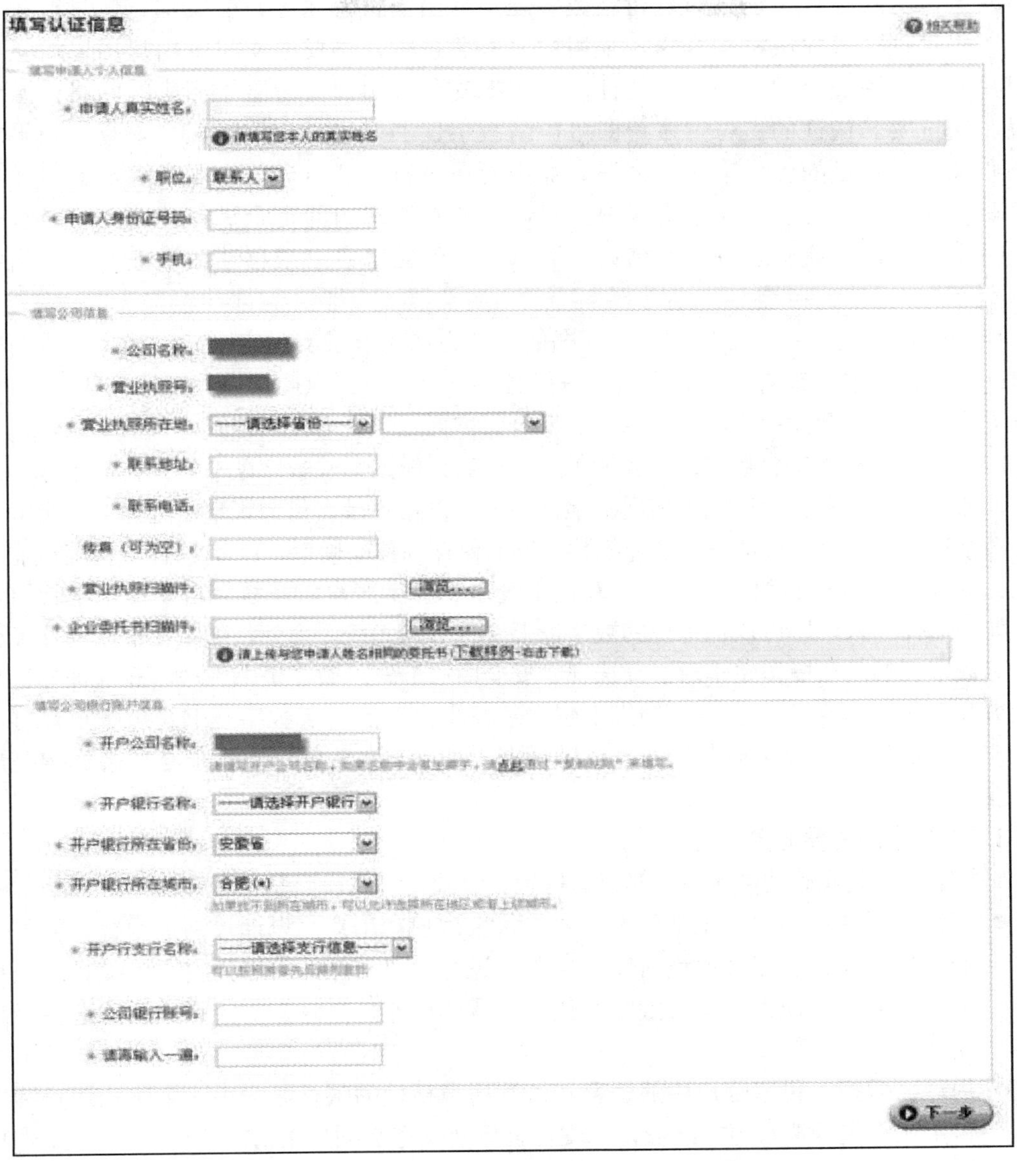

图 2-82　填写认证信息

2）审核身份信息。填写完认证信息并提交所有证件图片后，确认无误，即进入信息审核环节。支付宝将联合国家公安网及相关银行审核用户提交的营业执照、银行对公账户信息的真实性。

3）确认汇款金额。信息审核通过后，支付宝将在 1～3 个工作日内向用户的银行账户汇入 1 元钱以内的汇款，以便核实银行账户。用户在收到汇款后，继续完成实名认证操作，选择“输入汇款金额”，即可最终完成实名认证。

（3）下载并安装支付宝数字证书

在现实生活中，开启保险箱可以使用密码和钥匙。而在网络的世界里，人们所面对和处理的都是数字化的信息或数据，也需要一种类似钥匙一样的数字凭证用以增强账户使用安全，这就是数字证书。支付宝数字证书是由支付宝通过与公安部、信息产业部、国家密码管理局等权威机构合作，采用数字签名技术，颁发给支付宝用户用以增强支付宝用户账户使用安全的一种数字凭证，并根据支付宝用户身份给予相应的网络资源访问权限。通过实名认证的支付宝账户即可申请数字证书以进一步保障账户安全。如果用户不小心泄露了自己的支付宝账户密码，盗用者在没有安装与支付宝账户绑定数字证书的计算机上非法登录后，只能查询账户信息，不能对账户内的资金进行任何改动。对于企业支付宝账户，建议必须进行实名认证并绑定文件数字证书或移动数字证书，以确保交易安全。

申请公司类型账户的支付宝数字证书的具体方法是登录支付宝账户，选择“我的支付宝”→“申请证书”或者“安全中心”→“数字证书”→“点此申请数字证书”，然后根据系统提示输入公司营业执照的注册号码、安全保护问题、证书使用地点，最后确认账户信息后，即可成功下载并安装数字证书。为了防止重装系统或删除数字证书等操作导致数字证书丢失，或者为了在多台计算机上使用数字证书，可以在登录支付宝账户后选择“安全中心”→“数字证书”→“备份证书”功能把数字证书保存到移动硬盘、U 盘或计算机其他非系统盘上。如果在没有安装数字证书的计算机上登录支付宝账户，系统会自动提示是否导入证书。如果选择导入，即可以把备份的数字证书文件导入系统。另外，如果在他人的计算机上安装了数字证书，在操作完毕后必须选择“安全中心”→“数字证书”→“删除证书”功能删除数字证书以确保证书安全。如果不想继续使用已有支付宝数字证书登录账户，可以选择“安全中心”→“数字证书”→“注销证书”功能自主注销证书，但这样会影响账户的安全性。

3．支付宝的主要业务功能

支付宝的主要业务功能包括：充值、提现、收款、付款、交易管理等。

- 充值：即通过多种渠道把资金转入支付宝账户。用户可以通过网上银行、支付宝卡通、网点充值等多种渠道对支付宝账户进行充值操作，可以为自己的支付宝账户充值，也可以为他人的支付宝账户代充。具体操作是登录支付宝账户后，选择“我的支付宝”→“充值”。
- 提现：即把支付宝账户中的资金转入到用户指定的银行账户中。为防止用户利用支付宝账户进行洗钱等非法操作，支付宝提现操作必须先申请，等待 1~2 个工作日后查询提现申请是否审核通过。审核通过后提现金额将会到达用户指定的银行账户中。用于提现的支付宝账户资金在申请期间将被暂时冻结。提现的具体操作是登录支付宝账户后，选择“我的支付宝”→“提现”。需要注意的是对于企业用户，必须通过银行企业账户完成提现操作，银行企业账户名与支付宝实名认证的企业名称必须一致。
- 收款和付款：即在不同的支付宝账户之间进行转账操作。事实上，对于用户而言，资金是存放在不同的支付宝账户中的，但对于银行而言，这些资金则都存放在支付宝公司的银行账户中，并没有分开。所以使用支付宝账户进行收款和付款操作时，只需要支付宝平台在内部不同的支付宝账户之间进行转账记录即可，并不需要通过银行支付网关，这样大大提高了在线支付结算的速度。支付宝账户的付款包括担保交易付款、即时到账付款两种主要方式。支付宝账户的收款包括担保交易收款、即时到账收款和 AA 制收款三种主要方式。具体操作是登录支付宝账户后，选择“我要付款”或“我要收款”，根据系统提示完成付款或收款操作。

- 交易管理：支付宝账户交易管理操作主要包括对历史交易和正在发生的交易的查询及跟进、交易地址管理、退款管理和红包管理等操作。具体操作是登录支付宝账户后，选择“交易管理”功能。

4．利用支付宝完成 B2B 支付结算业务

对于在阿里巴巴 B2B 中文站上已确定的订单，如果买卖双方共同约定使用支付宝账户作为交易结算工具，则基本支付结算流程如图 2-83 所示。买卖双方以支付宝作为信用中介，买家下订单后先付款给支付宝，再由支付宝通知卖家发货到买家，买家收货验货后若满意则通知支付宝付款给卖家，若不满意则可以向支付宝申请退货和退款。这种信用模式有效地解决了买家担心付钱拿不到货，卖家担心发货拿不到钱的问题。支付宝作为交易担保人，还负责解决在交易过程中发生的纠纷，如退货、退款等问题。

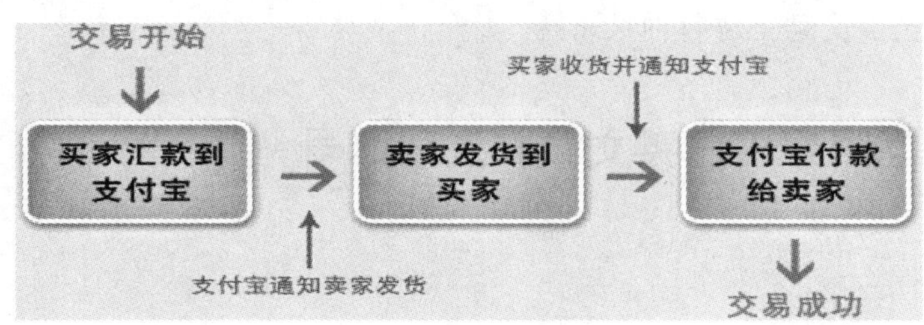

图 2-83　利用支付宝完成 B2B 支付结算业务流程

归纳总结

本任务结合企业实际业务操作平台，详细介绍了中小企业 B2B 国内贸易中网上支付结算业务的操作方法，具体包括招商银行网上企业银行的操作流程以及支付宝企业账户的操作流程。

2.6.4　思考与实践

一、思考题

1．目前网上支付有哪些方式？

2．第三方支付平台提供的网上支付服务主要包含哪些方面？

3．招商银行网上企业银行提供的主要业务功能有哪些？

4．支付宝的主要业务功能有哪些？

二、实践训练

1．下载并安装招商银行网上企业银行 U-BANK（演示版），熟悉网上企业银行的主要功能模块和业务操作。参考网址：http：//www.cmbchina.com/corporate+business/firmbank。

2．联系一家企业，代表该企业注册支付宝企业账户，申请实名认证和数字证书，并利用该账户完成充值、提现、收款、付款等操作。

项目 3　在阿里巴巴英文站进行网络贸易

本项目主要任务

- □ 熟练使用阿里巴巴英文站
- □ 在阿里巴巴英文站进行账号注册
- □ 在阿里巴巴英文站上进行信息推广
- □ 熟练使用阿里巴巴英文站的工具
- □ 在阿里巴巴英文站上进行询盘管理
- □ 在阿里巴巴英文站上进行客户管理
- □ 在阿里巴巴英文站上进行订单管理
- □ 在阿里巴巴英文站上进行网络采购

任务 3.1　熟悉阿里巴巴英文站并注册账号

任务目标

本任务主要熟悉阿里巴巴英文站的基本情况、了解阿里巴巴英文站的网址和框架结构、了解阿里巴巴英文站的信息类别、了解阿里巴巴英文站的账号类别和注册流程、学会在阿里巴巴英文站上注册各类账号。

任务分析

阿里巴巴英文站是阿里巴巴针对全球进出口企业的国际贸易网站，是目前最受欢迎的 B2B 网络贸易平台。阿里巴巴英文站作为全球知名的 B2B 电子商务网站，是一个十分活跃的全球性 B2B 电子商务交易平台，每天的点击量超过 500 万，每天约有 1300 个新公司上线，每天有超过 3800 个新产品的发布信息。

前面已经收集了企业拟在网上发布的各方面的信息，并将这些信息发布在阿里巴巴国内站上进行国内网上贸易。本次任务主要熟悉阿里巴巴英文站，并在英文站上进行账号注册，为后续在该平台上进行网络国际贸易提供基础数据和信息。

任务实施

进入阿里巴巴英文站→注册普通账号→登录 My Alibaba→浏览中国供应商企业会员网站。

3.1.1　熟悉阿里巴巴英文站

阿里巴巴英文站是全球最大的 B2B 贸易市场，其企业注册会员超过 230 万，覆盖 200

多个国家和地区的 34 个进出口行业，可以说阿里巴巴英文站是连接全球商人网上贸易的桥梁。阿里巴巴英文站面向全球商人提供专业服务，为中国优秀的出口型生产企业提供“中国供应商”专业推广服务。其核心产品是“中国供应商”，旨在帮助国内出口企业开拓全球市场。

1. 了解英文站

阿里巴巴英文站是阿里巴巴面向全球的 B2B 网站，是中小企业的网上贸易平台。目前阿里巴巴英文站已拥有海量企业会员，是我国外向型企业目前采用的最主要的电子商务平台之一。阿里巴巴英文站定位于搭建全球中小企业的网上贸易市场，因此阿里巴巴英文站的主要服务对象是从事全球贸易的中小企业，其中就有我国的大量出口型中小企业。

在阿里巴巴英文站，买家可以搜索卖家并发布采购信息，卖家可以搜索买家并发布公司及产品信息。阿里巴巴英文站作为 B2B 交易平台为买家、卖家提供了沟通工具、账号管理工具，为双方的网络交易提供了很多便利，这些是阿里巴巴英文站为买卖双方提供的主要服务，也是阿里巴巴英文网站的核心价值。阿里巴巴英文站的首页如图 3-1 所示。

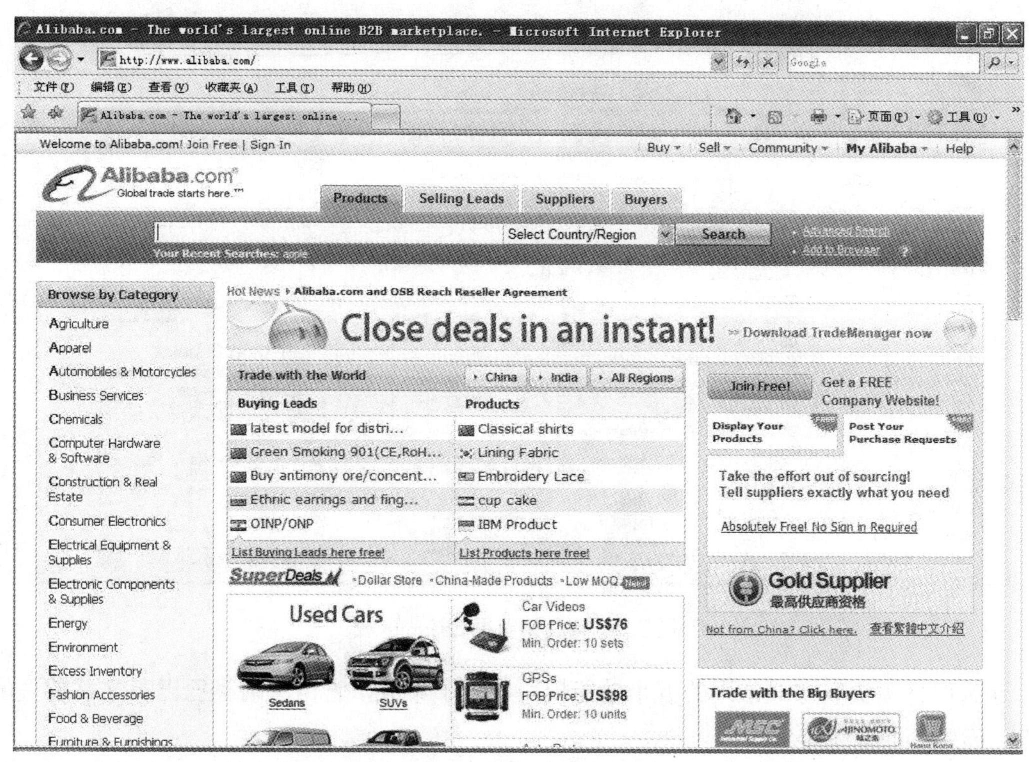

图 3-1　阿里巴巴英文站首页

与一般的网络贸易平台相比，阿里巴巴英文网站具有互动、可信、专业和全球化的特点，这些特点使阿里巴巴英文站得到了大量中小企业的认可，也给网站带来了巨大的客户资源。

1）互动：阿里巴巴英文站为交易双方提供了 Community（社区）频道，客户可以在这里积极发帖回帖，与其他商友进行交流和沟通；也可以在这里撰写博文，分享网络贸易的成功经验；还可以浏览新闻、行业资讯、各国的风貌介绍、展会信息等。

2）可信：阿里巴巴英文站为付费会员提供细致、周到、安全、权威的第三方认证服务，最大限度的降低网络贸易的风险，为网络贸易营造了一个安全可信的环境，使买卖双方可以大胆地在网上寻找客户。

3）专业：阿里巴巴英文站拥有人性化的网络设计页面、丰富的类目、出色的搜索和网页浏览功能、简便的沟通工具、账号管理工具等，这些为会员在平台上进行网络贸易提供了极大的方便。

4）全球化：阿里巴巴英文站作为全球知名的 B2B 电子商务网站，其用户遍布全球，为企业开拓海外市场创造了更多机会。

2. 英文站的架构

整个阿里巴巴英文站的首页面有四个核心区域：导航栏、搜索（search）、类目（Browse by Category）、会员快速通道，如图 3-2 所示。

图 3-2 英文站首页的核心区域

导航栏将买卖双方最常用的五个功能模块进行了集成，它位于阿里巴巴英文站首页的右上角，由如下的五个部分组成：

1）Buy（买家频道）：为买家提供采购服务，在这里以产品关键词为检索依据可以快速地查找到来自于全球的该产品生产企业所发布的产品供应信息，为买家采购提供了极大的便利。

2）Sell（卖家频道）：这是为卖家提供销售服务的专区，在这里以产品关键词为检索依据可以快速地查找到来自于全球的企业所发布的产品采购信息，为卖家销售提供了极大的便利。

3）Community（社区）：这是为买卖双方提供的资讯分享专区。社区的功能十分强大，为买卖双方提供了方方面面的实用信息，为买卖双方开展网络贸易提供了引导和帮助。社区主要有如下的功能板块，其界面如图 3-3 所示。

- Forums（论坛）：社区中最重要的也是最活跃的板块，在这里活跃着大量会员，他们进行发帖与回帖，交流网络贸易的心得、感受甚至是经验和教训，其中也不乏有价值的商业信息，是值得用户经常访问的地方。
- Trade Shows（展会）：为会员提供全球各地的展会信息，只要给定关键词就能将全球的相关展会信息一网打尽。
- Articles（好文分享）：外贸专家和业内资深人士撰写的外贸实战文章，涉及外贸业务的方方面面，为会员开展外贸活动指点迷津。
- Country Profiles（各国介绍）：合作伙伴所在国家的国情在这里一览无余，通过这个板块的介绍能尽可能多地了解合作伙伴的风土人情、文化、政治、经济方面的资讯，为开展跨国贸易打下良好的基础。
- China Knowledge（中国博览）：外商在这里可以了解到在中国如何开展商务合作、如何进行贸易投资等方面的信息，为外商进军中国市场提供最实用的引导和帮助。
- News（新闻）：在这里可以查看中国经济发展最新的新闻报道以及阿里巴巴公司的相关资讯。
- Partner（合作伙伴）：这一部分主要介绍了阿里巴巴相关合作伙伴，包括传媒、保险及商务服务等方面合作伙伴的详细信息。
- Safe Trading（安全交易）：这是社区的另一大亮点，通过深入的讲解以及案例的分析，让会员掌握规避交易风险的技巧和方法。

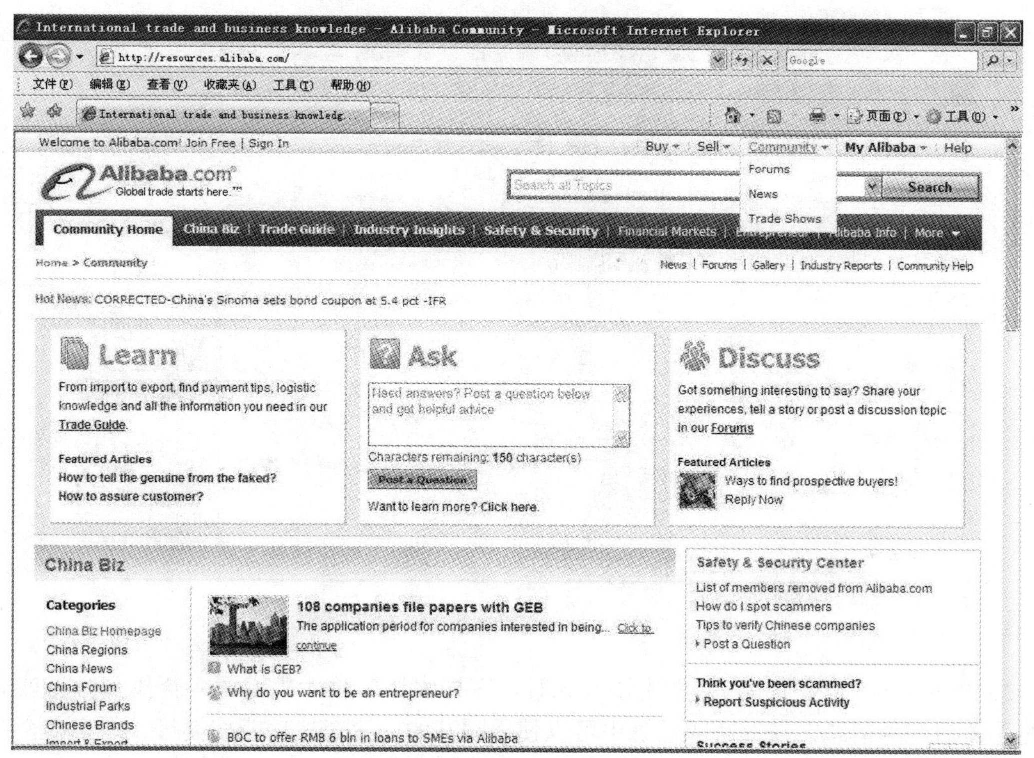

图 3-3　社区的页面

4）My Alibaba（我的阿里巴巴）：这是为会员提供的后台操作专区。点击 My Alibaba，输入用户名和密码，就可以很便捷地从首页跳转到客户管理系统。阿里巴巴客户管理系统集成了用户在英文站的常用功能，通过这些功能可以很轻松地实现供求信息的发布、客户的管理、订单的处理等一系列网络贸易的操作。

5）Help（帮助）：这是为会员提供的答疑专区。这里将常见问题进行了整理，用户可以快速找到在使用过程中共性问题的解答。如果现有的解答还不足以解决问题，用户还可以通过在线提交问题、电子邮件、即时聊天工具（TradeManager）等方式来寻求工作人员更进一步的帮助。

搜索功能是用户经常会用到的信息过滤与查找工具，通过输入关键词能够在海量的信息中迅速地查找到含有关键词的相关信息。搜索栏位于首页正上方很醒目的位置，它可以按照 Selling Leads、Products、Suppliers、Buyers 四种不同的方式来进行查找。

1）Selling Leads（供应信息）：使用该方式时，在搜索栏中输入关键词将查找到含有该关键词的具体的供应信息，在返回的信息中可以使用网站的二次查找功能按类目、国家、企业类型、主要出口市场、生产类型、最近时间限制将相关信息进一步的过滤，使买家能找到最合适的供应信息，如图 3-4 所示。

图 3-4　搜索供应信息页面

2）Products（产品信息）：使用该方式时，在搜索栏中输入关键词将查找到含有该关键词的具体的产品信息，在返回的信息中可以使用网站的二次查找功能按类目、国家、企业类型、主要出口市场、生产类型将相关信息进一步过滤，使买家能找到最合适的产品，如图 3-5 所示。

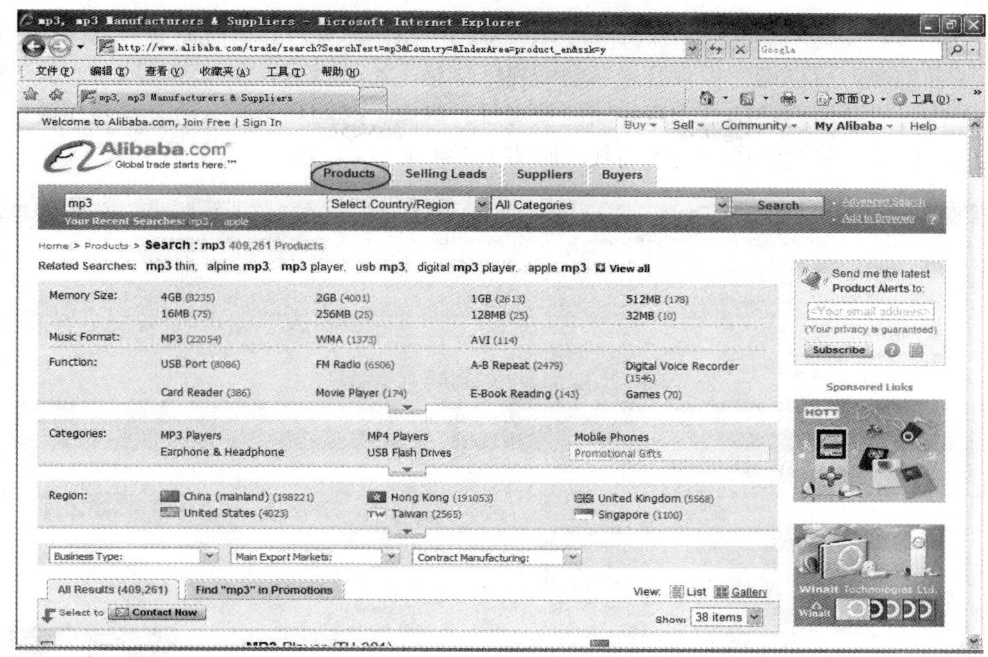

图 3-5 搜索产品信息页面

3）Suppliers（供应商信息）：使用该方式时，在搜索栏中输入关键词将查找到含有该关键词的具体的供应商信息，可以更进一步查看供应商的详细信息，还可以和该公司进行联系。在返回的信息中可以使用网站的二次查找功能按类目、国家、企业类型、主要出口市场、生产类型将相关信息进一步过滤，使买家能找到最合适的供应商，如图 3-6 所示。

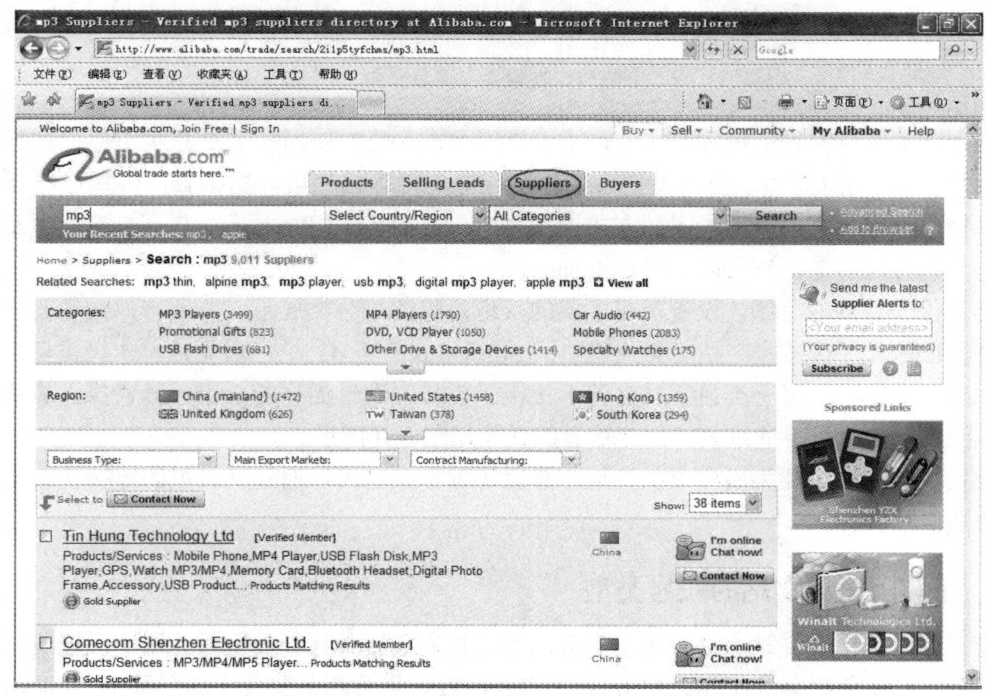

图 3-6 搜索供应商信息页面

4）Buyers（买家）：使用该方式时，在搜索栏中输入关键词将查找到含有该关键词的具体的采购商信息，可以进一步查看采购商的详细信息，还可以和该公司进行联系。另外在返回的信息中可以使用网站的二次查找功能按类目、国家、时间和是否紧急采购将相关信息进一步过滤，使卖家能找到最合适的买家，如图 3-7 所示。

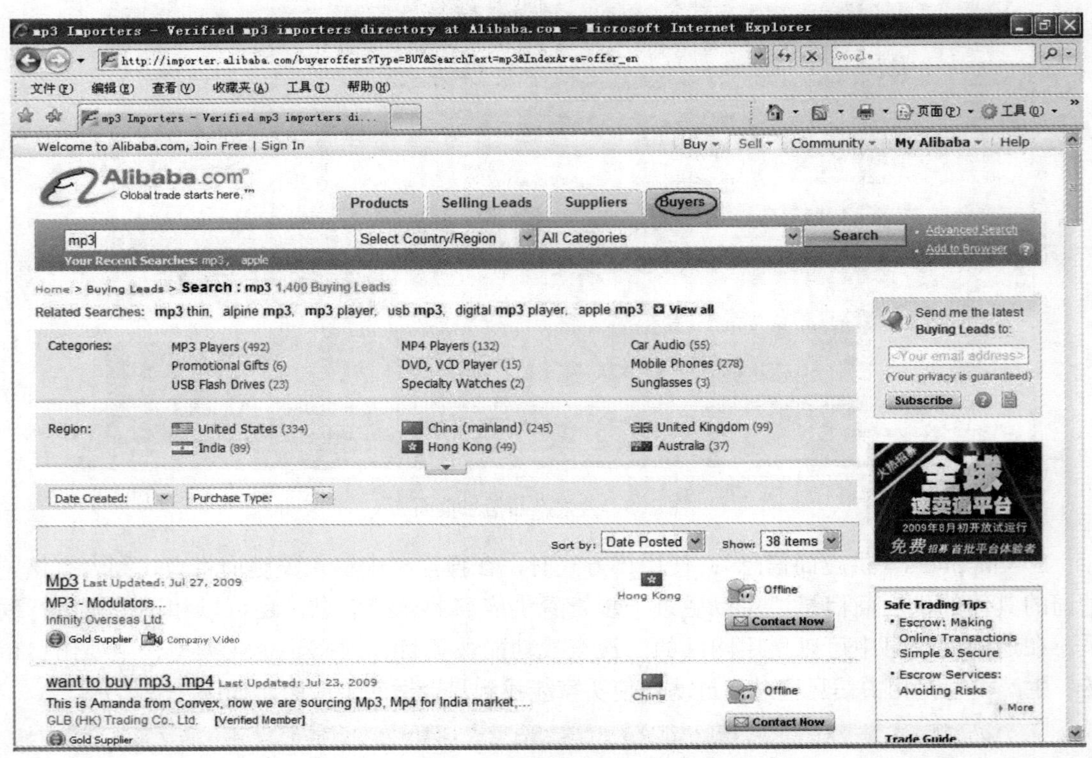

图 3-7 搜索买家信息页面

除了上面四种常见的搜索方式外，还可以用 Advanced Search 方式以关键字为依据，以国家（地区）、信息类型、公司类型为条件进行更为精确的搜索。据调查，阿里巴巴英文站中买家搜索供应商时，使用最多的方式依次为 Trade Leads、Products、Company，而卖家搜索采购商的方式通常为 Products 和 Company。

类目位于首页的左侧，设置类目主要的目地是将信息分类展示，方便客户浏览自己需要的信息。在这一区域按照产品的类别建立了 Agriculture 等 42 个一级类目，一级类目下又有若干二级子类目，二级子类目下又有若干三级子类目。通过类目的一级一级查找，最后也可以查找到相关的信息。通过类目浏览信息的页面如图 3-8 所示。

会员快速通道主要为用户提供注册、登录等操作，也可以通过此区域的链接快速发布销售和采购信息。

3.1.2 了解阿里英文站的账号类型

要在阿里巴巴英文站上进行电子商务活动，首先需要具有会员账号。阿里巴巴英文站的会员类型主要有免费会员（Free Member）、Trust Pass 会员和中国供应商会员（China Golden Suppliers）三大类，阿里巴巴为不同的会员提供不同的服务。

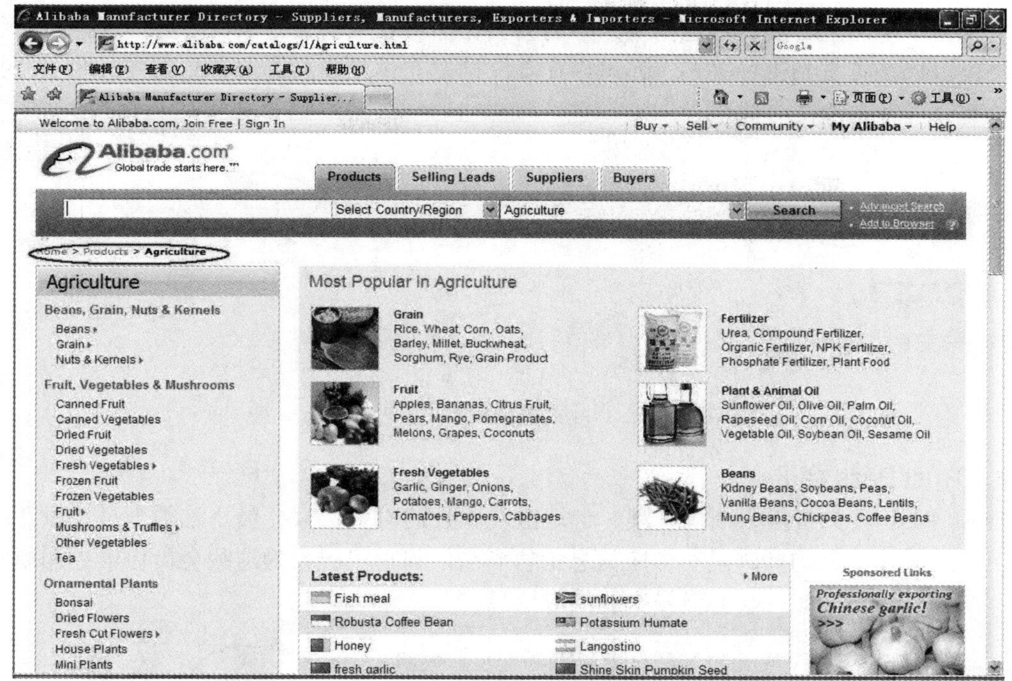

图 3-8　通过类目浏览信息

1．免费会员（Free Member）

阿里巴巴英文站目前仍然可以申请免费会员，免费会员在英文站的会员中也占了一定比重。免费会员主要有三类：免费会员（不包括中国港、澳、台地区的会员）、早期的中国免费会员、国际免费会员，这些会员在功能和服务上的具体差别如下。

1）免费会员：这种会员只能在阿里巴巴英文站采购商品，不能销售商品，也不能使用卖家管理工具来发布供应信息，因此在供应信息里是查找不到这类会员的，这类会员也没有特殊的标准和特殊的权限。

2）早期的中国免费会员：早期的中国免费会员特指在 2003 年 4 月 10 日前注册的会员，这一部分会员目前所占比例较小。这些会员可以使用阿里巴巴英文站的买卖功能，可以采购商品也可以发布供应信息来销售商品。2003 年 4 月 10 日后注册的会员只能作为免费会员，可以采购商品，无法发布供应信息销售商品。图 3-9 为早期的中国免费会员发布的供应信息。

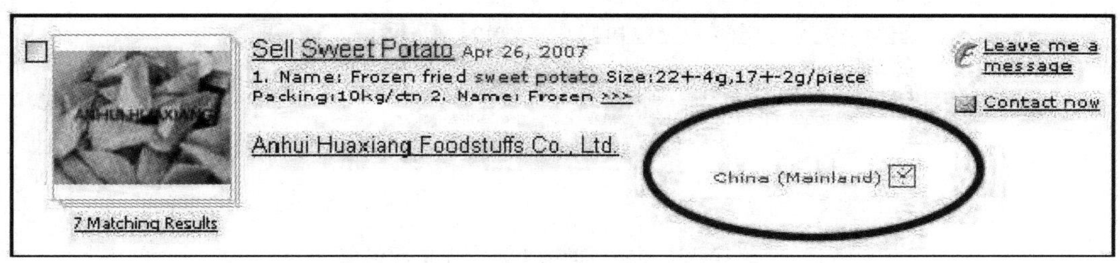

图 3-9　早期的中国免费会员发布的供应信息

3）国际免费会员：为了吸引更多的用户在阿里巴巴英文站采购商品，目前阿里巴巴英文站对来自于中国港、澳、台地区及国外的会员仍然可以申请成为免费会员。这种国际免费会员不仅可以在英文站进行采购，还可以在英文站发布供应信息进行产品销售。图 3-10 为国际免费会员发布的供应信息。

图 3-10　国际免费会员发布的供应信息

2．Trust Pass 会员

Trust Pass 会员特指中国港、澳、台地区及国外的付费卖家会员。这类会员可以在阿里巴巴英文站采购商品的同时发布供应信息销售商品，阿里巴巴会为这些会员提供更加周到的服务。图 3-11 为 Trust Pass 会员发布的供应信息。

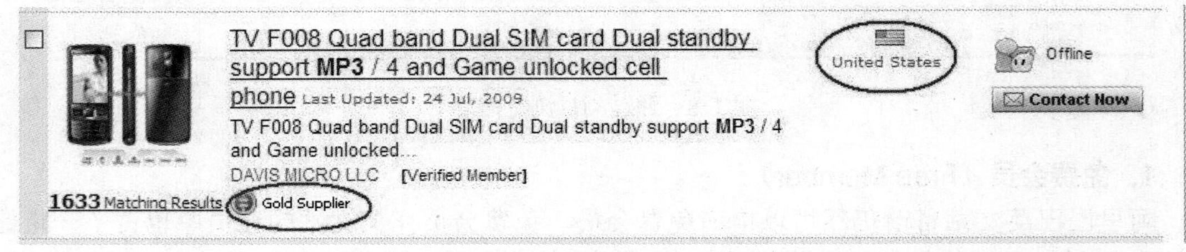

图 3-11　Trust Pass 会员发布的供应信息

3．中国供应商会员（China Golden Suppliers）

中国供应商会员是阿里巴巴英文站的主要付费会员，这一类会员来自于中国大陆地区，依托英文站寻找海外买家，从事出口贸易。阿里巴巴为中国供应商会员提供了专享的服务。中国供应商服务是基于阿里巴巴英文站向海外买家展示企业和产品的出口贸易推广服务，它主要包括如下的五个方面。

1）信息排名优先：中国供应商会员发布的信息享有优先排名权，也就是说中国供应商会员发布的信息会排在免费会员之前。排名靠前可以吸引更多的买家关注和点击，从而获得更多的成交机会。图 3-12 为中国供应商会员发布的供应信息。

图 3-12　中国供应商会员发布的供应信息

2）拥有后台管理系统：中国供应商会员可以使用阿里巴巴英文站提供的客户管理系统，使用该系统可以轻松地发布供应信息、产品信息甚至还可以建立专属的私人展示厅。开展网络贸易的常用功能都集成在后台的客户管理系统中。

3）可以与所有买家直接联系：中国供应商会员可以浏览所有买家的联系信息，直接通过网络联系到买家，向买家发送有关的产品信息、供应信息，与买家直接交流，最大限度地与买家沟通以便达成交易。2003 年 4 月 10 日之后注册的免费会员在获取买家联系方式上会受到一些限制，无法查看买家的联络方式，将会丧失很多成交机会，这与中国供应商会员相差很大。

4）拥有专业二级域名的网页：每一个中国供应商会员都有一个独立的二级域名的网页。在这里会员可以根据需求发布产品信息、供应信息、公司信息等，就相当于在阿里巴巴英文站这个综合性的大市场里有一个属于自己的店铺，可以吸引更多的人气，获得更多的买家青睐。图 3-13 为中国供应商会员的二级页面。

图 3-13　中国供应商会员的二级页面

5）其他服务：中国供应商会员作为阿里巴巴英文站的主要付费会员，除了享有上述专有服务之外还有在线推广、客户培训、海外展会、售后服务等增值服务。在线推广主要通过阿里巴巴英文站以及阿里巴巴联盟站进行。阿里巴巴英文站主要通过私人展示厅以及信息排名优先等方式推广客户产品信息。阿里巴巴联盟站推广主要包括全球联盟站推广和阿雅联合推广两种形式。客户培训也是中国供应商服务的一大亮点，它包括百年客户培训、在线培训系统、客户俱乐部等，为会员提供更多机会来提高驾驭网络贸易的本领。阿里巴巴除了为会员提供在线宣传，也积极扩展线下宣传的途径，经常会参加世界知名的专业性传统展会，来吸引更多的买家使用阿里巴巴英文站，为会员寻找更多的合作伙伴。另外会员在使用英文站过程中遇到的问题，一方面可以从 FAQ 来寻求解答，另一方面还可以寻求阿里巴巴英文站的客服人员的帮助，客服人员将会尽最大的努力为会员提供优质服务。

3.1.3　账号注册

注册成阿里巴巴会员是利用阿里巴巴英文站平台开展网络贸易的第一步。阿里巴巴会员能够获得不断升级的专业服务，如发布供求信息、发布公司信息，对感兴趣的供求信息询盘、报价，与商人朋友进行交流。下面分别介绍免费会员和中国供应商会员的注册流程。

1. 免费会员注册

（1）填写会员基本信息

在阿里巴巴英文站的首页左上方有“Join Free”按钮，单击此按钮会打开如图 3-14 所示页面，申请者需要选择国家或地区，选择账号类型，输入姓名、公司名称、联系电话、邮箱和账号密码等。填写完整后，单击“Create My Account”按钮提交。

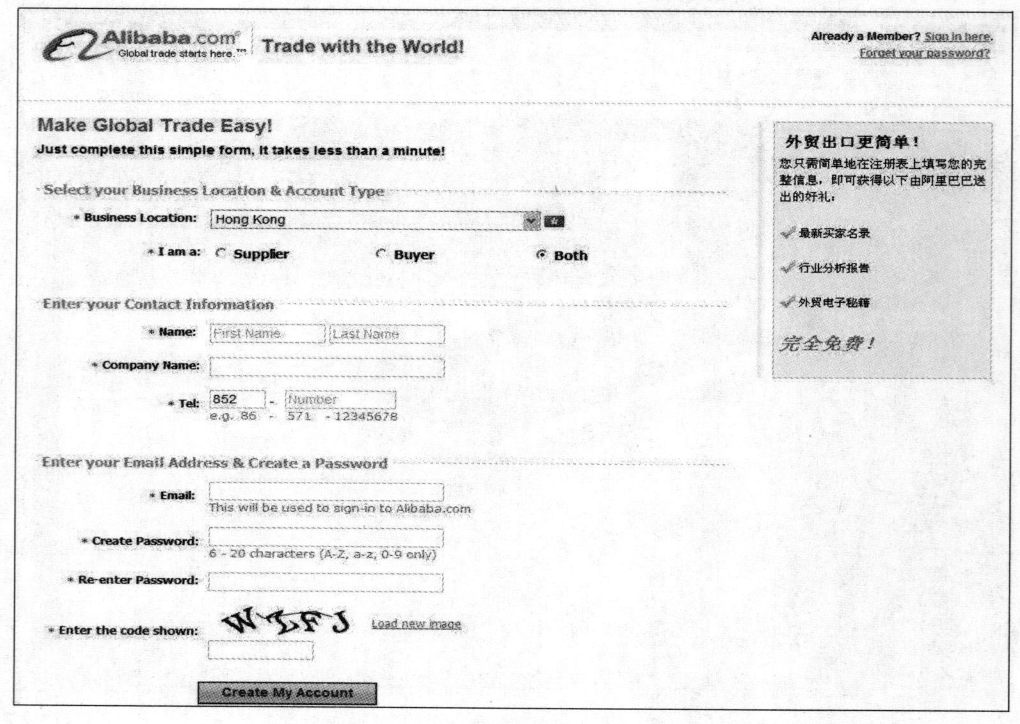

图 3-14　填写会员基本信息

（2）填写主营产品信息

会员基本信息提交并保存后，会打开填写主营产品信息的窗口，如图 3-15 所示。在该页面中需要填写主营产品的名称、关键字、所属类目和简要介绍等信息，还可选择是否允许接收 Trade Alert 的信息。填写完毕选择“Next”按钮进入填写公司详细信息的页面。

（3）填写公司或会员详细信息

在公司详细信息页面中需要选择企业类型、填写其他销售或采购的产品以及企业的详细地址，如图 3-16 所示。填写完毕点击“Submit”按钮提交，即可完成注册。完成注册后会直接进入会员管理页面的 Selling Tools 选项卡，在其中可以更多的产品信息，如图 3-17 所示。

Alibaba.com Global trade starts here.™ Trade with the World!

✓ Congratulations! You have successfully registered with Alibaba.com

Start Selling on Alibaba.com

* Required Information Help

Display your first product in your free Company Website, it takes less than a minute!

* Product Name: mp3

* Product Keyword: mp3

View other suppliers listings for this keyword

* Product Category: Consumer Electronics>>MP3 Players

View other suppliers products in this category

* Brief Description: my mp3 my mp3 my mp3 my mp3

I want to receive information on matching buyers from Alibaba.com's Trade Alert

Next

图 3-15 填写主营产品信息

图 3-16 填写公司详细信息

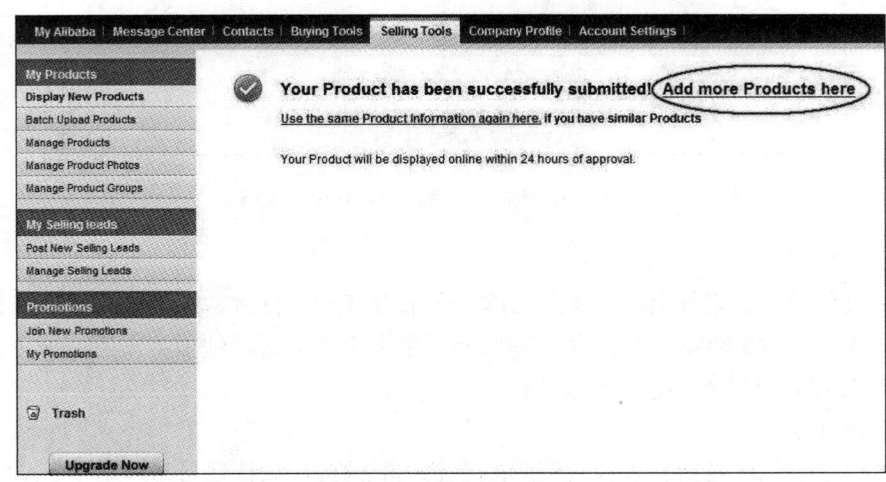

图 3-17 添加更多产品信息

2．中国供应商会员注册

申请加入中国供应商服务的条件是公司需要具备合法注册、合法年检的营业执照，具有外贸出口业务需求。中国供应商账号的申请一般分为四个步骤。

（1）填写申请单

在线填写申请表，内容包括申请人信息、公司信息以及调查信息，最后确认提交。提交申请表单后，即会有中国供应商客户经理与公司直接联系。在线申请表格如图 3-18 所示。

填写下表网上申请

(带*号为必填项)

姓名和联系方式

* 真实姓名

性别 ◎ 先生 ○ 女士

您的职位

您的部门

* 电子邮件

* 固定电话 国家区号 城市区号 电话号码 +86

传 真

移动电话

公司名称和主营业务

* 公司名称

公司类型 ◎ 企业单位 ○ 个体经营 ○ 事业单位或社会团体 ○ 未经工商注册，个人

* 公司地址 省 --请选择省-- 市 --请选择市-- 县 --请选择县-- 详细地址

* 主营行业 请选择行业

主营产品

年营业额 --请选择--

更多公司信息

您是通过什么渠道了解到中国供应商的？（可多选）

☐ 搜索引擎 ☐ 阿里巴巴中国站 ☐ 阿里巴巴国际站 ☐ 阿里巴巴服务邮件 ☐ 报纸、杂志 ☐ 朋友推荐 ☐ 其它

是否有出口 ◎ 是 ○ 否

接单渠道 ☐ 外贸公司 ☐ 参展 ☐ 网络 ☐ 杂志 ☐ 其它（可多选）

◎ 还不是中国供应商会员 ○ 已是中国供应商会员

☑ 我愿意收到阿里巴巴新产品服务的通知信

确认提交！

图 3-18　中国供应商会员的在线申请表格

（2）支付费用

可以通过银行卡、银行电汇、邮局汇款等多种方式进行付款。中国供应商会员采用年费制，以前基本年费为 50000 元人民币，2009 年调整为 19800 元。款项到账后，阿里巴巴将在 5～7 个工作日内对公司资料进行审核认证。

（3）审核认证

企业资料审核认证是指具备相应资质的专业认证机构，在认证日对申请中国供应商服务的会员进行“企业的合法性、真实性”的核实以及“申请人是否隶属该企业且经过企业授

权”的查证。认证的主要内容包括以下几点。

1）工商注册信息：名称、注册号、注册地址、法人代表、经营范围、企业类型、注册资本、成立时间、营业期限、登记机关、最近年检时间。

2）认证申请人信息：认证申请人姓名、性别、部门、职位。

（4）账号开通，成为中国供应商会员

企业资料审核认证通过后，即可开通中国供应商账号。开通之日起，企业即享有中国供应商会员的各项服务，阿里巴巴的客服中心也将为企业提供全程、专业的咨询服务。

会员注册成功后，可输入会员名和密码登录 My Alibaba，在这里可以很便捷地从首页跳转到客户管理系统。阿里巴巴客户管理系统集成了用户在英文站的常用功能，通过这些功能便能很轻松地实现供求信息的发布、客户的管理、订单的处理等一系列网络贸易的操作功能。My Alibaba 的页面如图 3-19 所示，包括信息中心、联系信息、买家工具、卖家工具、公司信息、账号管理六个方面。阿里巴巴提供了多种语言版本的 My Alibaba 系统，可以通过左上角语言切换按钮进行切换。

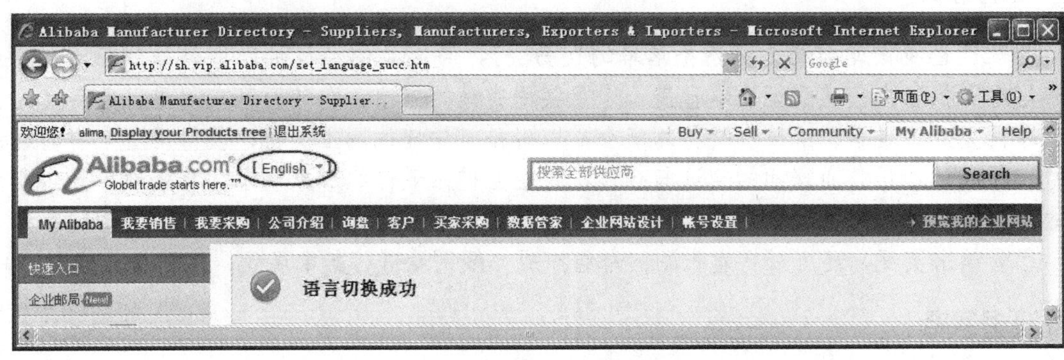

图 3-19 My Alibaba 的页面

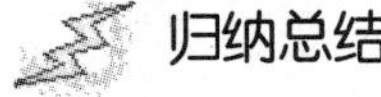 归纳总结

通过这次任务的学习，使我们了解了阿里巴巴英文站的基本定位以及核心价值，了解了阿里巴巴英文站为企业提供的主要服务，熟悉了阿里巴巴英文站的整个架构，了解了阿里巴巴英文站的会员类型以及阿里巴巴为不同会员提供的不同服务，学会了如何在阿里巴巴英文站注册免费会员，掌握了付费会员的申请过程，为后面在阿里巴巴英文站上进行 B2B 网络贸易提供了坚实的基础。

3.1.4 思考与实践

一、思考题

1. 阿里巴巴英文站主要有哪些栏目？
2. 阿里巴巴英文站的核心价值是什么？
3. 阿里巴巴英文站有哪些用户类型？
4. 阿里巴巴英文站为中国供应商会员提供了哪些服务？
5. 如何申请成为中国供应商会员？

二、实践训练

1．注册一个阿里巴巴英文站普通账号。

2．登录 My Alibaba，熟悉阿里巴巴会员后台管理的主要功能模块。

3．搜索一家中国供应商会员企业，查看其具体内容。

任务 3.2　在英文站进行网络推广

任务目标

本任务主要利用阿里巴巴英文站提供的服务在网上进行网络推广，包括在网上发布供应信息、发布企业产品信息、发布企业信息、建立企业二级网站、进行社区营销、管理私人展示厅等。

任务分析

阿里巴巴英文站被誉为“永不落幕的交易会”，英文站的会员可以每时每刻在该网站上发布信息寻找客户，实践证明这也是一个很实用有效的方法。会员商家在阿里巴巴英文站上可以获得充分的展示、洽谈和交易的机会，以轻松、快捷的网上交易，获得前所未有的经济收益，极大地加强各商家间的交流与合作，为企业提供最佳的形象展示，有效地扩大企业商品的推广和交易。阿里巴巴英文站提供的网络推广服务主要通过信息发布、社区营销和私人展示厅营销来实现，还可以将发布的信息组织成二级网站进行集中展示，体现企业的实力。

任务实施

登录 My Alibaba→发布产品信息→发布供应信息→发布企业信息→布置企业二级网站→论坛营销→博客营销→管理私人展示厅。

3.2.1　在网上发布商业信息

成为阿里巴巴英文站会员后，企业就可以在网站上发布商业信息了。商业信息一般通过平台提供的工具 My Alibaba 来发布。

1．My Alibaba 介绍

My Alibaba 系统是阿里巴巴英文站为用户提供的一个后台管理系统，它向用户提供了一套安全的在线管理工具，这个系统是每个会员用户都有的。其主要功能模块有“我要销售”、“我要采购”、“公司介绍”、“询盘”、“客户”、“订单”、“买家采购”、“数据管家”、“账号设置”等。

- “我要销售”模块可以发布和管理产品信息、发布和管理供应信息、创建和管理私人展示厅等。
- “我要采购”模块可以发布和管理采购信息。
- “公司介绍”模块可以管理公司信息，查看 A&V 认证信息和公司页面的栏目。
- “询盘”模块可以查看、分配、搜索、过滤询盘，设置询盘分配规则等。
- “客户”模块可以新建、编辑、搜索、分配客户，新增、搜索报价单，设置和管理回复模块、单据模板等。

- “订单”模块可以新增、搜索订单。
- “买家采购”模块可以搜索网上采购信息、买家名录和大买家采购信息。
- “数据管家”模块可以查看各种询盘和销售的统计报表。
- “账号设置”模块可以创建和管理子账号，设置反馈抄送，分配私人展厅，管理个人信息，修改注册邮箱、登录密码，设置安全问题，订阅商情特快等。

2．My Alibaba 登录

点击英文站首页右上角的“Sign In”或“My Alibaba”均可登录 My Alibaba 后台管理系统。在登录入口输入用户名（Email address 或 Member ID）和密码（Password）即可进入 My Alibaba 后台管理系统，系统的中文初始页面如图 3-20 所示。另外也可以使用在线沟通工具 Trade Manager 上提供的按钮进入 My Alibaba 后台管理系统。

图 3-20 My Alibaba 的中文页面

3．快速入口

登录 My Alibaba 后台管理系统后，在初始页面的左侧显示了系统的“快速入口”栏目，如图 3-20 所示。在“快速入口”栏目下，系统集成了“发布产品”、“发布供应信息”、“发布采购信息”、“查看最新询盘统计”等操作功能，系统对管理员还开放了“分配私人展示厅”、“管理电子账户”的操作功能。这些常用功能的集成，极大的方便了用户的操作。

在以后的操作过程中，如果想再回到管理系统的初始页面，可以点击导航栏中的“My Alibaba”返回。

此外，在首页中系统还提供了“即时提醒”、“买家名录”、“最新贸易资讯”和“最新的操作”等信息，用户能方便、快速地按照自己的需要进行相应的操作。

4．信息的类别和审核标准

在阿里巴巴英文站中可以展示的商业信息主要有 3 种：供求信息、产品信息和公司信息。

供求信息是会员发布的供应商品或采购商品的信息，是阿里巴巴英文站中最广泛最高效的推广方式，这些信息能让商家快速找到所需的产品和企业信息，提高交易机会。其中供应信息可以是供应产品、提供服务或找代理、寻求合作等类型，通常包括商品名称、信息发布日期、信息简要说明、卖家公司信息、联系途径等。图 3-21 为一条供应信息。采购信息是会员发布的需要购买产品或服务的信息，通常有常规采购信息和紧急采购信息两种。采购信息中常包含有采购的商品名称、信息发布日期、信息简要说明、买家公司信息、联系途径等。图 3-22 为一条采购信息。

图 3-21　供应信息

图 3-22　采购信息

产品信息和供应信息很相似，但供应信息有时间期限，产品信息相当于企业的长期供应清单。利用产品信息发布方式，用户可以发布产品数量、产品介绍等信息，使产品展示更加直观。单击导航栏的“Products”，然后搜索关键字，找到感兴趣的产品后，单击产品描述，进入企业的公司网页，就可以查看该产品的详细信息，如图 3-23 所示。事实上很多买家习惯通过产品信息来查找供应商。

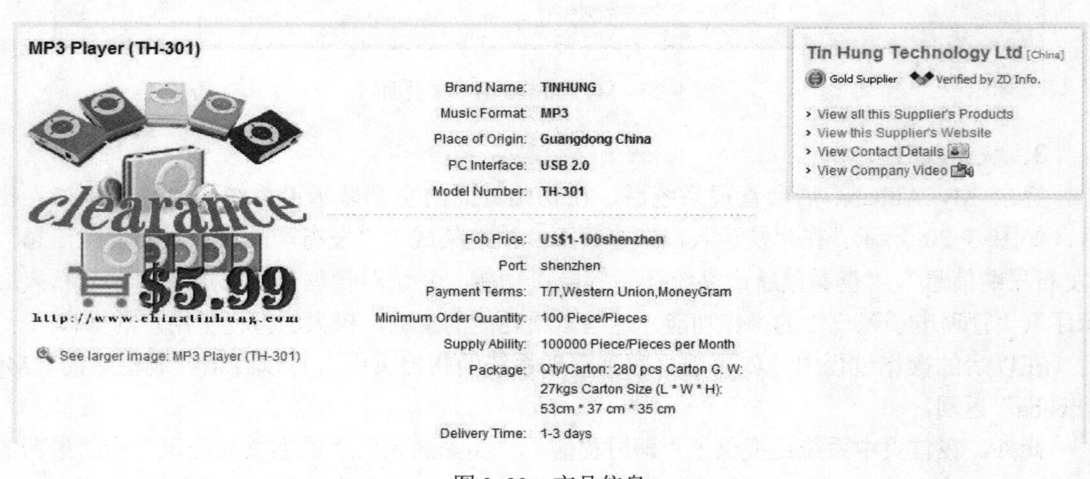

图 3-23　产品信息

除了供应信息和产品信息外，企业还可以将公司信息发布在网上，当这个信息被潜在的客户浏览后，可以增加公司的宣传机会。详实的公司信息可以加强用户的信赖度。当用户搜索供应信息或产品信息时，都会出现公司的链接，方便潜在的客户搜索到公司的资料并进一步了解公司的信息，从而增加交易机会。只有发布了公司的信息，客户才能在网站上通过公司库搜索到公司信息，才能带来更多的商业机会。图3-24是从公司库中搜索到的公司信息。

图3-24 公司信息

用户将信息提交到网站后需要经过阿里巴巴审核才能发布出来。信息是否通过审核可以查看邮箱，也可以在 My Alibaba 中查看。要想信息质量合格，需要遵守以下规范：发布的信息真实有效；没有相同内容的重复信息；没有发布已经发布过的信息；所发布的产品合乎法律允许并选择的行业类目准确；信息内容详细，并且内容中不含有电话、地址、邮箱地址、QQ、网址等联系方式；如果发布的是求购信息，联系方式中不能有公司名称；信息图片清晰完整，必须与信息内所介绍的产品保持一致；图片属于非盗用图片且为实物图片，可以适当提供具有说明性的图片包装；图片内容属于合法可展示内容；淫秽图片不予发布；不能在图片中带有具体的联系方式，如电话、网址、邮件地址、QQ、贸易通等。

另外禁止发布以下产品的供求信息：毒品；剧毒化学品；兴奋剂；原油；地沟油及其提取设备和提取技术；野生动物；国家保护类动物；濒危动物的活体、内脏、任何肢体、皮毛、标本及其制品，特别是象牙、鱼翅及鱼翅类产品、玳瑁制品等；国家或地方法律法规中明文规定重点保护的珍稀植物及其制品；任何形式的发票、股票、公司债券及其他证券（不具有效形和流通性的、为收藏目的转让的情况除外）；彩票（不具有效形和流通性的、为收藏目的转让的情况除外）；任何形式的国家机关的公文、证件、印章，公司、企业、事业单位、人民团体的印章；居民身份证，档案，各类许可证、介绍信、学历证书、身份证等；伪造、变造的物品，如伪造的证件、票据、钱币、执照和许可证等；人体器官；遗体；黄色淫秽物品；性服务；含有反动、淫秽、种族或者宗教歧视或其他法律禁止内容的出版物、文件、资料等；非法所得之物，如走私、盗窃或抢劫所得；任何形式的枪支（包括枪支配件）、弹药及仿真枪等，如枪械、枪械仿制品、子（炮）弹、枪支瞄准器、消音器、火药、麻醉注射枪、射击枪等；易燃、易爆物品、有毒、有腐蚀性的化学物品，如火药、炸药等；部分警用器材，如电警棍、手铐、脚铐、审核设备等；管制刀具，如匕首、弹簧刀等；短信群发类硬件设备、短信群发类工具，如短信猫、CDMA MODEM、GPRS MODEM 等；窃听、窃照等专用间谍器材，如针孔摄像机、隐形摄像机、眼镜摄像机、口香糖摄像机、钢笔摄像机、隐形耳机、具有窃听功能的观鸟仪等；走私、翻新或造假的数码类产品，如水（黑）货、港行、欧版、三码机、五码机、山寨机等；其他武器，如具有较大杀伤力的弓弩、吹箭、弓箭等；其他可能危害他人安全、利益或用于违法目的的物品，如撬锁设备（万能钥匙）、强效催情用品 / 药品、解密软件、导弹发射程序、个人私密资料、汽车反雷达测速仪、车用电子狗、 GPS 预警器、银行卡复制设备、汽车防盗系统解码器软件、翻转车牌架、遥控信号拦截器、加油机干扰器、汽车跑表器等；地面卫星电视、卫星广播类接收器材，如广播发射台、碟型卫星天线等；赌具，如吃角子老虎机、透视麻将、透视扑克、红光扑克、摇控骰子等；烟草、烟草制品，如烟叶、香烟等；任何侵犯他人知识产权的物品，如假冒名牌商品；侵犯他人版权或者专利权的产品；正在流通的人民币、特殊药品及原料药（治疗性功能障碍、肿瘤、糖尿病、艾滋病、癫痫、红斑狼疮、性病、乙肝、白癜风药品，戒毒药品，抗生素成品，麻醉药品，精神药品，药疗用毒性药品，放射性药品和医疗机构制剂等）；《中华人民共和国文物保护法》第五十一条规定不得买卖的文物，如馆藏文物、出土文物、国家保护级文物；Email 地址列表、网址列表、在中国互联网信息中心（CNNIC）注册的域名、无注册号的磁带或光盘，共享软件；Beta 级或未公布的软件；未同设备捆绑出售的 OEM 软件；国家法律规定适用许可证管理规定而不能提供相关许可证的产品；国家法律、法规目前没有批准的特殊服务行业，如私家侦探、债务追收、涉外婚介等；医疗卫生服务信息，如医疗、预防、保健、康复、健康教育等；根据法律、法规禁止销售或本网站认为违反公共良俗而不应贩售的物品、其他经本网站认定为不应发布供求信息的产品。

限制发布供求信息的产品有：药品、医疗器械、部分物理治疗设备；隐形眼镜及护理液；文物；海关罚没类物资；烟花爆竹；音像制品，许可经营（音像制品经营许可证明及音像制品对应编码）；开锁工具、开锁服务；奥运福娃、2008 奥运相关标志、使用奥林匹克标志加工的产品；涉及第三方知识产权的物品，如国际知名品牌服装鞋帽、箱包、饰品、化妆品等；根据其他法律、法规禁止销售或本网站认为违背公序良俗应限制销售的其他商品。

5．发布产品信息

在成为阿里巴巴用户后，用户就可以在网站上发布自己的产品信息了。产品信息发布的过程如图 3-25 所示。

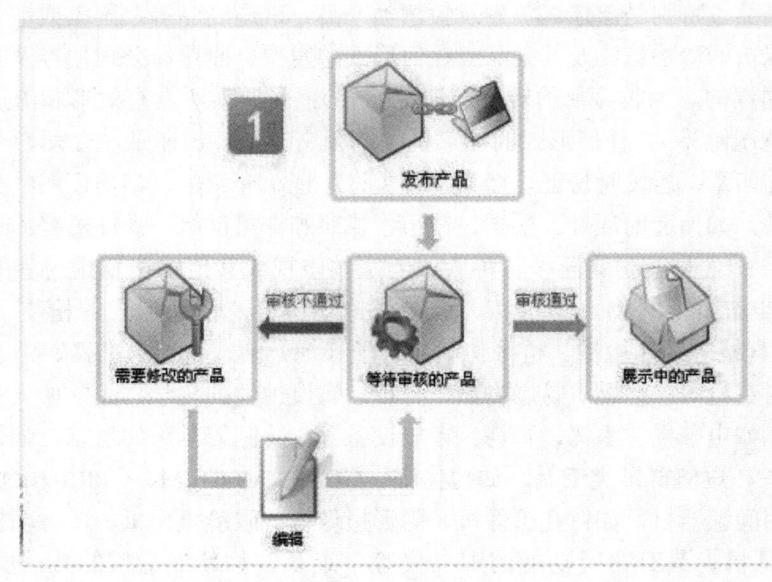

图 3-25　产品信息发布的过程

发布产品信息首先应该用账号登录进入 My Alibaba，然后单击导航栏“我要销售”下的“发布产品”（或者在登录管理系统后直接在快速入口点击“发布产品”），进入发布产品页面，如图 3-26 所示。然后逐项填写要发布的产品信息，注意带*号的为必填项。

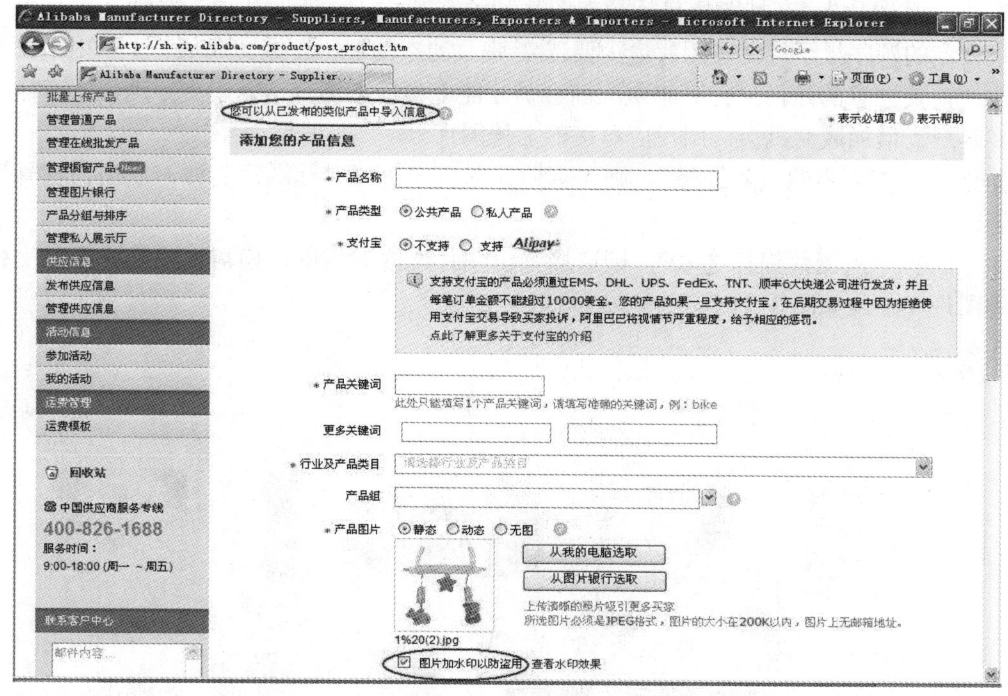

图 3-26　发布产品页面

1）导入信息。如果在计算机中已存在类似的产品，可以单击最上面的“您可以从已发布的类似产品中导入信息”链接，打开以前类似的产品信息，然后进行修改，这将大大提高发布产品信息的速度和工作效率。

2）“产品名称”。产品名称是买家搜索产品的主要依据，要尽量选择专业、常用、简明的产品名称。

3）“产品类型”。在阿里巴巴发布的产品类型包括公共产品和私人产品。卖家的公共产品在审核通过之后将发布在网站上，其他英文站的会员都可以查看卖家发布的公共产品的详细信息，买家也可以针对该产品给卖家发送询盘信息。私人产品则不能发布在网站上，只能通过卖家的私人展示厅展示，通过邀请的方式邀请特定的买家来查看该产品信息。

4）“产品关键词”。在“产品关键词”这一栏可以设计一个最准确的关键词，然后点击“更多关键词”，系统会自动弹出窗口显示可供用户选择的参考关键词，此时可从中选择另外两个关键词。

5）“行业及产品类目”。类目是阿里巴巴对发布在网上的信息的归类，主要是为了方便商家查找信息。输入产品关键词后，系统会自动在下面显示推荐的产品类目，此时一般选择系统默认的类目即可。用户也可单击“选择类目”，自己选择一个该产品在 Alibaba 网站上对应的合适类目。

6）“产品组”。将产品分组的目的是为了将众多的产品进行归类，既方便自己管理，又方便客户查看。此时，用户可以选择之前已经新建的产品组名，也可以直接在该栏内输入用户想要将该产品放入的新组名称。如果该项没有填写，用户也可以以后再将该产品进行分组。

7）“产品图片”。产品图片包括静态图片和动态图片。动态图片由6张静态图片组成，按用户设定的顺序显示。动态图片最少要选2张。动态图片一旦提交成功，一年内不能再免费修改。需要注意的是，只有高级供应商会员才能上传动态图片。为了更好地说明产品，吸引更多客户，增加成交机会，用户应尽可能上传图片。

如果选择“从我的电脑选择”，则在本地计算机中选择目标图片文件，单击“打开”按钮就可以上传。

如果选择“从图片银行选取”，则直接弹出图片选取对话框，但需要事先将图片上传到网站的图片库中，如图3-27所示。

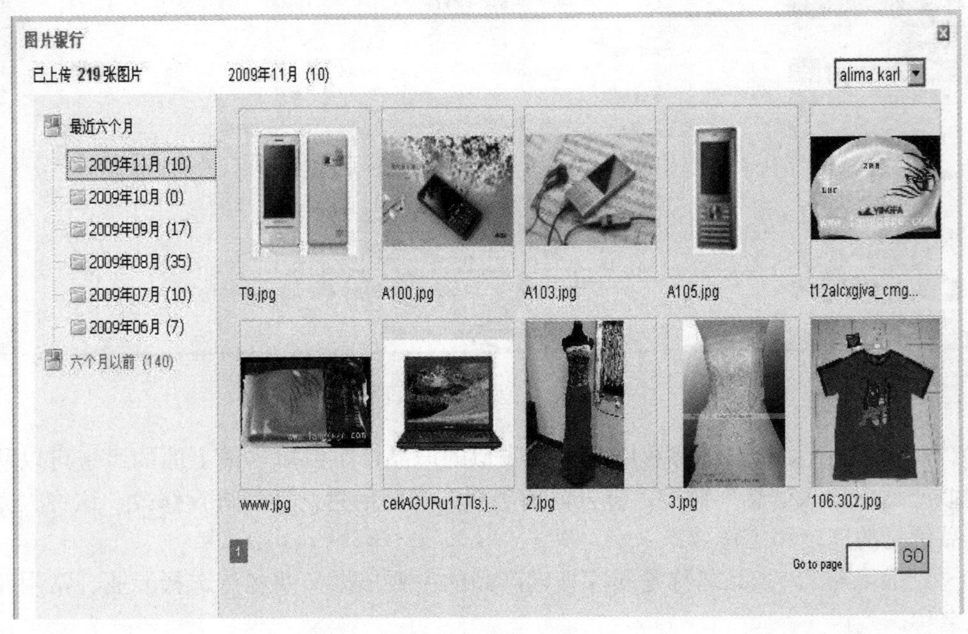

图3-27　图片银行

需要注意的是，设置产品图片时，所选图片必须是JPG格式，每张图片大小在200KB以内。此外，可勾选“图片加水印以防盗用”一项，防止图片被他人盗用。

8）“产品简要描述及优势”。这部分内容将显示在英文站的产品搜索列表中，买家不用点击到产品详细页面即可查看到产品简要描述。客户在搜索产品后，首先要看的就是产品的简要描述，因此这部分内容要能引起买家的兴趣，使客户看了后有查看产品详细描述的欲望。

9）“产品属性”在产品属性栏，系统会自动提供有关该产品的技术指标让用户选择。例如，对于计算机产品，系统会自动显示“芯片速度”、“屏幕尺寸”、“硬盘内存”、“原产地”等功能技术属性栏，让用户选择相关的技术指标。用户也可以添加一些其他属性，如品牌名称、型号、颜色、材料等。详细填写产品属性，可以使自己的产品更容易被买家搜索到，为企业带来更多的客户。产品的属性栏如图3-28所示。

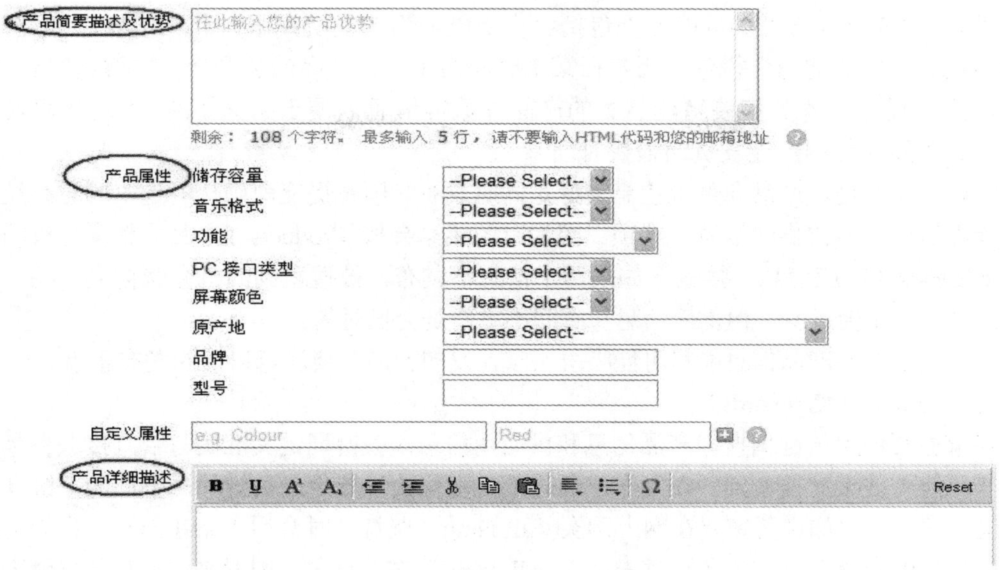

产品简要描述及优势 在此输入您的产品优势

剩余： 108 个字符。 最多输入 5 行，请不要输入HTML代码和您的邮箱地址

产品属性

储存容量 --Please Select--

音乐格式 --Please Select--

功能 --Please Select--

PC 接口类型 --Please Select--

屏幕颜色 --Please Select--

原产地 --Please Select--

品牌

型号

自定义属性 e.g. Colour Red

产品详细描述 Reset

图 3-28　产品描述

10）“产品详细描述”。此栏可以输入产品更详细的描述。如需添加产品信息，可以从 Word、Excel 中直接复制；如需添加特殊符号，可以单击插入特殊符号的图标，如图 3-28 所示。

11）“交易条件”。可以在此栏输入交易条件，如图 3-29 所示。交易条件包括“FOB 价格”、“付款方式”和“最小起订量”。“FOB 价格”是指产品的离岸价格，即成本加上合理的利润，但不包括国际货物运费和国际货运保险费。付款方式中“L/C”是指信用证，“D/A”是指承兑交单，“D/P”是指付款交单，“T/T”是指电汇，包括“Western Union”（西联汇款）、“MoneyGram”（速汇金）及其他方式。“最小起订量”是对用户可以接受的最小起始订单量的要求。

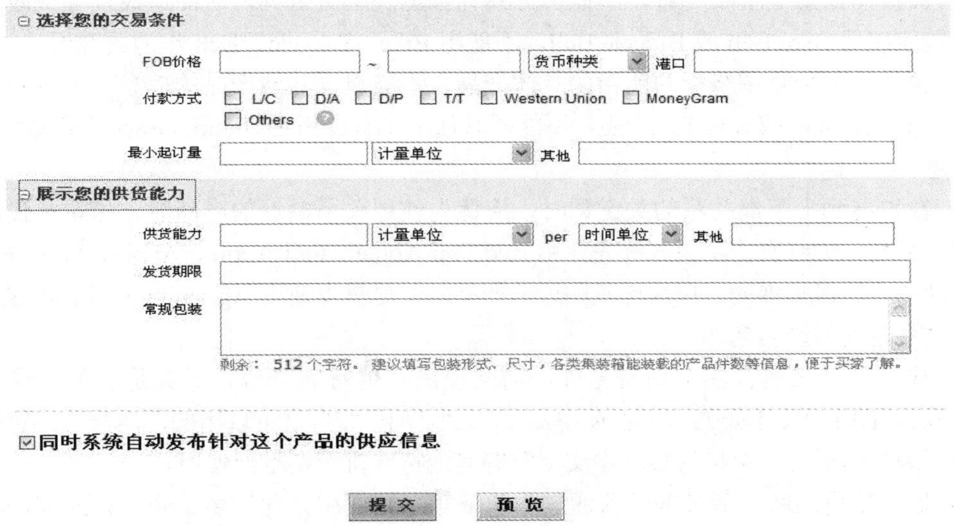

⊟ 选择您的交易条件

FOB价格 ~ 货币种类 港口

付款方式 ☐ L/C ☐ D/A ☐ D/P ☐ T/T ☐ Western Union ☐ MoneyGram ☐ Others

最小起订量 计量单位 其他

⊟ 展示您的供货能力

供货能力 计量单位 per 时间单位 其他

发货期限

常规包装

剩余： 512 个字符。 建议填写包装形式、尺寸，各类集装箱能装载的产品件数等信息，便于买家了解。

☑ 同时系统自动发布针对这个产品的供应信息

提交 预览

图 3-29　交易条件和供货能力

12）“供货能力”。“供货能力”包括“供货能力”、“发货期限”和“常规包装”，如图 3-29 所示。“供货能力”栏输入用户在某个时间内生产该产品的总产量。“常规包装”填写包装形式、尺寸，各类集装箱能装载的产品件数等信息，便于买家了解。“发货期限”填写该产品在签定合同后能发货的最快时间。

需要注意的是，产品和供应信息最好是同时发布，即在提交前确认勾选“同时系统自动发布针对这个产品的供应信息”选项。因为有的买家会按 Products（产品）搜索，有的则按 Selling Leads（供应信息）搜索。如果两个信息都发布，被搜索到的机会就会大一些，而且产品信息一般不会过时，但供应信息长时间不更新是会过时的。

为了让发布的产品信息能尽可能吸引买家，发布产品时要注意以下的发布重点。

（1）关键词（Keywords）

买家通常使用关键词搜索产品信息和供应商信息，关键词定义准确与否直接关系到供应商的产品能否被买家搜索到。在发布产品时，关键词的设置是最关键的，不同的关键词会导致不同的效果。比如说买家要在网上购买 wall lamp（壁灯）时会用“wall lamp”作为关键词搜索。如果供应商在发布该产品时未用“wall lamp”作关键词，则发布的产品信息就无法被买家搜索到。如果定义的范围过大，比如使用了“lamp”作为关键词，则企业发布的产品信息在买家的搜索结果中排名就会落后。

总的来说，好的关键词一般包括准确完整的产品名、该产品名称的同义或近义词、适当的上下级关系的产品名称。例如，某英文站会员要出售富士苹果，则在发布产品时可在“产品关键词”一栏输入“Fuji Apple”，然后在“更多关键词”一栏选择 Red Fuji Apple 和 Apple。

具体来说，在输入产品关键词时要考虑以下几个方面。

1）“产品关键词”优先使用常用产品名，“更多关键词”则使用同/近义词、别称、全称、简称等。如泳装（Swimwear）的同/近义词：Swimsuit、Swim Suit、Swimming Costume、Bathing Suit、Bathing Clothes、Bathing Costume。

2）关键词在意义上要完整，不能拆分有完整意义的关键词，从而造成误导或歧义。如自行车铃应使用 Bike Bell 或 Bicycle Bell，不能用 Bike、Bicycle、Bell 作为关键词

3）关键词要紧紧围绕标题所指的具体产品，不能包含其他产品的信息。如丝质手提包应使用 Silk Handbag 或 Silk Tote Bag，不能同时使用 Travel Bag、School Bag 等相关度极低的产品信息。

4）在扩展到上下级关系的关键词时，应优先使用关系贴近的产品名，尽量不使用关系较远的产品名。如红富士苹果应优先使用 Red Fuji Apple、Fuji Apple、Apple、Fresh Fruit 等关系逐渐向上下级扩展的、层级比较贴近的产品名，尽量少使用 Agriculture、Food 这些跨层级的、关系较远的产品名。

5）除了产品名包含的个别符号外，请勿使用其他特殊符号，尤其是非英文符号。如 A/V Cable、DVD-R、Baby’s Clothes 中的“/”、“-”和“’”是可以用的，而分号、冒号、作为系统分隔号的逗号、商标符号、中文字符等其他特殊符号则不能使用。

6）如需使用品牌、型号或已获通过的认证等，则要用行业知名品牌、认证或通用型号和产品名一起作为关键词，不能单独使用品牌、认证、通用型号等信息，也不能使用自创的型号、系列、侵权的品牌、未通过的认证作为关键词。例如，通过专业认证、有通用指标的

ATV 应使用 200cc、DOT Approved 等通用认证、指标或以 NX-21 ATV 等包含自创型号的词作为关键词。

要想检验自己设置的关键词的效果，可以采用下面三种检验方法。

1）将设置的关键词放到通用的搜索引擎搜索一下，如 http：//inventory.overture.com，从反馈的结果数量可以看出用这个关键词的通用性。结果信息量越多，表明该关键字越通用，认可的人越多。

2）用雅虎的图片搜索功能搜索该关键词，看看搜索出来的图片是否与发布的产品一致，如图 3-30 所示。

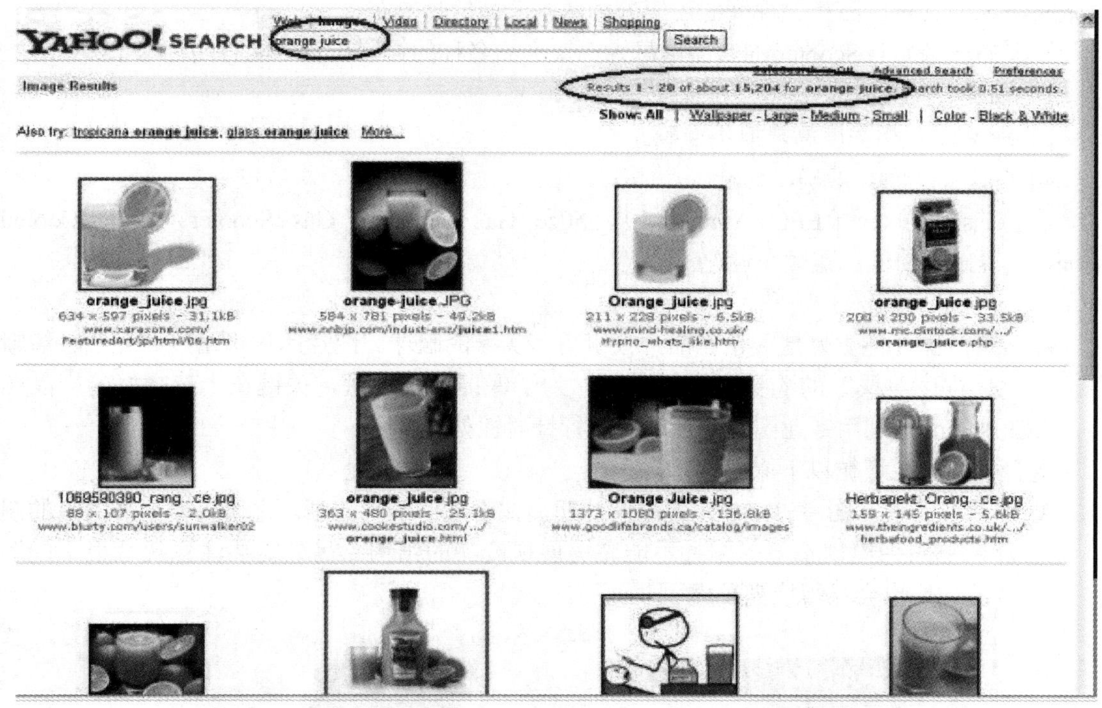

图 3-30　搜索出来的图片

3）发布产品信息前，先到阿里巴巴英文站用关键词搜索一下，看看能否找到该产品及其排名情况。

（2）产品名称

总的来说，好的产品名称应是准确完整的产品名，并在此基础上有适当简洁地个性化内容。例如，可以在产品名后添加行业标准、已获得的认证、型号、系列、品牌、缩写、全称等。

具体来说，输入产品名称要注意以下几个方面。

1）产品名应为常用产品名，尽量少用生僻的别称。如拖鞋的常用产品名为 PVC Slippers，尽量不要用 PVC Baboosh。

2）产品名要完整具体，不要使用太过粗略的词。如架子类产品应使用 Bathroom Rack、Glass Shelf 等表明功能、材质的明确的产品名，不要单独以 Shelves 为产品名称。

3）产品名要简洁明确，不要用赘词或模糊的词命名。如新款毛绒松鼠玩具可命名为 Squirrel Plush Toys（New Design），不要直接使用 New Products、Very Pretty New Toy 一类产品指代不明或有赘词的标题。

4）个性化词汇是对产品名的有益补充，请勿直接代替产品名。如天使系列石雕应命名为 Angel Series Stone Statue 或 Stone Statue（Angel Series），不要直接命名为 Angel 或 Angel Series。

5）当大小写表示不同产品时，要注意区分大小写，否则首字母大写即可。如 Pet Bag 是指宠物包，而 PET Bag 则是指用 PET 材料制成的包。

6）一条产品信息建议包括不超过两种具体的产品，且这两种产品应非常相关。如 125cc Motorcycle & Accessories 产品相关程度高，可以放在同一个信息中发布；而 125cc Motorcycle & ATV 产品相关程度低，应分为两条产品信息发布。

以发布一条 Gas Scooter 的产品信息为例，产品名称的设置质量可能有四种水平。

1）Bike，相关度低。

2）Scooter，相关度高，但不准确。

3）Gas Scooter，准确，简洁。

4）Gas Scooter（EEC Approved）、50cc Gas Scooter、Gas Scooter（Water-Cooled Series），准确、简洁、兼顾个性化。

（3）产品图片

高质量的图片能更好地展示产品，吸引更多买家的眼球。图片的拍摄角度、光线、清晰度、专业化程度对买家的购买兴趣很重要。为了保证图片质量，关键在于选择好的产品图片，并在此基础上利用专业图片处理软件进行针对性处理。

选择图片时应遵循以下原则。

- 图片要清晰。图 3-31 中左边的图片明显比右边的图片清晰。之所以要选择清晰的图片，是因为模糊不清的图片不能完美展现产品的结构。另外需要注意尺寸很小的图片放大后也会显得模糊发虚。

图 3-31　清晰度比较

- 产品要单一。如图 3-32 所示，同样是鞋类产品，但左图的展示效果明显要好于右图。右图中放了太多的产品，使产品细节不能得到充分展示。所以提供产品图片时一定要注意是否在同一张图片上放置了过多的产品。
- 产品要完整。图 3-33 所示的两张图片同样是服装类产品，左图展示的产品完整，并且有穿着的实际效果；而右图却只展示了产品的一部分，这样会影响该产品对买家的吸引力。

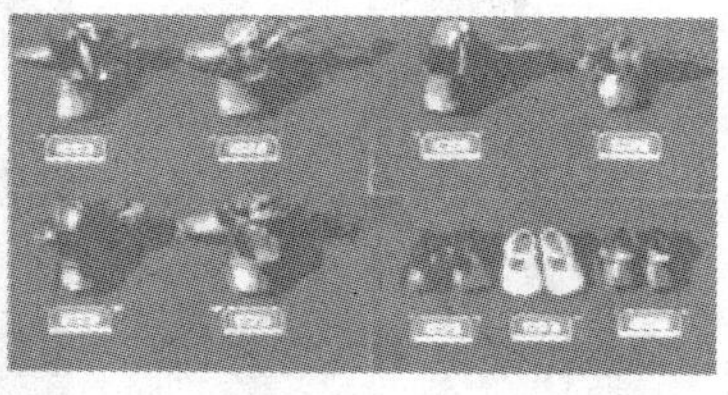

图 3-32　单一产品与多产品效果比较

图 3-33　图片完整性比较

- 不要在产品图片上覆盖过多文字。如图 3-34 所示两张图片中，右图在产品上覆盖过多的文字，严重影响了产品的展示。发布产品时，切忌在产品上覆盖公司名称、网址邮箱、拍摄日期等。如果需要防盗，建议在上传图片时使用阿里巴巴的水印功能。

图 3-34　图片覆盖文字比较

- 透明产品应在白色背景中拍摄。有些产品是透明的或者部分是透明的，应在白色背景或统一的背景中拍摄，切忌在凌乱不统一的背景里拍摄透明产品。如图 3-35 所示的两张图片中，左图比较清楚，重点突出，而右图则显得凌乱，效果不好。
- 反光产品建议在白色背景中拍摄。如图 3-36 所示金属、玻璃材质的产品容易把周围的环境色反光在产品上面，所以建议在白色背景或者统一背景下拍摄，切忌在凌乱不统一的背景里拍摄此类产品。

图 3-35　透明产品拍摄图片比较

图 3-36　反光产品拍摄图片比较

● 不能包含有侵权嫌疑的内容。如图 3-37 所示的图片中，有其他公司的商标和动画形象，需要提供相关的授权证明，否则将不能发布到阿里巴巴网站的页面上。其他已申请专利的产品、与其他公司相同的图片、人物肖像等，也需要提供相关证明。

图 3-37　有知识产权的图片

● 禁售产品不能发布。如图 3-38 所示图片是仿真枪和警用品，属于禁售产品，都不能在阿里巴巴页面上销售。

图 3-39 是三组不同产品的图片对照。第一组都是毯子的照片，但上方那张拍摄的效果使人感觉不到这是毯子而像是枕头；第二组中，下方的照片给人留下很深的印象，因为它只展示一种产品，并且将该产品的功能和特性很好地表现出来，其效果显然要比上面的图片好；第三组的效果就更直接了，草莓拍摄的光线与堆放方法，产生了两种完全不同的效果。所以说，为了充分地展示产品，应找专业的拍摄人员，把产品更专业地表现出来。

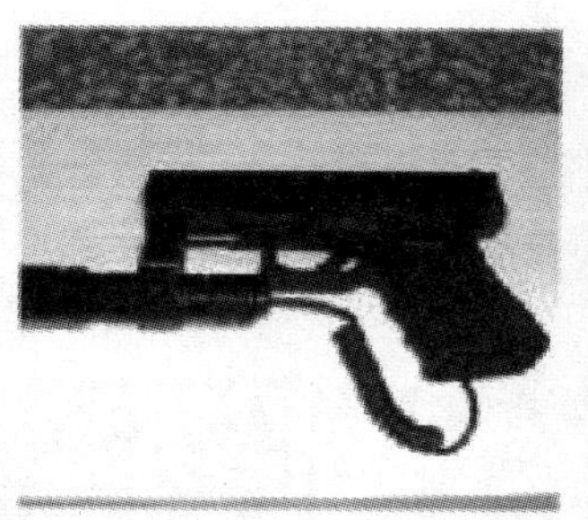

图 3-38　禁售产品

总之，在选择图片时，我们应考虑产品图片是否清晰地描述了要展示给买家的产品，是否清楚地告诉了买家产品的功能和特征以及产品图片是否吸引买家的眼球。

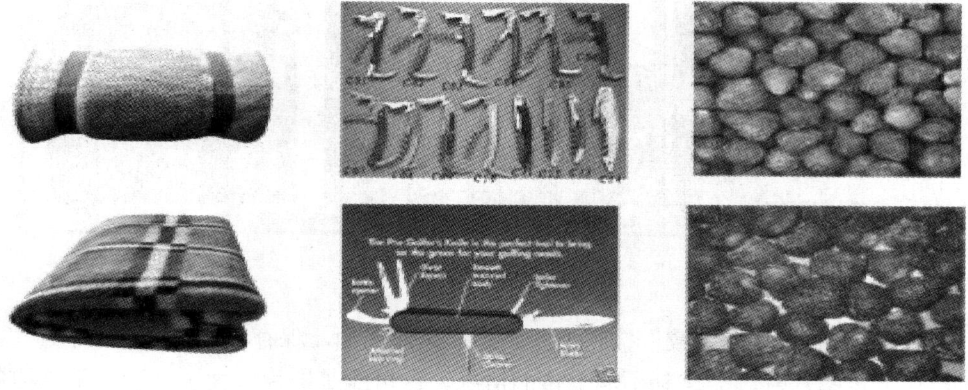

图 3-39　图片比较

有时用相机拍摄的图片视觉效果不是很理想，我们可以用 ACDSee 或其他图片处理软件来加以调整。图 3-40 是一副图片调整前后的效果对比，左图是原始图，右图是采用图片编辑软件编辑后的图。

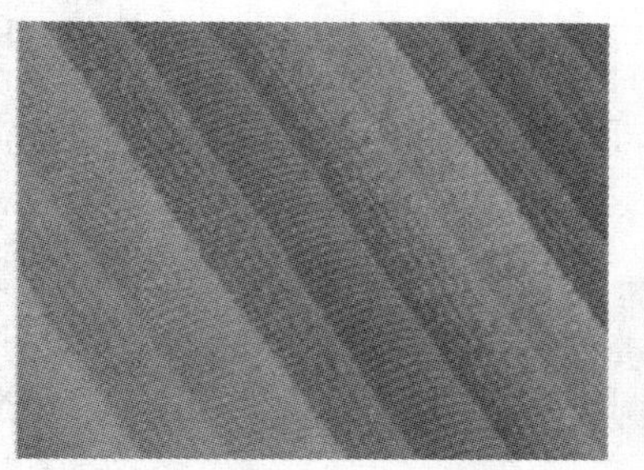

图 3-40　调整前后图片比较

下面是用图片编辑软件 ACDSee 调整图片色彩、大小的操作过程。

1）打开 ACDSee 软件，其界面如图 3-41 所示。

2）在 ACDSee 文件夹中选择需调整的图片文件，并将其打开，如图 3-42 所示，左边是图片调整的工具栏。

3）点击亮度调节按钮，进入亮度调节界面，如图 3-43 所示。在这里可以设置曝光度、对比度、光线填充等，直到达到满意效果。

图 3-41 ACDSee 软件界面

4）调整完成后点击“完成”按钮，回到图片编辑界面，保存好图片。

用户在上传图片时，会碰到不能上传的情况，这可能是图片太大了。我们平常拍摄的图片一般都会在 200KB 以上，而系统要求上传的图片大小不能超过 200KB，这就需要我们用图片处理软件来调整图片的大小。

图 3-42 图片编辑界面

图 3-43　图片亮度编辑界面

调整图片大小时，最简单的软件是 Windows 自带的画图软件，具体操作如下。

首先运行画图软件，并在该软件中打开待调整的图片，如图 3-44 所示。接下来选择“图像”菜单下的“拉伸/扭曲”选项，即可根据需要调整大小比例，如图 3-45 所示。注意在水平和垂直两栏中输入相同的数值，否则图片会变形。调整完毕后，单击“文件”菜单中的“保存”就可以保存该图片了。通过“图像”菜单下的“属性”选项可以查看文件大小是否满足需要，如图 3-46 所示。

图 3-44　画图程序编辑界面

图 3-45　调整图片大小

图 3-46　查看图片文件大小

采用 Windows 自带的画图程序只能进行单张图片调整，如果要对大量图片进行批量处理则需要采用专门的图片处理软件。目前常用的软件有 ACDSee、Office 工具 PictureManager 等。用 ACDSee 批量调整图片的具体操作如下。

首先，运行 ACDSee 软件，在文件夹选项中选择需要调整图片所在的文件夹，该文件夹中所有图片会在右边浏览窗口中显示。这些文件大小都超过 100KB，需要批量处理。按〈Ctrl+A〉选择全部文件，单击鼠标右键弹出快捷菜单，在“批处理工具”中选择“批量处理大小”，如图 3-47 所示。

图 3-47 批量图片处理界面

在打开的调整大小对话框中进行图片大小调整，并勾选“保持原始外观比例”项，否则图片会变形，如图 3-48 所示。

批量调整图像大小

批量调整图像大小
选择调整大小操作的设置。

○ 原图的百分比（E）
⊙ 以像素计的大小（P）
○ 实际/打印大小（A）

宽度（W）： 800
高度（H）： 600
调整大小（R）： 放大或缩小
☑ 保持原始的纵横比（V）
适合（F）： 宽度与高度

选项（O）...

开始调整大小（S） 取消 帮助

图 3-48 批量调整图片大小

然后点击“选项”按钮，在出现的对话框中选择“将修改后的图像放入以下的文件夹”，然后选择存放路径，如图 3-49 所示。用户可以事先新建一个文件夹，原文件就不会被覆盖了。

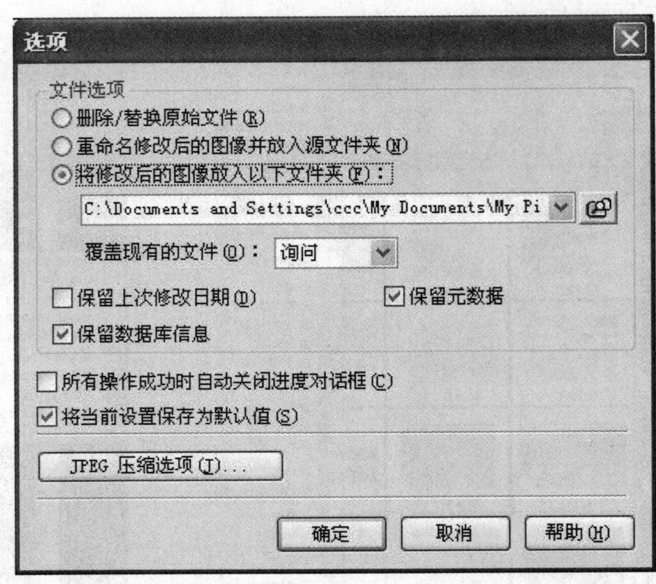

图 3-49　选择文件存放路径

单击“JPEG 压缩选项”按钮，在出现的对话框中设置压缩比例，一般将压缩比例设置在 70 以上，这样对图片的质量损失会比较小，如图 3-50 所示。设置完毕单击“确定”按钮。

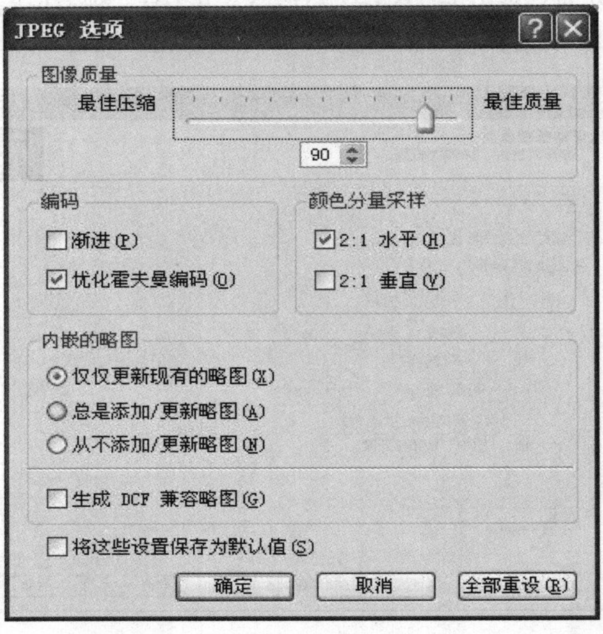

图 3-50　设置压缩质量界面

最后，单击图 3-48 中的“开始调整大小”按钮，程序会自动压缩选中的图片。

ACDSee 除了可以批量调整图片的大小之外，也可以批量转换文件格式、批量调整文件色彩、批量重命名等。另外 Office 工具 PictureManager 也可以实现上述功能。

（4）产品详细描述（Details）

输入有关产品的详细描述，是为了能够让买家更加详细地了解产品具体情况，从而判断这是不是他所需要的产品。因此，需要把产品的详细规格、技术参数、专业证书、公司简介及买家关注的内容都写出来，更要把产品的亮点或其与其他同类产品不同的地方描述清楚，以吸引买家的注意力或兴趣。介绍产品时，尽量多介绍一些客观数据（如出口的数量、市场数据等）表明产品的成熟度，增加其可信度，而不是用"我们相信"、"我们觉得"这些词语来进行描述。

在输入产品详细描述时，既可以用列表式分点说明，也可以使用文章式的句子说明。如果是发布 Selling Leads 信息，还可在结尾处加上公司生产能力、生产范围等生产情况简介，但不要添加公司联系信息。

以出售 MP3 的分点式产品详细描述为例，应将产品最重要的指标和特性放在最前面，辅以少量的包装及物流信息，如图 3-51 所示。

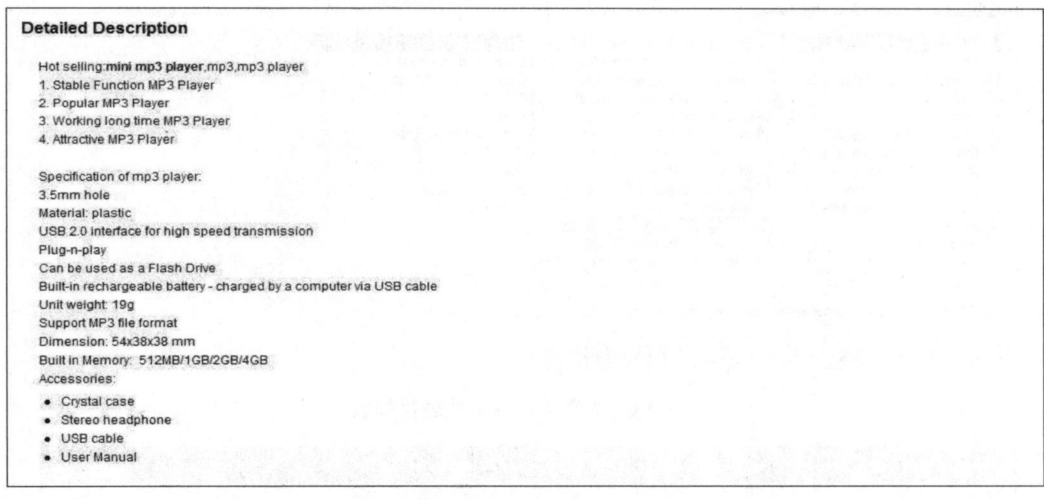
Detailed Description

Hot selling:**mini mp3 player**,mp3,mp3 player
1. Stable Function MP3 Player
2. Popular MP3 Player
3. Working long time MP3 Player
4. Attractive MP3 Player

Specification of mp3 player:
3.5mm hole
Material: plastic
USB 2.0 interface for high speed transmission
Plug-n-play
Can be used as a Flash Drive
Built-in rechargeable battery - charged by a computer via USB cable
Unit weight: 19g
Support MP3 file format
Dimension: 54x38x38 mm
Built in Memory: 512MB/1GB/2GB/4GB
Accessories:

- Crystal case
- Stereo headphone
- USB cable
- User Manual

图 3-51　产品详细描述

（5）产品信息批量发布

要想批量发布产品信息，需要在 My Alibaba 的"我要销售"中选择"批量上传产品"，其右上角有"批量上传新产品"，如图 3-52 所示。批量上传产品主要有以下三步。

1）点击"批量上传新产品"按钮，选择要批量上传的产品类目并下载模板，如图 3-53 所示。如果以前已经下载过该类目产品的模板，则可以直接使用以前的模板，不必再下载。

2）在下载的模板中添加多个产品信息并保存，如图 3-54 所示。注意添加数据时不要随意修改列标题和列顺序，否则将导致产品批量上传失败。在输入数据时注意红色标题的列是必填项目，包括产品类型、产品名称、产品关键字和产品简要描述。其他列为选填项，为了更好地被买家搜索到，增加产品的展示机会，建议用户尽量填写。有些列标题的右上角有红色三角形记号，表示有填写提示信息，用户可以将鼠标移到红色三角形区域查看弹出的提示信息，避免在该列填入不合规定的信息。

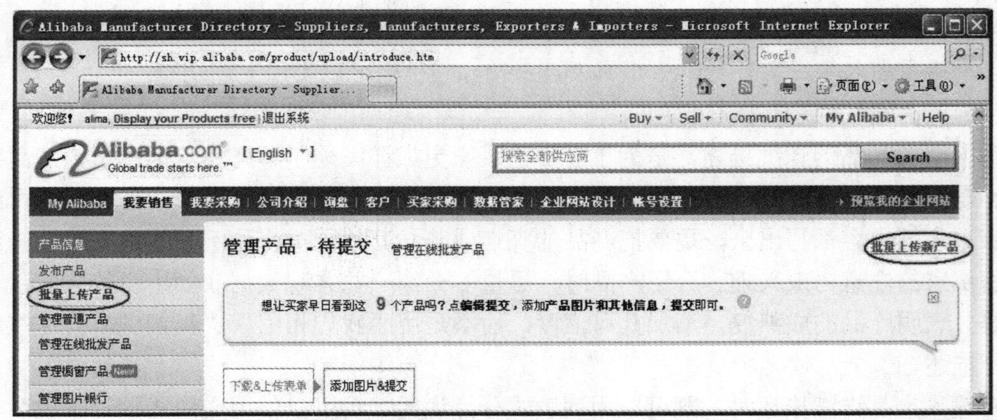

图 3-52　批量上传产品页面

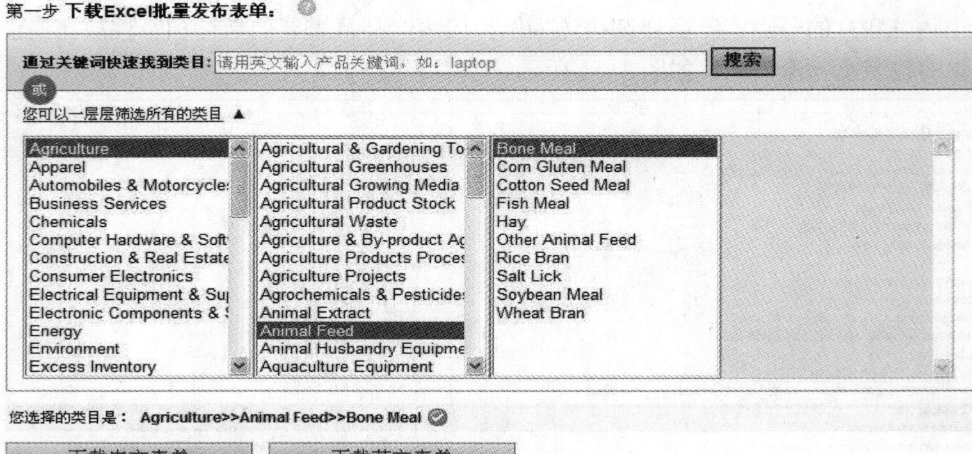

图 3-53　选择类目并下载表格模板

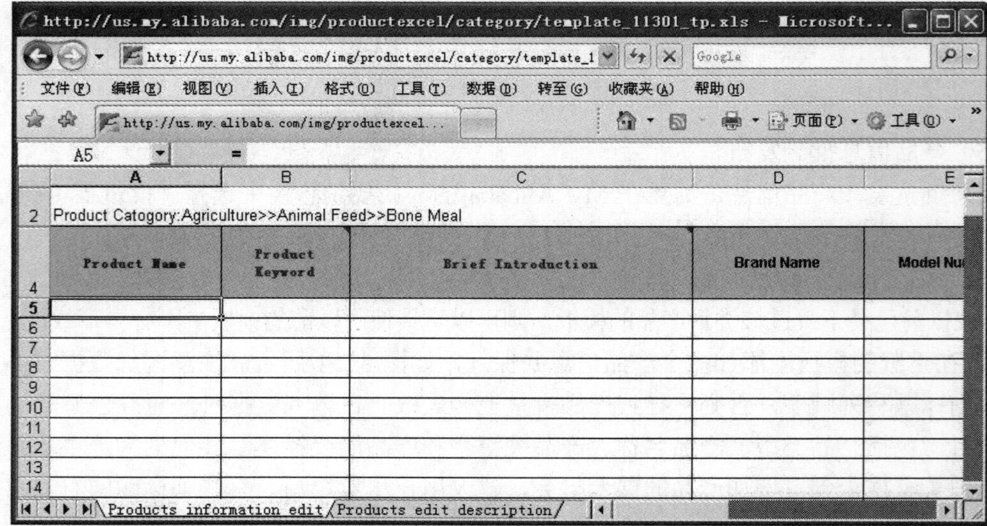

图 3-54　将多个产品信息输入模板表格

3）将保存的表格数据导入平台，如图 3-55 所示。

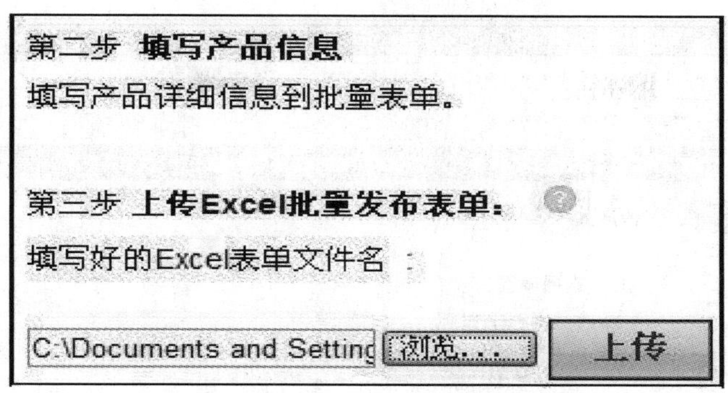

图 3-55　上传包括多个产品的表格

6．管理产品

用户发布产品以后，就可以在 My Alibaba 系统中管理产品信息了。产品管理是一个动态的过程，其目的是为了根据业务要求、产品的最新变化、客户的反馈意见等情况，对发布过的产品进行编辑或调整其排列顺序等相关操作。

产品的管理工作包括对发布过的产品进行重新编辑、调整产品类型、调整产品组、分配负责人、删除等操作。需要注意的是发布后的产品分为“等待审核/审核中”、“审核未通过”、“审核已通过”三种类型，其中“等待审核/审核中”的产品是不可以进行上述操作的。

1）点击导航栏“我要销售”下的“管理普通产品”，如图 3-56 所示。

图 3-56　“管理产品”页面

2）选择要修改的产品，然后单击右边的“编辑”按钮，系统回到发布产品时的页面，此时可修改产品的相关信息，如图 3-57 所示。

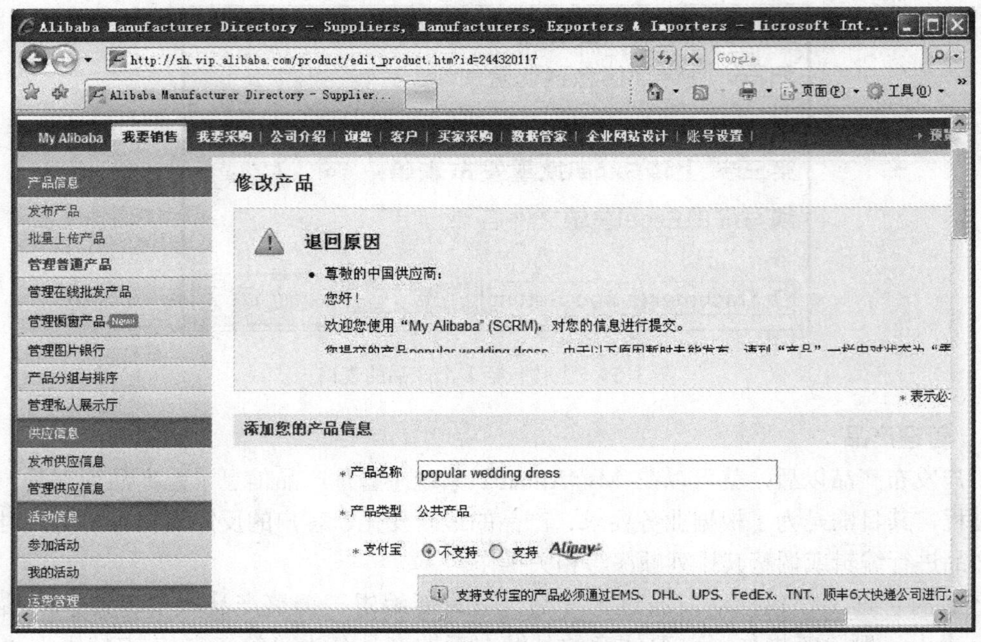

图 3-57　编辑产品页面

需要注意的是，如果是编辑“审核未通过”的产品，则修改产品页面有一个“退回原因”的说明，用户可以根据退回的原因针对性地修改相关产品信息。

在进入“管理产品”页面后，从产品列表中选中一种或多种产品，用户还可以根据需要对该产品进行“分配负责人”、“调整产品类型”、“调整产品组”、“删除”等处理，如图 3-58 所示。

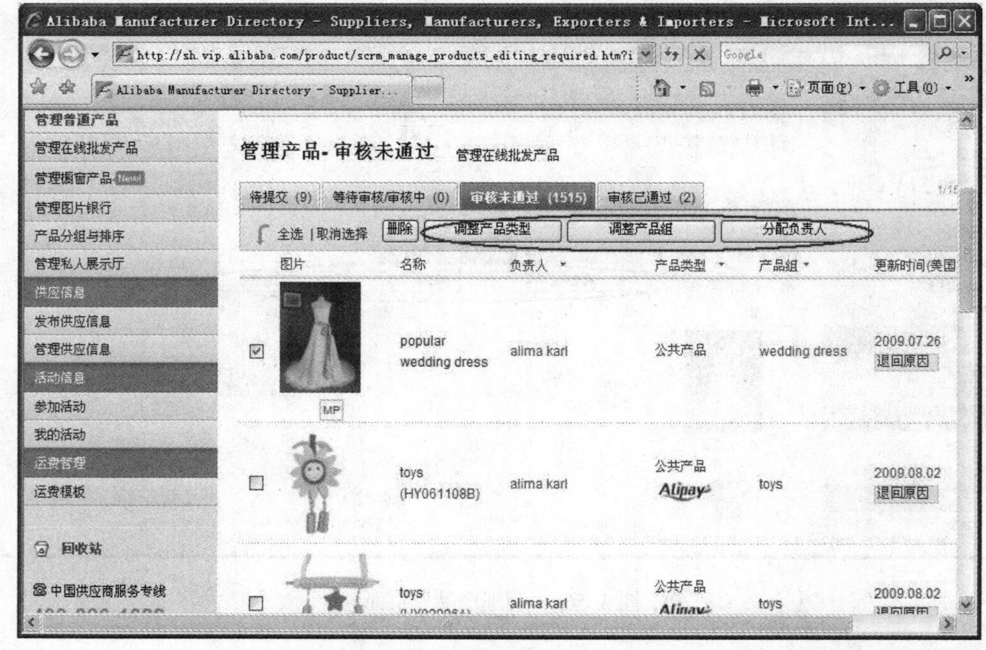

图 3-58　修改产品其他信息

如果此时单击某产品右边的“分配负责人”按钮，系统会弹出分配页面。在此页面上选择相应的负责人，单击“确定”按钮即完成分配。产品只能分配给分产品业务员或经理，一个产品一次只能分配给一个业务员或业务经理。如果针对多个产品进行分配，在勾选多个产品后单击“分配负责人”按钮。

如果单击“调整产品类型”按钮，则可以重新选择产品类型，然后确认即可。管理员、制作员可以针对所有产品调整产品类型，业务经理、业务员只能针对自己管理的产品调整产品类型。动态产品、购买关键字广告并处于有效期的产品、做了推荐的产品不允许调整产品类型。选择多个产品后单击“调整产品类型”按钮，可以对多个产品进行批量调整。公共产品转化为私人产品后，与该产品相关联的供求信息就会被删除，同时该产品与供求信息之间的关联也会被取消。

如果单击“调整产品组”按钮，则出现选择产品组对话框，选择产品组后确认即可。

对不符合要求的产品，可选中该产品后单击“删除”按钮，即可将该产品删除。

7. 产品分组和排序

为方便买家查看，用户可以根据需要设置多个产品组，将同类产品放在一个产品组里面。在后台管理系统中，只有管理员、业务经理和制作员有权限创建产品组，产品组个数没有限制。每个产品一次只能在一个产品组中出现。

新建产品组的过程如下。

1）点击导航栏“我要销售”下的“产品分组与排序”，如图 3-59 所示。

图 3-59 “发布产品”页面

2）点击页面右上角的“新建产品组”切换到新建产品组页面，如图 3-60 所示。

3）根据要求填写产品组名称和产品组介绍，如图 3-61 所示。其中，“产品组名称”必须填写，并且只能填写一个。注意“产品组名称”和“产品组介绍”只能填写英文字符。

图 3-60 “产品分组与排序”页面

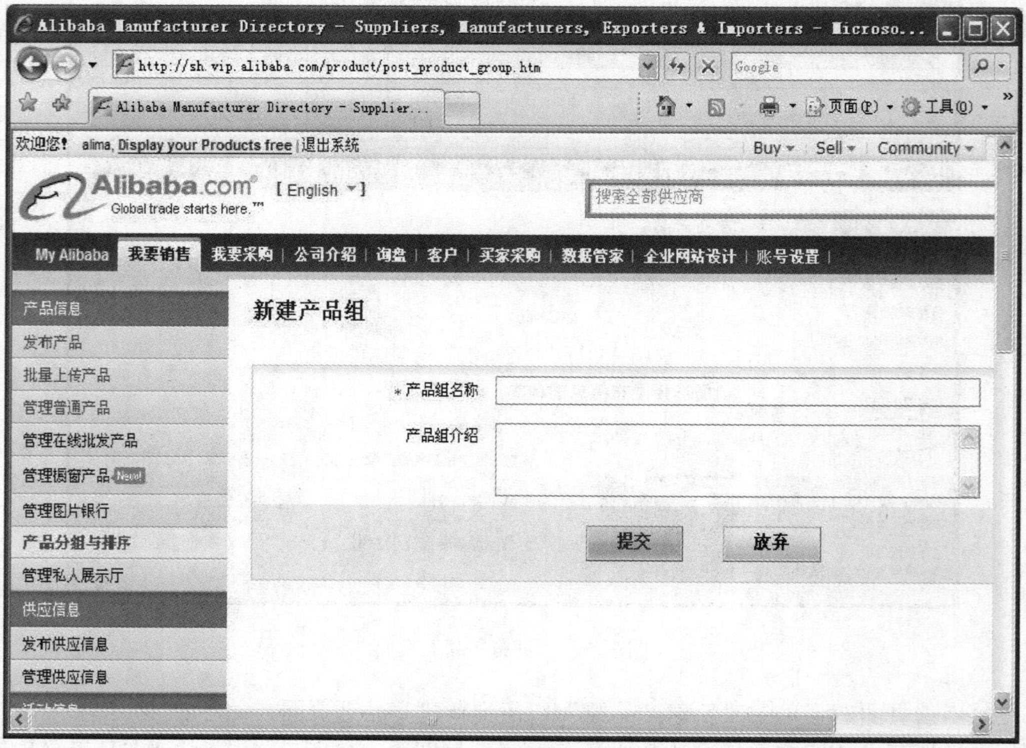

图 3-61 “新建产品组”页面

4）单击“编辑产品组”页面的“添加产品”按钮，可以添加产品到该产品组中，如图3-62。在进入“添加产品”对话框后，选择要添加的产品，然后单击右边的“添加”按钮即可，如图3-63所示。

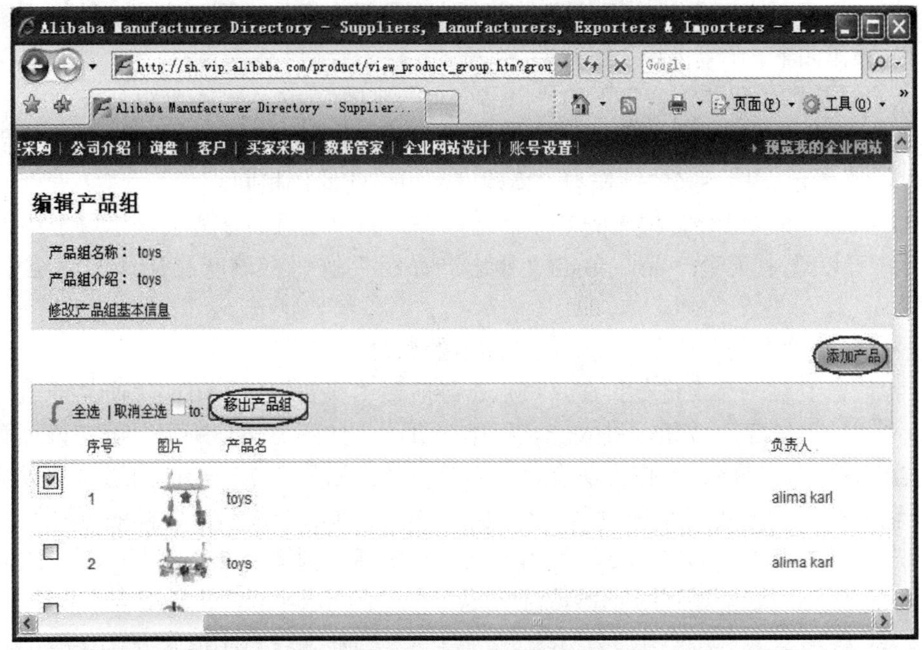

图3-62 “编辑产品组”页面

图3-63 “添加产品”页面

用户可以添加任意多个产品到该产品组中，但只能将未删除的公共产品添加到产品组，后添加的产品自动排在产品组的最前面。

5）最后单击“提交”按钮完成产品组的新建。

有时我们需要对产品重新分组，或在原有的产品组内增加、删除产品，此时需要编辑产品组，相关操作如下。

1）点击导航栏“我要销售”下的“产品分组与排序”，进入产品分组列表页面。

2）选择要进行修改的产品组，单击右边的“编辑”按钮，就进入“编辑产品组”页面，如图3-60所示。接下来的操作与“新建产品组”的操作相同。

3）如果该产品组已经有相应的产品信息，在产品分组页面下方会显示属于该组的所有产品。用户可以选中某个产品，单击“移出产品组”按钮将该产品从该产品组中移出，如图3-62所示。

4）最后单击“提交”按钮，完成对产品组的编辑。

有时我们需要对产品组进行排序，可点击导航栏“我要销售”下的“产品分组与排序”后，单击“产品组排序”按钮，进入产品组排序页面，如图3-64所示，可在该页面中对产品组序号重新排列。排序的操作方法有两种：第一种方法是点击一个产品组前的数字将自动出现一个输入框，用户可以重新输入一个数字，单击“OK”按钮，这样就可以把这个产品组移到用户输入的位置；第二种方法是用户直接将鼠标移到某个产品组上，按住鼠标左键，这样就可以直接拖动这个组到用户想要的位置。

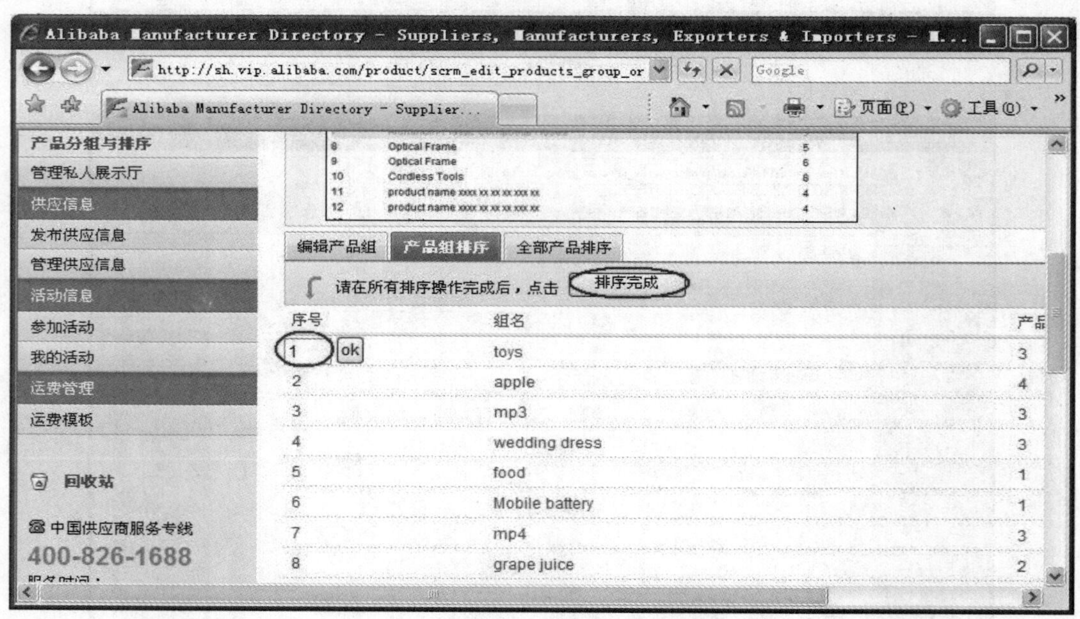

图3-64 “产品组排序”页面

操作完成之后，请单击“排序完成”按钮来提交数据。

有时业务员需要根据产品的销售状况，调整产品的先后次序。一般应将热销的产品或主打产品排在前面，以提高这类产品被买家浏览的概率。产品排序既可以在组内排序，也可以对所有的产品进行排序。

1）组内产品排序。打开“产品分组与排序”初始页面，或者在产品组排序完成后单击“编辑产品组”按钮，选择某一产品组，单击右边的“组内产品排序”按钮，如图 3-60 所示，可对该组内产品进行排序操作。

2）全部产品排序。单击“全部产品排序”选项卡，如图 3-64 所示，可对全部产品进行排序操作。

排序操作完成后，最后要单击“排序完成”按钮。

8. 管理产品图片

为了使发布在网上的信息能吸引买家，信息中往往附加上精彩的图片。在阿里巴巴英文站上企业可以上传图片建立起自己的图片库，以方便发布信息时选用。

发布产品图片需要进入 My Alibaba 的“我要销售”，然后选择“管理图片银行”，如图 3-65 所示。

图 3-65　管理图片银行

单击“管理图片银行”会出现图片管理页面，如图 3-66 所示。这里会显示所有图片库中的图片，可以选择不用的图片进行删除。如果要上传新图片，可以单击右上角的“上传图片”按钮，则出现图片选择和上传页面，如图 3-67 所示。单击“浏览”按钮，在自己的计算机中选择需要上传的图片，可以依次选择 5 张图片进行上传，但要注意选择的图片应为 JPG 格式，大小不得超过 200KB，每张图片的分辨率不得超过 360×360 像素，否则将无法上传。如果图片不满足上面的要求，可以采用图片编辑软件进行编辑。

9. 供应信息的发布和管理

供应信息是卖家发布到网站上提供产品、服务的信息，它显示了卖家在卖什么产品。阿里巴巴英文站平台上的大多数买家是通过搜索供应信息寻找所要采购的产品的，因此，发布和管理好供应信息对提高网络交易机会至关重要。

（1）发布商品供应信息

阿里巴巴英文站的供应信息有直接输入和由产品信息转化两种生成方式。直接输入是指用户在进入发布信息页面后，将要发布的信息逐项输入的信息生成方式；由产品信息转化是指用户在发布产品时，在单击“提交”按钮前勾选“同时发布对这个产品的供应信息”选项，以便在发布产品的同时发布供应信息的信息生成方式，如图 3-68 所示。

图 3-66　图片管理页面

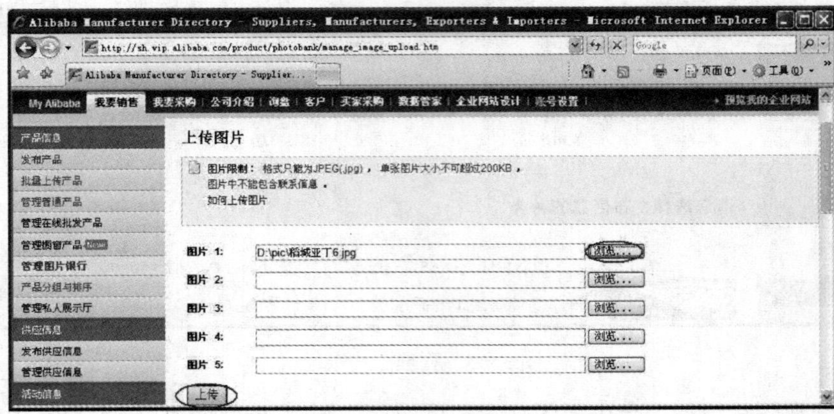

图 3-67 "上传图片"页面

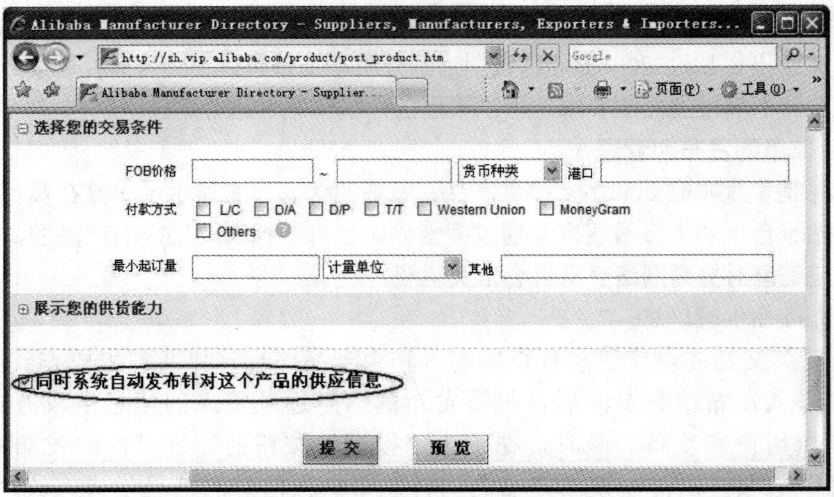

图 3-68　发布产品时发布供应信息

直接输入发布供应信息的操作流程如下。首先，点击导航栏“我要销售”下的“发布供应信息”，进入发布供应信息页面，如图 3-69 所示。然后，逐项填写供应信息的内容，带*号的为必填项。

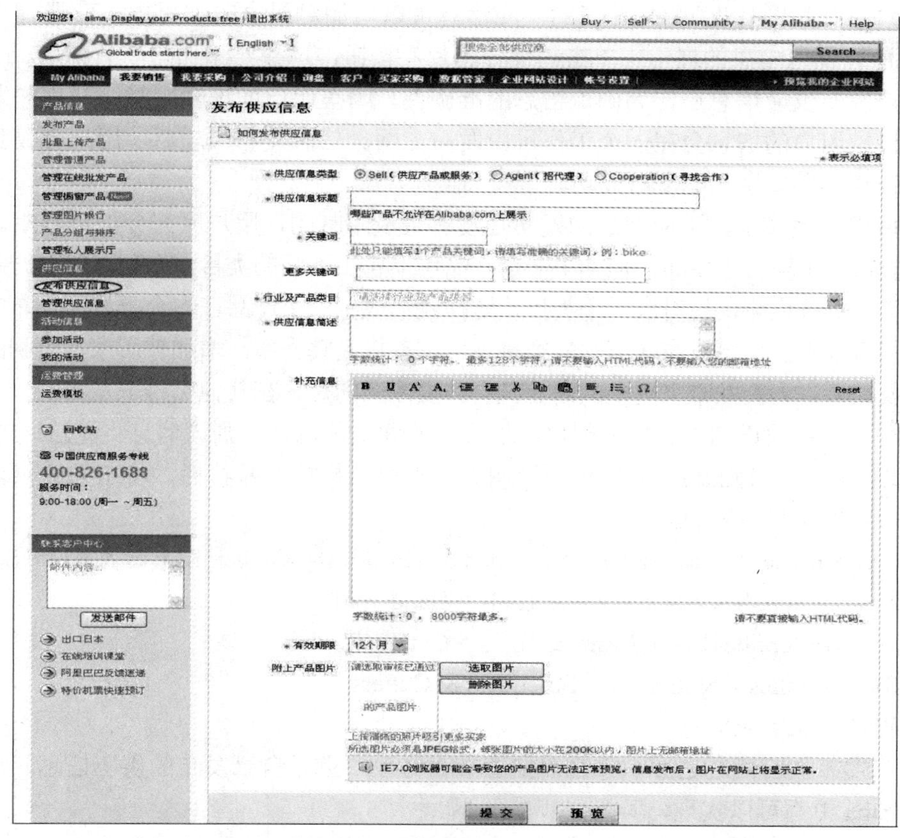

图 3-69 “发布供应信息”页面

- “供应信息类型”：选择用户发布的信息类型。如果是产品供应信息，应选择系统默认的 Sell。
- “供应信息标题”：输入用户希望发布供应信息的标题。为确保符合信息规范，单词首字母需大写，以填写产品名称为主。例如，出售女时装裙时，标题可设为“Sell Ladies's Skirt”。可以点击下面“哪些商品不允许在 Alibaba.com 上展示”了解不能发布的产品。
- “关键词”。关键词是买家搜索需要采购的商品时在搜索栏输入的词条，如果设置不当，买家可能搜索不到发布的供应信息，因此关键词设置非常重要。关键词的设置技巧与发布产品时相同。例如，要出售女时装裙，关键词可设为 Ladies's Skirt、Skirt、Dress 等，这样，买家在搜索栏输入上面的任何一个词条都可以搜索到供应信息。
- “行业及产品类目”。单击“选择类型”按钮，在弹出窗口当中选择所属的行业类目，单击“Select”按钮提交。有时买家也会通过主页的行业类目来寻找商品，因此需要将自己的商品放在正确的类目中，否则买家通过这种方法会查找不到供应信息。
- “供应信息简述”。在输入供应信息简述时，应以介绍产品为主，并充分展示企业所具有的其他竞争力。例如，月/年供货能力、证书情况、知名合作企业等。同时，供应信息简述要能体现买家关心的问题，以加快与买家交流谈判的进程，包括最小订货量、价格条件、付款方式、包装情况及交货时间等。为确保买家能一眼看完信息内容，供应信息内容不要太长，一般应在一屏内显示。

- “附上产品图片”。图文并茂的供应信息可以增加对买家的吸引力，应选择合适的图片配合供应信息的展示。单击“选择图片”按钮，选择要添加的产品图片。

当用户发布供应信息后，为确保信息的准确性，阿里巴巴的编辑人员会对用户发布的信息进行审核。用户的信息会在一个工作日内发布上网。信息发布成功后，用户会收到一封通知邮件，告知用户信息已经发布成功。

在阿里巴巴系统中，供应信息的发布是没有数量限制的，用户应充分加以利用。每条供应信息只能在一个类目下发布，但如果一个产品可以属于不同的类目，则可以对该产品发布多条供应信息，每条供应信息对应一个类目，这样就形成了一个产品在多个类目下发布的目的。一个产品的多条供应信息发布在不同的类目下，可以提高曝光率，增加被买家搜索到的概率，进而增加反馈率，为企业带来更多的商业机会。要注意的是，在其他类目下发布同一个产品的供求信息时，信息的详细内容中不能再添加公司的联系信息，否则该信息将无法通过审核。

下面以“小刀”（Knife）为例进行说明。用户可以根据产品特性，将小刀的供求信息放到以下四个不同类目下发布：

- Home Supplies > Kitchenware > Kitchen Accessories > Kitchen Knives & Knife Sets
- Industrial Supplies > Hardware & Tools > Hand Tools
- Industrial Supplies > Hardware & Tools > Cutting Tools
- Office Supplies > Stationary > Shredders & Cutters

（2）管理商品供应信息

用户在发布供应信息之后，常常需要查看、修改、重发自己发布的供应信息，这些操作在 My Alibaba 中都可以实现，其操作步骤如下。

1）单击“我要销售”选项左侧“管理供应信息”按钮，进入管理供应信息页面，可查看“等待审核/审核中”、“审核未通过”、“审核已通过”、“已过期”四种状态的供应信息列表，如图 3-70 所示。

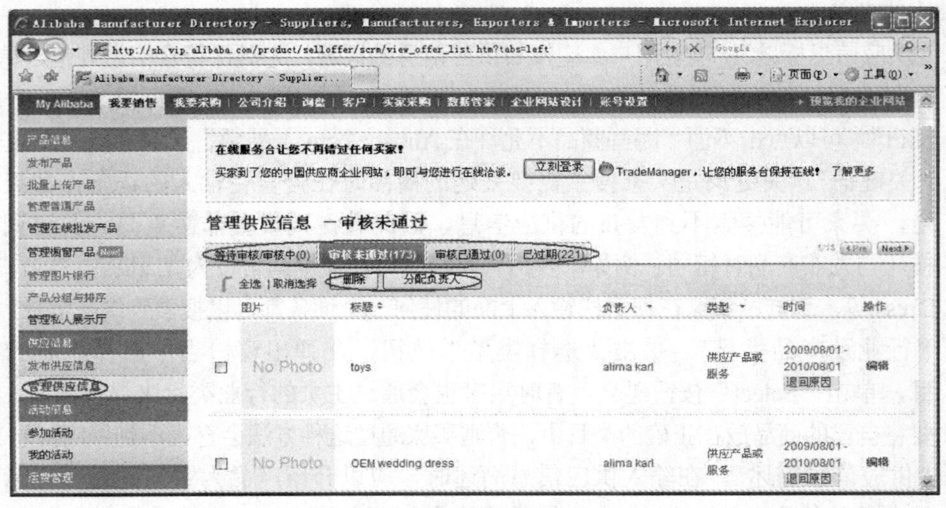

图 3-70 “管理供应信息”页面

2）单击某一供应信息的图片或标题，可预览该条供应信息的详细内容。

3）单击某一供应信息右侧的“编辑”按钮，可对该条供应信息进行编辑。

4）选中某一供应信息后，单击“删除”或“分配负责人”按钮，可对四种状态下的供应信息进行“删除”或“分配负责人”操作。在供应信息分配业务员之后，只能由管理员和该分产品业务员管理该供求信息，其他分产品业务员不能管理该供求信息。

5）选中“已过期”的供应信息，在需要重发的供应信息前面的方框中打勾，再单击列表上面的“重发”按钮，可进行重新发布，如图 3-71 所示。每条供求信息一天只能重发一次。

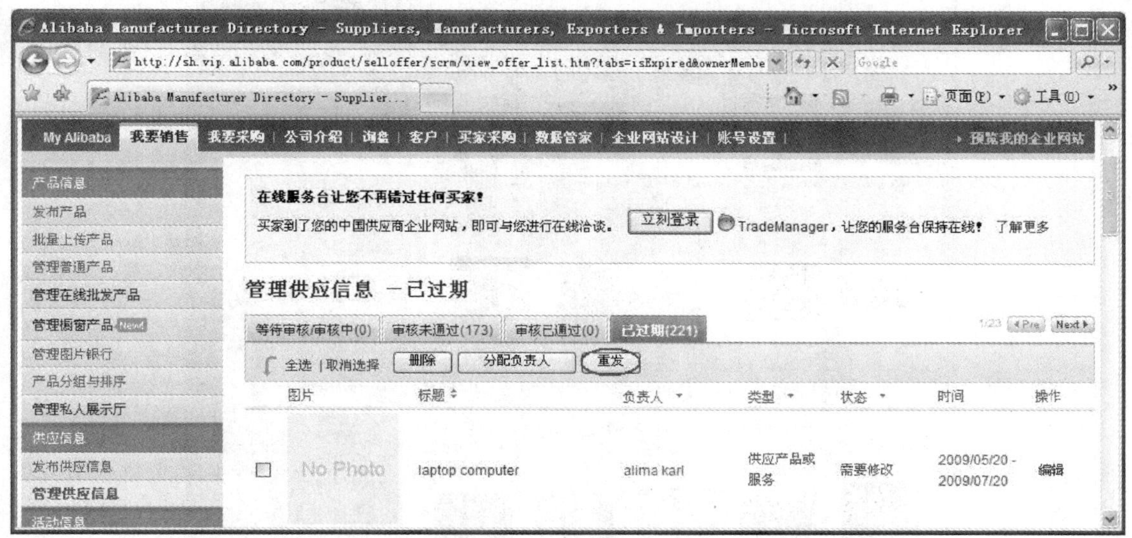

图 3-71　供应信息重发页面

英文站的高级搜索选项可以设置要搜索的信息的生成时间。买家喜欢查找的是最新的供应信息，所以供应信息的更新是很重要的。供应信息的更新是指信息的重新发布。

此外，时间长了以后供应信息会过期，因此重发供应信息是一个提升搜索排名、增加被买家选中机会的好方法。重发的信息不需要审核，但每条信息每天只能重发一次。

3.2.2　公司信息管理

对于一个企业来说，公司网页是一个在线的展销机会，也体现了公司的实力。加入阿里巴巴英文站后，每个会员都能拥有独立的公司网页，该网页将公司信息、公司的产品信息和公司的供求信息集成在一个页面展示出来。会员企业在阿里巴巴网站上发布产品信息或供求信息后，如果客户想要了解这些信息的详细内容，相关的链接会把客户指引到用户在阿里巴巴系统中建立的公司网页。

1．公司网页的内容

公司网页建成后的效果如图 3-72 所示。用户想要了解自己公司网页的现状，可在英文站首页搜索到自己公司的信息后，点击公司名称的链接，查看自己公司网页。

在公司网页的导航栏中，一般有“Home”、“Products”、“Selling Leads”、“TrustPass Profile”、“About Us”、“Contact Us”6 个浏览页面，它们分别提供以下的信息。

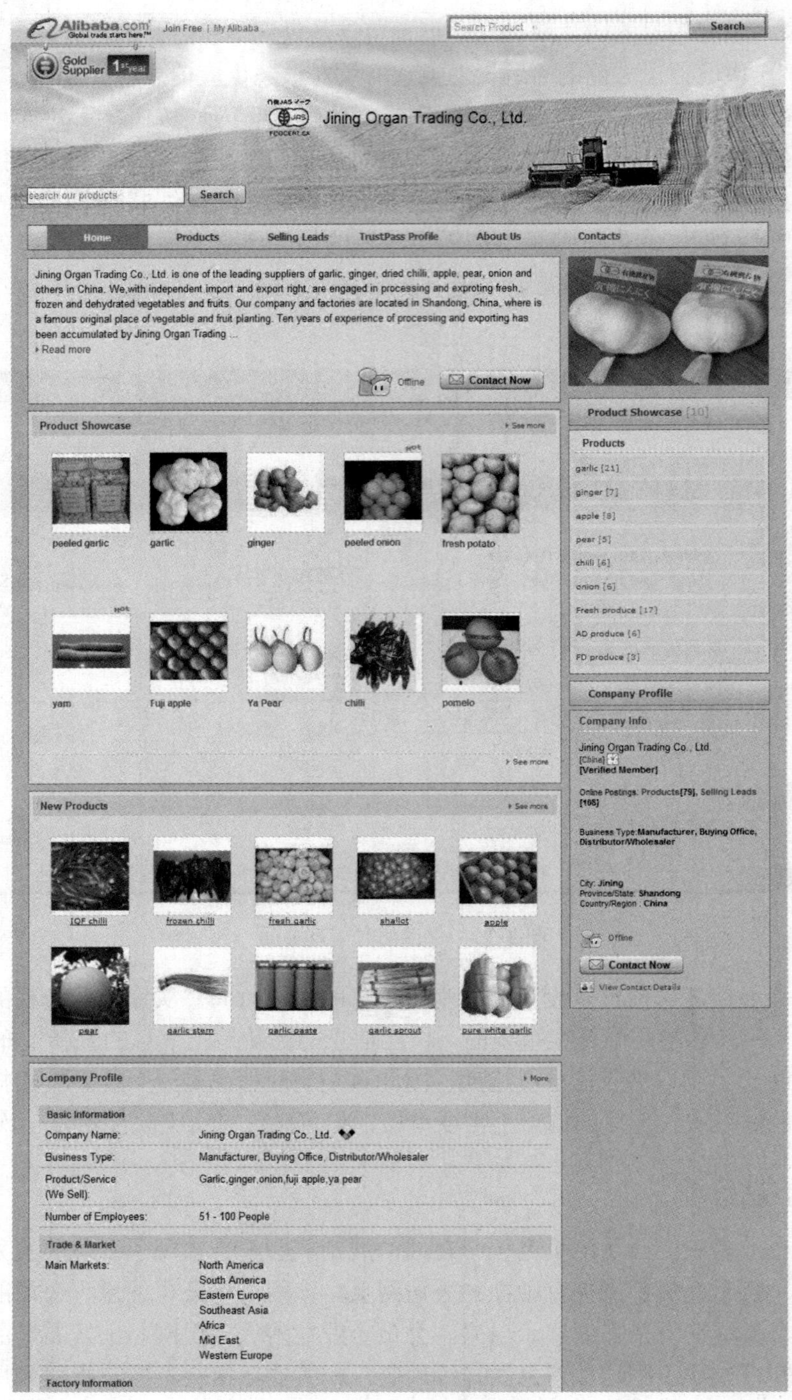

图 3-72　公司网页

1）“Home”：公司名称和标志、公司简介、主要产品（Selected Products）、详细信息等。其中，公司详细信息包括以下内容。

- 基本信息（Basic Information）。基本信息有公司名称、经营模式、主营业务、公司注册地址、公司员工总数、公司网址、公司注册信息等。

● 贸易相关信息（Trade & Market）。贸易相关信息包括主要市场、主要客户、年销售额（采购额）、出口比例等信息。

● 工厂信息（Factory Information）。工厂信息包括工厂面积、地址、生产线数量、研发人员数量、质检人员数量、公司管理认证、产品认证、加工贸易等信息。

2）“Products”：展示公司发布的产品信息。

3）“Selling Leads”：展示公司发布的供应信息。

4）“TrustPass Profile”：展示公司的认证信息。

5）“About Us”：公司介绍，包括基本信息、贸易相关信息、工厂信息等。

6）“Contact Us”：公司的联系方式、联系人信息等。

此外，每页均有“Contact Now”和“Leave me a message”快捷操作图标，方便客户与用户联系。

2．修改公司网页内容

如果要修改公司网页上显示的信息，可以进入 My Alibaba 导航栏的“公司介绍”，使用其下的“管理公司信息”、“管理 A&V 认证信息”和“栏目”来修改相关信息。如果要修改公司网页的整体样式，可以使用 My Alibaba 导航栏的“企业网站设计”来实现。

（1）管理公司信息

修改企业网站上的公司信息需要选择 My Alibaba 导航栏中“公司介绍”下的“管理公司信息”，如图 3-73 所示。在这里可以修改公司名称、经营模式、主营业务、品牌、公司地址、公司标志、公司视频、公司形象展示图、公司注册时间、公司员工数量、公司网址、公司详细信息、公司注册信息、公司贸易相关信息以及工厂信息等，这些信息都将展示在公司网页上。

图 3-73 “编辑公司信息”页面

（2）管理 A&V 认证信息

认证信息是第三方服务机构为会员企业提供的资信认证信息，它向会员企业的客户说明该企业的资信状况，为企业信息的可信度提供保证。目前，阿里巴巴提供了两种认证：

- Huaxia D&B China（华夏公司）认证
- Asian Company Profiles Ltd 认证

其中，华夏公司对中国供应商会员进行认证，Asian Company Profiles Ltd 则主要给阿里巴巴海外注册会员进行认证。通过认证的信息将在公司网页的“TrustPass Profile”页面显示，如图 3-74 所示。

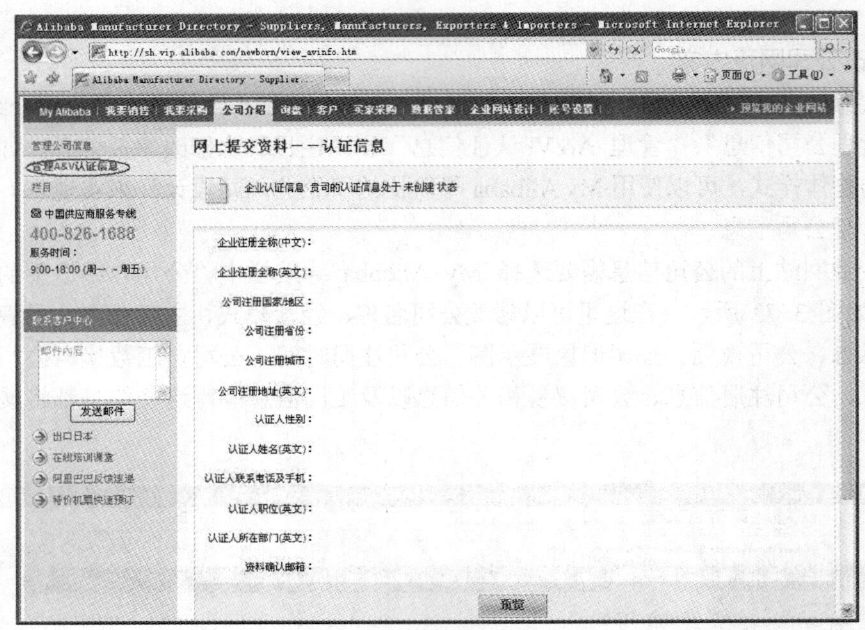

图 3-74 “管理 A&V 认证信息”页面

在成为阿里巴巴会员后，可以通过阿里巴巴公司向上述两个认证公司申请认证。在申请认证信息时，用户务必要准确填写保证认证顺利通过。

（3）栏目

在公司网页中，页面上边和左边是公司信息的栏目。公司网页的基本栏目包括产品（Products）、供应信息、认证信息、公司介绍（包括视频介绍）、联系方式等。此外，在网页中还可以设置其他栏目，例如，管理层、技术研发、质量控制部门、证书等，如图 3-75 所示。

（4）企业网站设计

如果想要修改网页的风格、样式，可以单击 My Alibaba 导航栏中的“企业网站设计”。阿里巴巴提供了 21 种风格的模板供企业使用，如图 3-76 所示。用户只要选中其中一种模板，其网页就会自动变成该模板的样式，操作非常简便。另外阿里巴巴还为每种模板都提供了多个形象图片供用户挑选。如果用户对这些图片不满意，还可以自己制作形象图片上传到企业网站上，使自己的网页富有个性化，但要求上传的图片格式为 JPG，大小不超过

60KB，分辨率不超过 180×960 像素。

图 3-75　栏目管理页面

图 3-76　设计企业网站

在企业网站设计中阿里巴巴为用户提供了域名管理功能。单击“企业网站设计”中的“域名管理”，用户可以申请域名和绑定外部域名，使企业的网站和阿里平台上的二级网站链接起来，如图 3-77 所示。

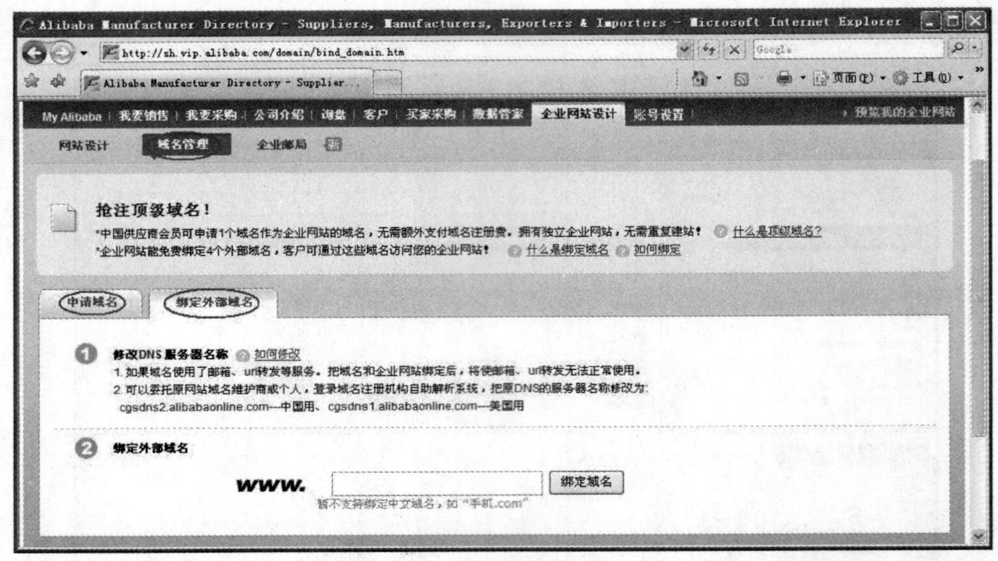

图 3-77　企业域名管理页面

在企业网站设计中阿里巴巴还为用户提供了企业邮局管理功能。单击“企业网站设计”中的“企业邮局”，用户在其中可以开通企业邮局、管理邮局账号，为企业员工的通信提供方便。企业邮局管理页面如图 3-78 所示。

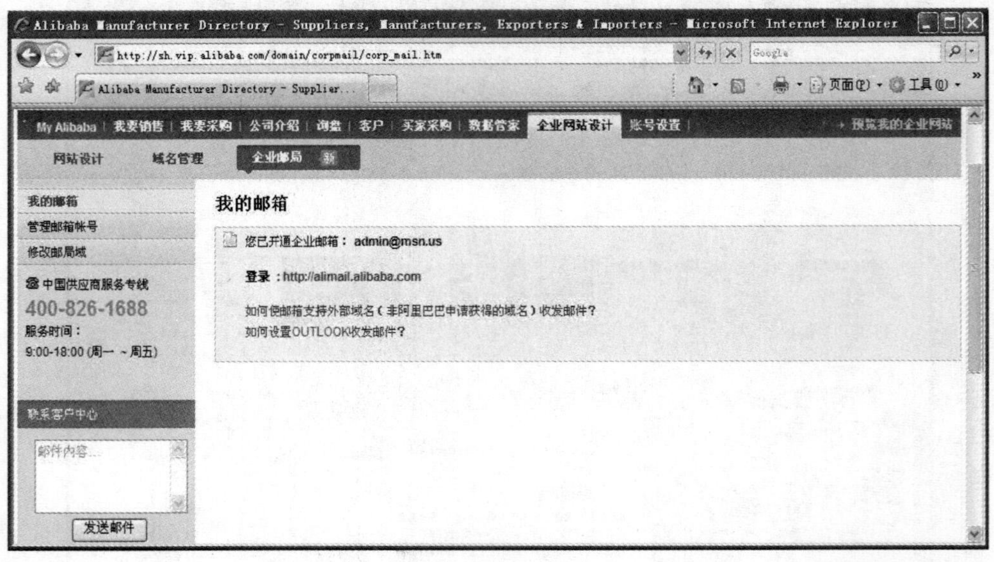

图 3-78　企业邮局管理页面

（5）橱窗产品管理

在企业网站的页面中有一块是橱窗产品，可以把企业最重要、最有特色的产品图片放在这里以吸引买家，就好象商店的橱窗陈列室一样。橱窗产品的添加需要进入“我要销售”页面，单击“管理橱窗产品”，如图 3-79 所示。在其中可以添加橱窗产品，为橱窗产品排序等。

图 3-79　橱窗管理页面

3.2.3　网络社区营销

英文站提供的网络社区功能为商家的交流提供了一个方便的平台。网络社区包括“Community Home”（社区主页）、“China Biz”（中国博览）、“Trade Guide”（展会信息）、“Industry Insights”（产业研究）、“Safety & Security”（安全保密）、“Financial Markets”（财经信息）、“Entrepreneur”（企业家）、“Alibaba Info”（阿里咨讯）、“World Biz”（世界博览）、“Success Stories”（成功案例）等栏目，如图 3-80 所示。用户通过这些栏目可以了解很多知识，也可以从中获取一些商机。特别是其中的“Forums”（论坛）和“Success Stories”（成功案例），有可能给你带来意想不到的收获。

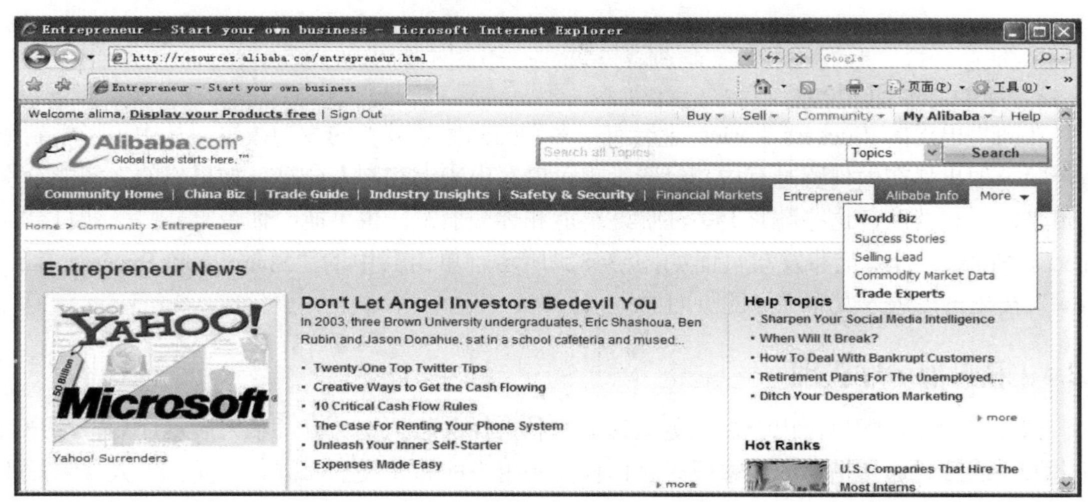

图 3-80　社区页面

1．Forums

英文站的 Forums 是商家交流经验的场所，其中会有很多商家提出各种各样的问题。如果你是某一个方面的行家，或具有某方面的经验，可以帮助他们解决问题。如果你在 Forums 上比较活跃，会交到很多朋友。如果你对别人的问题回答得比较专业，别人就会对你比较信任，如果有机会，这些论坛朋友有可能成为你的客户，或介绍自己的朋友和你做生意。因此，有机会不妨在 Forums 上花一点时间和工夫，可能会给你带来一些生意。Forums 的页面如图 3-81 所示。

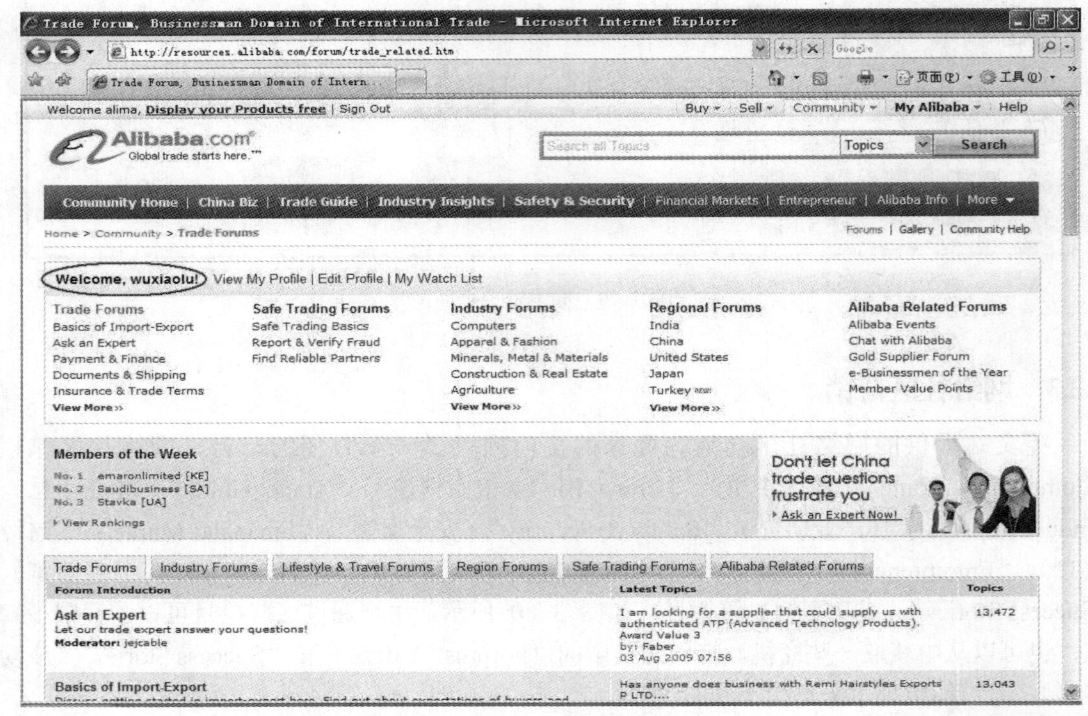

图 3-81　Forums 页面

2. Success Stories

在阿里巴巴的 Success Stories 中会有很多别的商家做外贸的成功故事，从中可以学到很多经验。如果你在做外贸时有成功经验，也可以写出来上和别人分享。如果你的案例能给别人带来启发和帮助，这些商家会关注你，可能和你交朋友，也可能给你带来一些商业机会。Success Stories 的浏览和发布页面如图 3-82 所示。单击其中的“Share your Success Story Now”按钮可以进入发布文章的页面。

3.2.4 私人展示厅管理

私人展示厅是阿里巴巴会员在英文站上的私人样品陈列室。有了私人展示厅后，用户可以用邮件的方式通知指定的买家或者合作伙伴到用户的私人展示厅浏览产品。私人展示厅主要有下面四个方面作用。

- 方便跟进客户。通过创建私人展示厅，并发送邀请信给目标客户，请他们来查看私人展示厅里的产品，可以分析客户的意向，与客户保持联系，还能避免邮件过大被客户过滤掉。

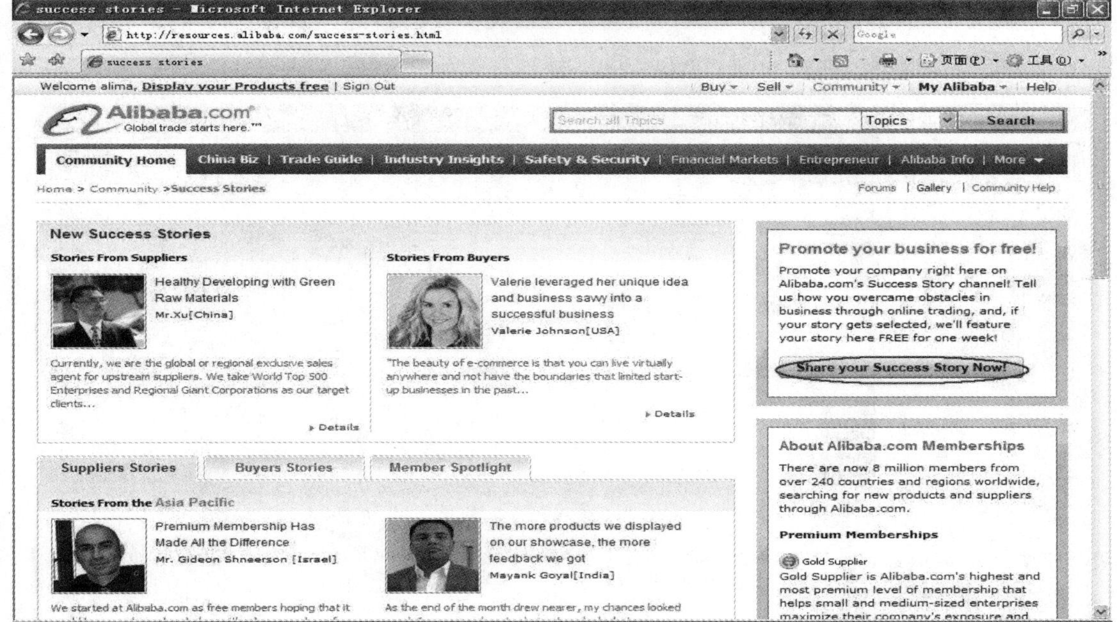

图 3-82　Success Sories 页面

- 增加保密性。利用私人展示厅，可以给客户浏览一些不便展示在网站上的产品。特别是企业推出新的产品款式后，如果作为公共产品展示在网站上会被同行拿去模仿。所以最好放在私人展示厅里面，既方便客户查看，又避免产品被抄袭。
- 补充产品空间。如果用户的私人产品数量很少，可以利用公共产品来补充私人展示厅的空间。
- 在线 E-catalogue。由于在任何可以上网的地方均可登录 Alibaba，用户可以很方便地向客户提供产品的电子样本。

1. 创建私人展示厅

创建私人展示厅的步骤如下。

1）单击“我要销售”选项卡，选择“管理私人展示厅”，进入管理私人展示厅页面。单击“创建一个私人展示厅”按钮，进入创建页面，如图 3-83 所示。

图 3-83　“管理私人展示厅”页面

2）填写创建私人展示厅所需要的信息，包括展示厅的名称、描述。再单击“添加”按钮，添加展示厅内的产品，如图 3-84 所示。

图 3-84　添加产品

3）单击“提交”按钮，私人展示厅创建成功。

2．管理私人展示厅

企业可以根据需要最多设置 6 个私人展示厅。如果需要对已设置的私人展示厅进行修改，可以进入“管理私人展示厅”，选择要修改的展示厅，单击右边的“编辑”按钮，打开编辑页面，如图 8-85 所示。在这里可以修改展示厅名称和标题，并可单击“选择产品”按钮添加商品。如果商品缺货或不适合放在此展示厅中，可将其移出。选中要移出的商品，单击产品列表上方或下方的“移出私人展示厅”按钮，则此商品从此展示厅中移出。

如果商品的排放顺序需要改变，则可以修改产品的编号。选中要修改的产品，这时产品的序号会自动处于可编辑状态，将数字改成想要的编号，单击“OK”按钮就可以了。

3．发送邀请函

私人展示厅建立好后需要向指定的客户发送邀请函，一般选择长期客户和有可能需要该产品的潜在客户。发送邀请函需要进入“管理展示厅”，在欲邀请人来参观的展示厅右侧单击“发送邀请信”按钮，进入“发送邀请信”页面。单击“选择要邀请的买家”按钮，添加发送对象，如图 3-86 所示。在这里可以填写邀请信主题及内容，并选择邀请信有效期。单击“发送”按钮即可将邀请信发送出去。如果发送成功，则在“管理展示厅”页面会出现“邀请统计”，如图 3-83 所示。

邀请信的质量直接影响前来浏览私人展示厅的人数，进而影响到私人展示厅的使用效果。因此，在填写邀请信主题时，务必仔细斟酌，以激发客户的浏览兴趣。要了解邀请函发出后客户阅读的效果，可点击“邀请统计”，查看该展示厅的邀请统计的详细信息，如图 3-87

所示。其中的统计信息有“邀请的买家数”、“邀请信阅读次数”和“邀请信中链接点击次数”。“邀请的买家数”统计了用户邀请的客户数量，邀请的人数越多表明展示厅的作用可能会越大；“邀请信阅读次数”统计了发出的邀请信被客户阅读的数量，为了使你发出的邀请函被接收者阅读，设计邀请信标题时一定要能吸引客户，否则客户会把你的邀请信作为垃圾邮件删掉；“邀请信中链接点击次数”统计了浏览展示厅的人数，要想被邀请的客户点击邀请信中链接，邀请信的内容编写一定要引起客户的兴趣。为了使私人展示厅发挥更好的效果，在写邀请信时一定要仔细设计内容。

图 3-85 “编辑私人展示厅”页面

图 3-86 “发送邀请函”页面

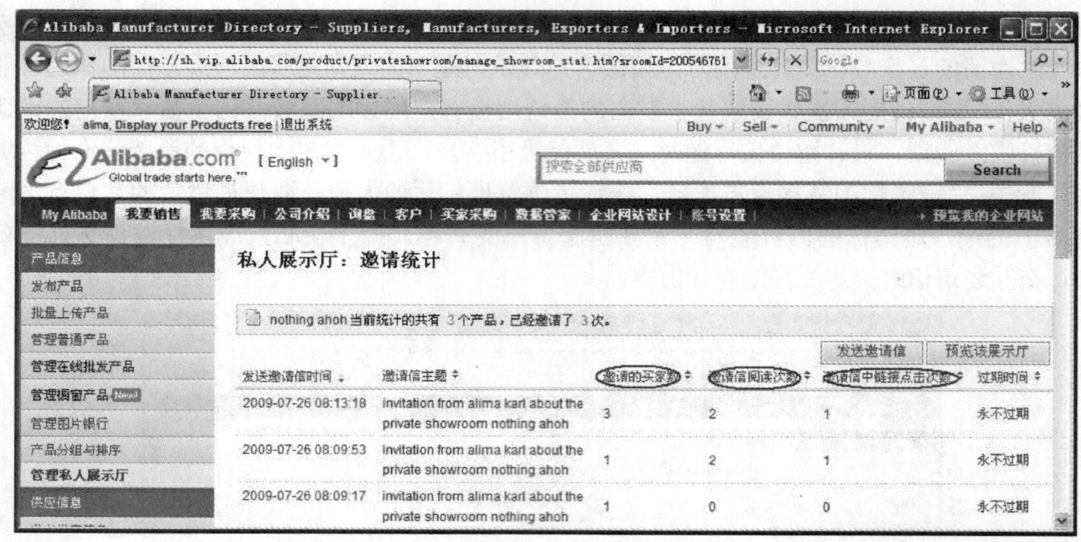

图 3-87 “邀请统计”页面

4．分配私人展示厅

一个企业往往有多个业务员使用阿里平台从事外贸业务，管理员可以建立多个私人展示厅并将它们分配给不同的业务员。分配私人展示厅可以单击导航栏“账号设置”下的“分配私人展示厅”，然后点击“私人展示厅”中的“现在就分配”链接，进入分配创建私人展示厅权限的页面。设置完成后点击“提交”按钮即可，如图 3-88 所示。

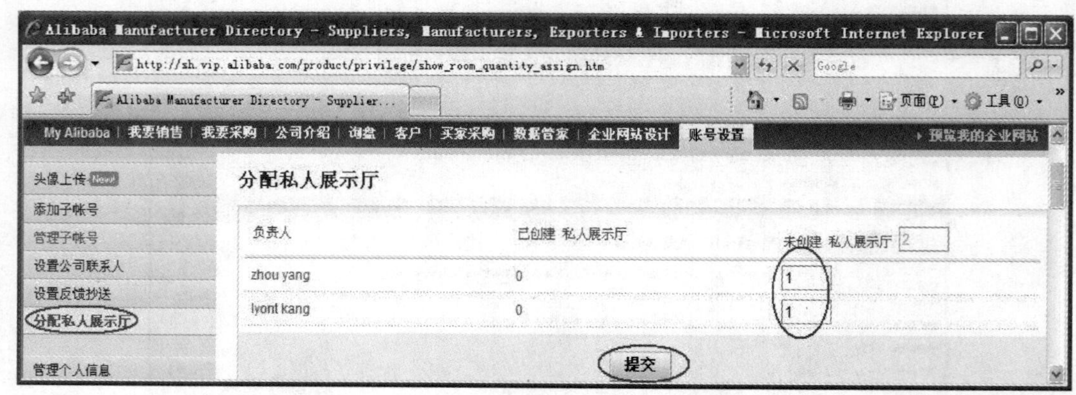

图 3-88 “分配私人展示厅”页面

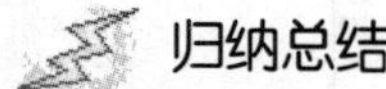

归纳总结

通过这次任务的学习，我们掌握了如何在阿里巴巴英文站上进行网络推广。首先通过信息发布，将企业的产品信息、供应信息和公司信息展示在网上，让买家能够看到这些信息，提高了交易机会；还可以通过社区学到很多贸易知识，交到商业上的朋友；通过私人展示厅可以邀请潜在的客户参观了解产品，也可以将发布的信息组织成二级网站进行集中展示，体现企业的实力，为在阿里巴巴英文站上进行网络贸易提供条件。

3.2.5 思考与实践

一、思考题

1. 阿里巴巴英文站主要有哪几类信息？
2. 在阿里巴巴英文站发布供应信息特别要注意哪些关键点？
3. 为了提高供应信息的排位顺序，可以采用哪些技巧？
4. 阿里巴巴英文站的增值推广服务有哪些？如何参与？

二、实践训练

1. 在阿里巴巴英文站发布一条产品信息，并对产品信息进行修改、删除等操作。
2. 在阿里巴巴英文站发布一条供应信息，并对供应信息进行修改、重发、删除等操作。
3. 在阿里巴巴英文站上布置自己的二级网站。
4. 进入论坛，进行发帖与回帖。
5. 在阿里巴巴英文站发布一篇博文。
6. 在阿里巴巴英文站创建并管理自己的私人展示厅。
7. 利用图片编辑软件对一副图片进行处理。

任务 3.3 询盘管理与网上洽谈

任务目标

本任务主要掌握阿里巴巴英文站商机的获取方法，包括对买家发送来的询盘进行管理和回复、搜索求购信息、订阅商情特快等。获取商机后可以采用沟通工具与买家进行进一步的交流和沟通，最终达到成功交易的目的。

任务分析

将企业的信息发布到了阿里巴巴英文站以后，买家通过搜索或类目浏览就可能看到这些产品信息或供应信息。如果发布的信息具有足够的吸引力，买家会发来询盘进行进一步的交流。接收到询盘后可以对询盘进行处理，选取有价值的询盘进行回复。除了接收询盘外，也可以通过搜索求购信息和订阅商情特快的方法来获取商机。当与买家建立初步联系后可以采用阿里巴巴英文站提供的沟通工具进行进一步沟通，增进双方的了解，为作成交易提供良好的基础。

任务实施

询盘管理→搜索求购信息→通过关联企业寻找买家→订阅并利用 TradeAlert 寻找买家→下载并安装 TradeManager→登录 TradeManager→添加联系人→与联系人进行洽谈→使用 TradeManager 的其他功能。

3.3.1 询盘管理

中国供应商在阿里巴巴英文站发布产品信息和供应信息主要是为了吸引国际买家通过网络来与他们进行沟通，这些首先是通过客户发送询盘来进行的。询盘管理是指供应商有效地处理来自国外的询盘的过程，包括查看询盘、分析询盘、回复询盘、搜索询盘、设置询盘分配规则、手动分配及设置询盘过滤等操作过程。

1．询盘的来源

询盘是国外的客户在 Alibaba 网站上针对供应商发布的产品信息、供应信息或公司信息给供应商发送的一个意向性的邮件，用来询问产品的款式、价格、质量、交货期等交易条件。当国外的客户通过搜索或类目浏览看到一条自己感兴趣的信息后，他们会点击信息后面的“Contact Now”，如图 3-89 所示。然后客户在接下来的页面中输入具体的信息，点击“Send”，如图 3-90 所示。这样一个询盘就产生并传送到了提供这条信息的供应商的询盘库。

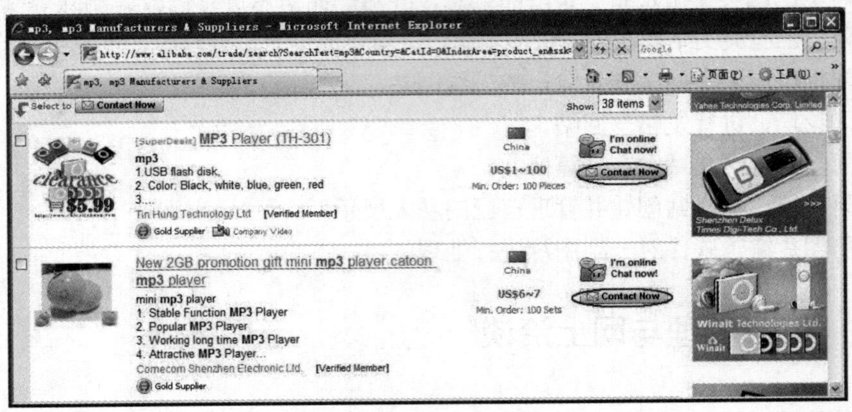

图 3-89　进入发送询盘的页面

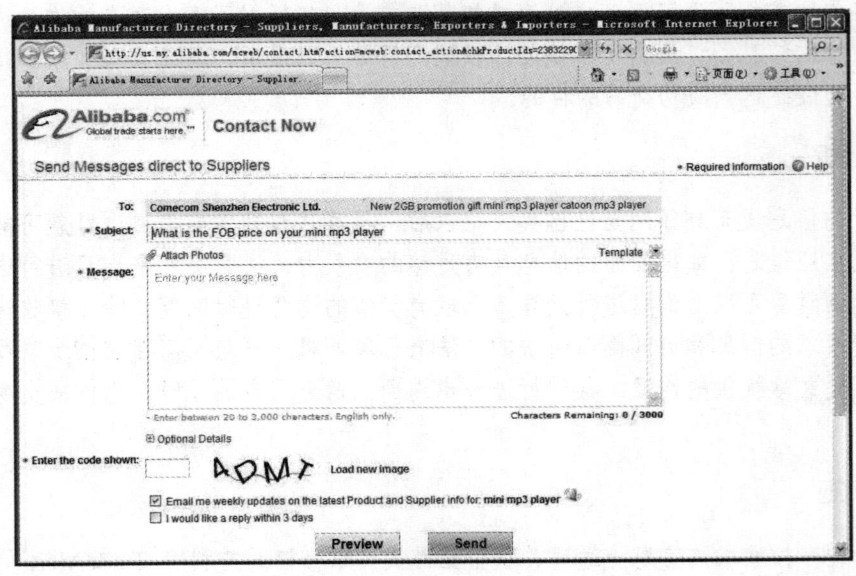

图 3-90　填写询盘信息并发送页面

2．查看和回复新询盘

阿里巴巴的会员接收到询盘后，业务员可以登录到 My Alibaba 的“询盘”来查看和回复已分配但未处理的新询盘。为了不错过有用的询盘，业务员需要尽快对询盘进行处理以提高客户的满意度，从而提高交易的机会。点击导航栏下的“已分配待处理询盘”链接，业务员就可以进入待处理询盘列表页面，如图 3-91 所示。

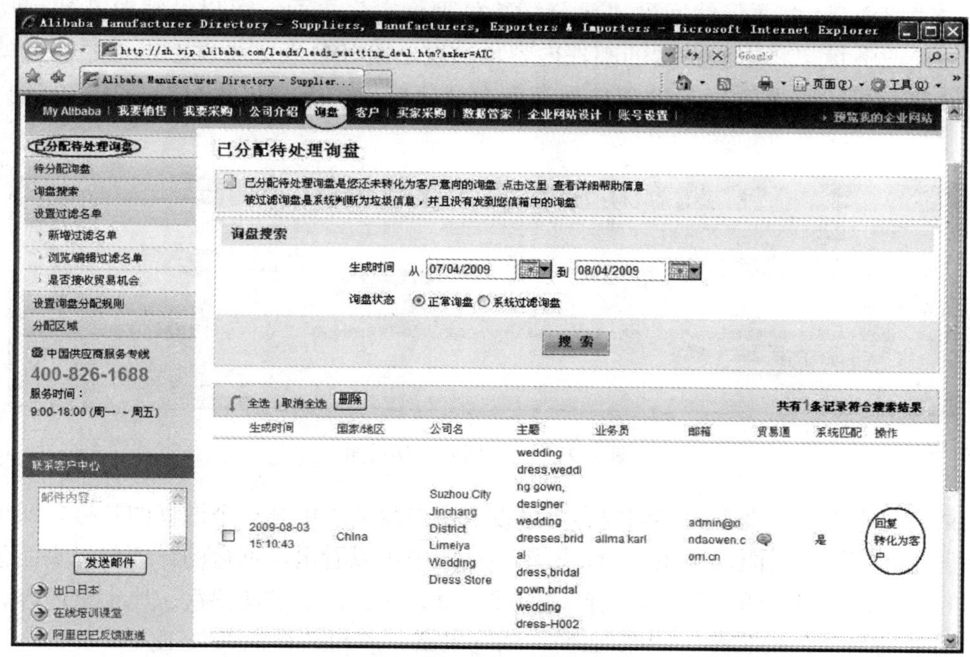

图 3-91 “已分配待处理询盘”页面

如果询盘是来自公司已有的客户，应对询盘进行查看并及时回复。此时，单击“已分配待处理询盘”列表中标题栏“操作”下面的“回复”按钮，即可进入回复询盘页面，如图 3-92 所示。回复时系统自动将询盘中的原始信息附加到邮件正文中，无需再次输入，方便业务员核对询盘内容。回复询盘可以套用以前的模板，输入的邮件正文内容可以用工具栏进行格式排版，使邮件更具有吸引力，还可以附加图片供买家查看，但附件大小不能超过 3MB。

发送邮件

点击这里 查看如何给客户发送邮件的帮助信息。

* 表示必填项

* 主题 Re:wedding dress,wedding gown, designer wec

* 收件人列表 admin@xindaowen.com.cn

* 正文 选择模板

字体：请选择 字号：请选择

==========2009-08-03 15:10:43 Original Message Start ==========
wedding dress,wedding gown, designer wedding dresses,bridal dress,bridal gown,bridal wedding dress-H002
Please see the attachment as the following url: http://img.alibaba.com/img/buyoffer/28/02/02/43/280202431.jpg?1249337443342
=========== Original Message End ===============

编辑源码　字数统计：440 字，HTML最多8000字符

附件 浏览… 浏览… 浏览…

附件总大小不能超过3M,并且附件名不能是中文

发送

图 3-92 回复询盘页面

回复询盘后，系统提示是否转为客户。如果点击“确定”会跳转到“新增客户”页面，如果点击“取消”，页面仍然回到“已分配待处理询盘”页面，可以继续对其他询盘进行回复。如果业务员想将本次发送的邮件内容再次发送给其他人，可以点击“添加为模块”按钮，这样就可以将此次回复的邮件保存为个性化模板，方便以后重新使用，如图 3-93 所示。

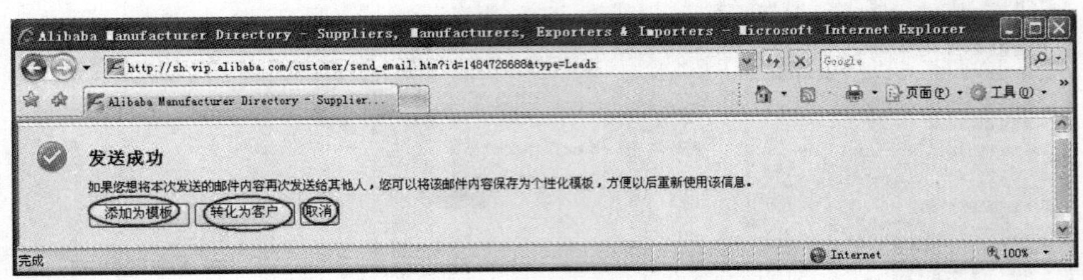

图 3-93　询盘回复成功页面

如果需要查看一个询盘的详细内容，可以点击询盘列表中某一个询盘的链接，即可进入该条询盘的详细信息页面，如图 3-94 所示。从图中可以看出，询盘的详细信息页面包括该条询盘的主题、生成日期、是否系统自动匹配询盘、是否系统过滤询盘、原询盘内容、会员ID、联系人姓名、公司名称、国家/地区、地址电话、邮箱、行业、员工人数及主管该询盘的业务员姓名等。

图 3-94　询盘详细信息页面

此外，在询盘详细信息下方，系统还提供了“分配”、“回复”、“转化为客户”、“删除”、“报告垃圾信”及“返回”的便捷操作按钮。

如果询盘对应的买家在系统中还不是用户的客户，则需要将该询盘对应的买家转化为客户，此时只需单击询盘详细信息下方的“转化为客户”按钮即可进行相关操作。如果询盘对应的买家在系统中已经是用户的客户，则该客户发送的新的询盘需要新增为该客户的意向，便于管理该客户。如果需要删除该询盘信息，可以在此时单击询盘详细信息下方的“删除”按钮，即可删除该询盘。

3．将询盘转化为客户

在每天回复过的新询盘中，有些询盘不是来自已有的客户，回复这种询盘后可以直接将发送该询盘的国际买家转化为客户，以方便以后的客户管理和业务管理。

点击询盘列表中标题栏中“操作”下面的“转化为客户”链接，进入“新增客户”信息输入页面，如图 3-95 所示。也可以在查看一条询盘的详细内容后点击下方的“转化为客户”按钮，进行同样的操作。

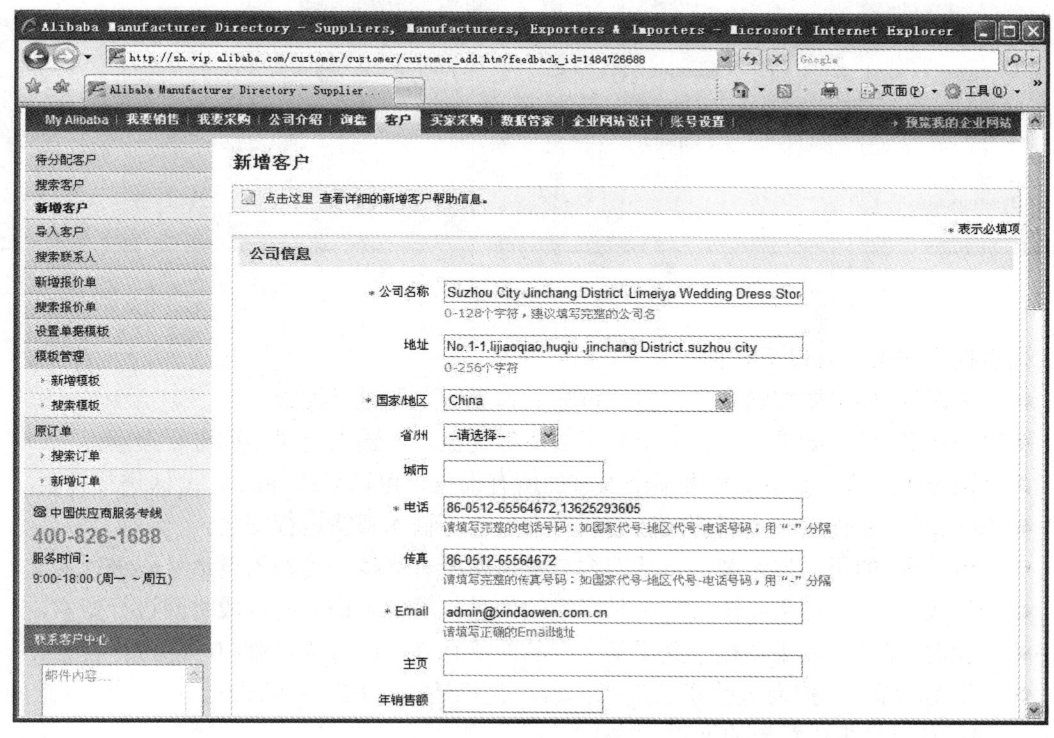

图 3-95 “新增客户”页面

从询盘转化为客户时，系统会自动将询盘中的公司信息、联系人信息和意向信息中的部分内容转到“客户”的“新增客户”页面。除上述系统自动生成的信息外，业务员还可以填写其他完整的、详细的客户信息，以方便日后管理。

4．搜索询盘

有时业务员需要迅速查找一个询盘的信息，可以使用“询盘搜索”功能来实现。先点击导航栏“询盘”下面的“询盘搜索”链接，进入询盘搜索页面，然后设置搜索条件，单击“搜索”按钮，进入搜索结果列表页面，就可以找到自己想要找的询盘，如图 3-96 所示。

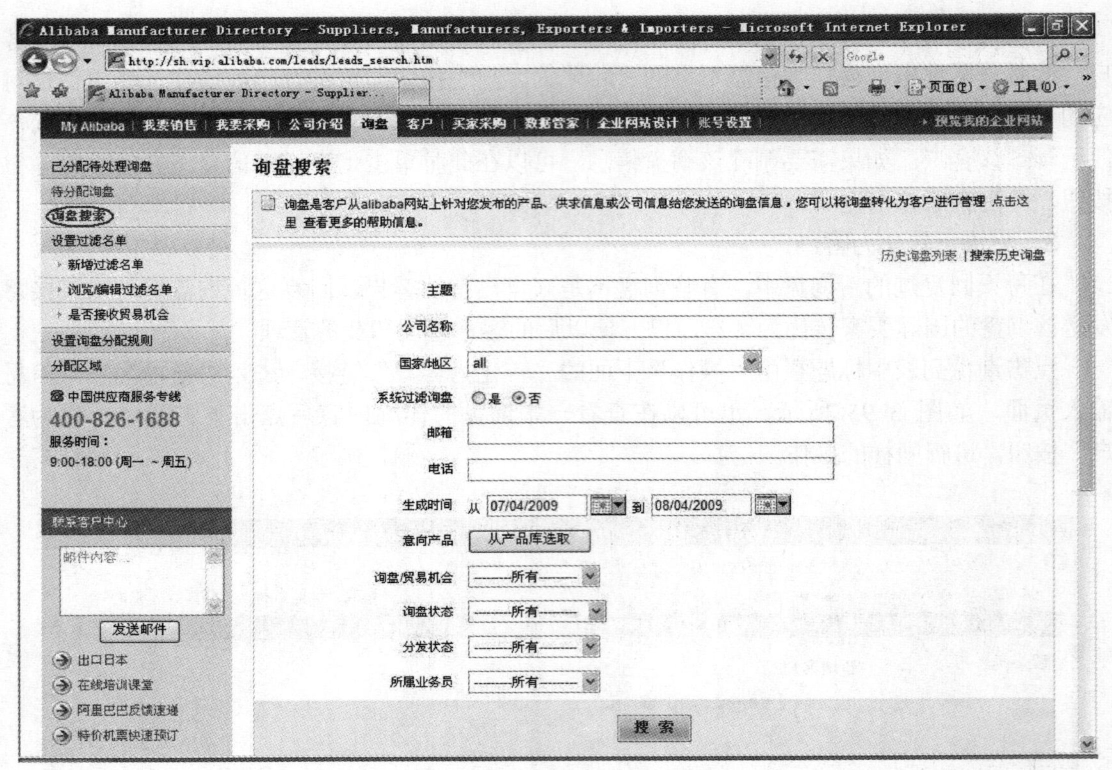

图 3-96 “询盘搜索”页面

询盘搜索的条件有以下几种。

- “主题”：如果要搜索某条询盘，可输入询盘的主题进行搜索。
- “公司名称”：如果要搜索某个公司的所有询盘，可输入公司名称进行搜索。
- “国家/地区”：如果要搜索某个国家的所有询盘，可以只选择国家/地区进行搜索。
- “邮箱”：要搜索某个邮箱发送的所有询盘，可输入邮箱进行搜索。
- “电话”：如果要搜索某个电话的客户发送的所有询盘，可输入电话号码进行搜索。
- “生成时间”：如果要搜索某个时间段的询盘，可输入询盘的生成时间进行搜索。
- “意向产品”：如果要搜索关于某个产品的所有询盘，可选择意向产品进行搜索。
- “询盘状态”：按询盘的状态进行搜索，包括还未生成客户的询盘、还未生成意向的询盘和已经生成意向的询盘。
- “分发状态”：按询盘是否被分发进行搜索。
- “所属业务员”：如果要搜索某个业务员的所有询盘，可选择某个业务员进行搜索。

5. 搜索历史询盘

点击导航栏下面的“询盘搜索”链接，进入询盘搜索页面。然后点击询盘搜索页面右上角的“搜索历史询盘”链接，即可进入“历史询盘搜索”页面，如图 3-97 所示。

在“历史询盘搜索”页面输入相应的搜索条件，然后点击“搜索”按钮，即可获得相应的符合条件的询盘。例如，点击搜索页面的“6 个月前”选项卡，再点击“搜索”按钮，则系统会搜索到 6 个月前所有的询盘信息列表。在搜索结果出来以后，点击询盘信息列表标题栏中的“主题”下面的链接，可进入一条询盘的详细信息页面。

图 3-97 “历史询盘搜索”页面

6. 设置询盘分配规则

分配询盘前可以设置询盘分配规则，避免混乱。点击导航栏“询盘”下的“设置询盘分配规则”，选择“按区域分配”或“按产品分配”，单击“提交”按钮，如图 3-98 所示。设置好分配规则后，系统自动将不同的询盘分配给不同的业务员进行处理。

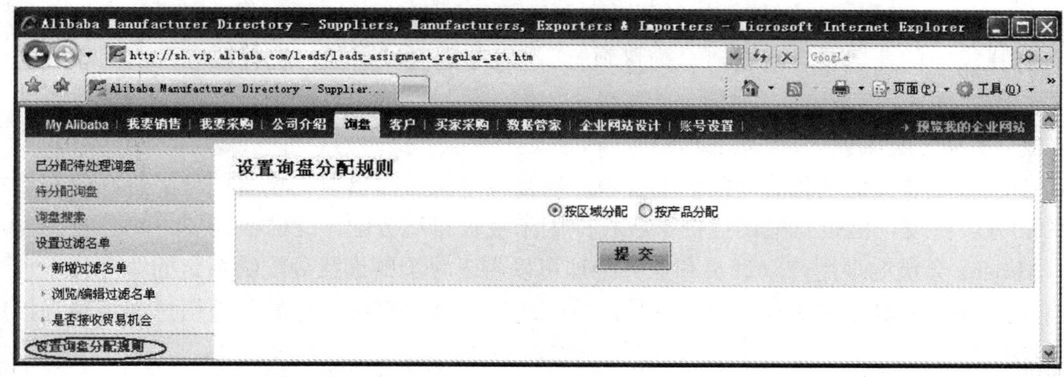

图 3-98 “设置询盘分配规则”页面

选择“按产品分配”时，系统会按照以下规则处理收到的询盘并自动分配给相应业务员。

1）优先按客户归属分配，即是谁的客户，该客户的询盘就分配给谁。如果发送询盘的客户在系统中已经是该公司的某个业务员的客户，或者该客户的其他询盘信息以前是分配给某个业务员的，则系统将该客户发送的任何询盘都自动分配给该业务员。

2）优先按产品归属分配，即是谁的产品，关于该产品的询盘就分配给谁。例如，一位客户针对小王经营的产品发送询盘，该客户在系统中还没有成为公司的客户，并且该客户发送的其他询盘信息还没有分配给相应的业务员，系统会将该询盘信息分配给小王，且该客户以后发送的询盘信息都会分配给小王。

3）如果客户是针对供应商的公司信息发送的询盘，而且该客户在系统中还没有成为公司的客户，该客户相关的其他询盘信息也还没有分配业务员，则该询盘不会自动被分配，由系统管理员或业务经理进行手动分配。

7．设置询盘区域分配

有些企业业务员的业务是按照区域来划分的，则不同区域的询盘要自动分配给负责该区域的业务员。点击导航栏“询盘”下的“分配区域”，如图 3-99 所示。在分配区域前，必须在设置询盘分配规则中选择“按区域分配”，才能使用分配区域的功能。

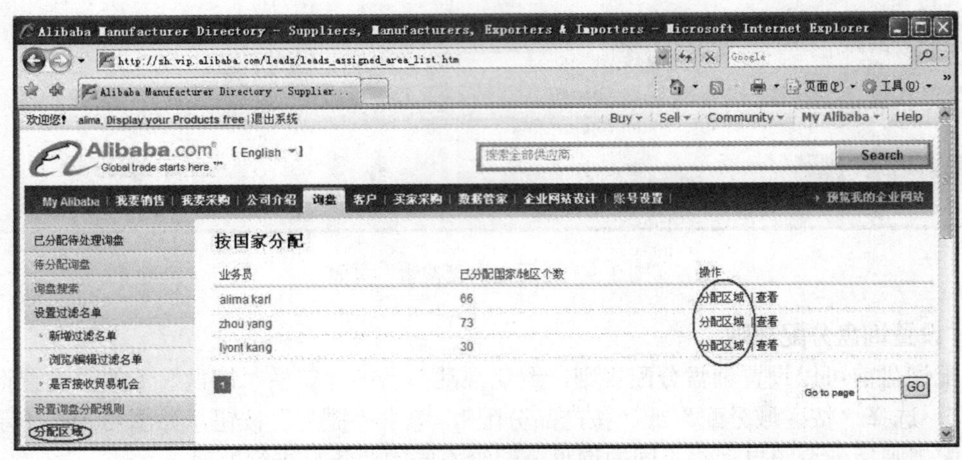

图 3-99　按区域分配询盘

选择相应的业务员，点击“分配区域”，进入分配区域页面，选择要分配的国家地区，最后点击“提交”完成。

8．手动分配询盘

中国供应商会员收到的询盘一般会被系统自动地按管理员事先设置的分配规则分配给相应的业务员管理，但也有些询盘由于各种原因未能被自动分配，此时就需要手动分配询盘。My Alibaba 会员的多用户管理员和业务经理可以将未分配的询盘分配给指定的业务员，也可以将已经分配的询盘转移给其他业务员，分配之后该询盘对应客户的其他信息都将转到指定的业务员名下。

手动分配询盘需要点击导航栏“询盘”下的“待分配询盘”链接，进入待分配询盘列表页面，选择需要分配的询盘，然后点击“分配”按钮，进入“选择负责人”页面，最后在目标负责人后单击“确认”按钮，系统就把选中的询盘分配给了指定的业务员，如图 3-100 所示。

如果点击待分配询盘列表下面的“全选”按钮，则会选中待分配询盘列表中的所有项，可将所有待分配询盘分配给同一个业务员。如果想要清除待分配询盘列表中的所有选择项，可点击“取消全选”按钮。

如果待分配询盘列表中有一些垃圾询盘，则可以选择这些询盘，然后单击列表下方的“删除”按钮，即可删除选定的询盘。

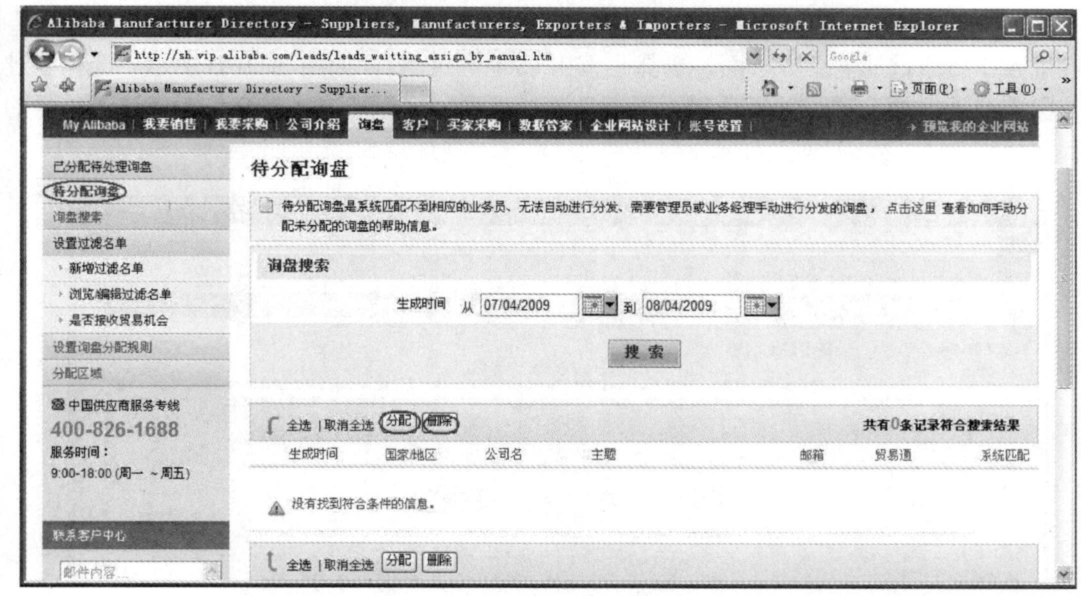

图 3-100　手动分配询盘页面

需要注意的是：

1）一个客户的询盘只能分配给一个业务员，即一个客户只能属于一个业务员。分配之后该客户相关的其他业务机会都会分配给该业务员。

2）询盘被分配以后，如果需要重新分配客户，管理员和业务经理可以在找到该客户的一条询盘后，重新分配询盘。

3）如果管理员和业务经理要分配某个地区的询盘，可以在进入询盘搜索页面后，在搜索条件中选择相应的“国家/地区”，在“分发状态”中选择“未分发”，单击“搜索”按钮即可搜索出某个地区未分发的询盘信息列表，然后进行手动分配。

9. 设置询盘过滤

阿里巴巴用户可能每天会收到大量询盘，而有些询盘是没用的信息。此时，业务员可以在自己的系统中设置一些过滤条件，让这些没用的信息不能进入工作系统，避免业务员浪费时间和精力。阿里巴巴为用户在询盘模块中提供了询盘过滤功能。

例如，将某个国家添加到过滤名单后，用户将收不到任何来自该国的询盘；将 E-mail 地址添加到过滤名单后，用户将收不到该 E-mail 地址发送过来的询盘。业务员可以自己设置过滤名单过滤不合适的询盘，提高工作效率。只有中国供应商单用户、多用户管理员和业务经理具有设置过滤名单的权限。

另外用户还可以设置是否将过滤的询盘公开给其他客户，所有中国供应商用户可以查看被公开的过滤询盘，且提供捡回功能，但不能查看设置为不公开的过滤询盘。

添加 E-mail 过滤名单的操作如下。点击导航栏“设置过滤名单”下面的“新增过滤名单”链接进入“新增过滤名单”页面，选择“按 E-mail 地址过滤”，如图 3-101 所示。用户填写完过滤名单信息，点击“提交”按钮，然后点击下面的“返回过滤名单页面”链接，则进入“浏览/编辑过滤名单”页面，过滤名单列表中将出现了刚才新增的过滤条件。

添加国家过滤名单的操作如下。点击导航栏“设置过滤名单”下面的“新增过滤名单”链接进入“新增过滤名单”页面，选择“按国家/地区过滤”，如图 3-101 所示。选择要过滤的国家或地区的名称，并且选择“国家”过滤类型，然后点击“提交”完成过滤条件的设置。

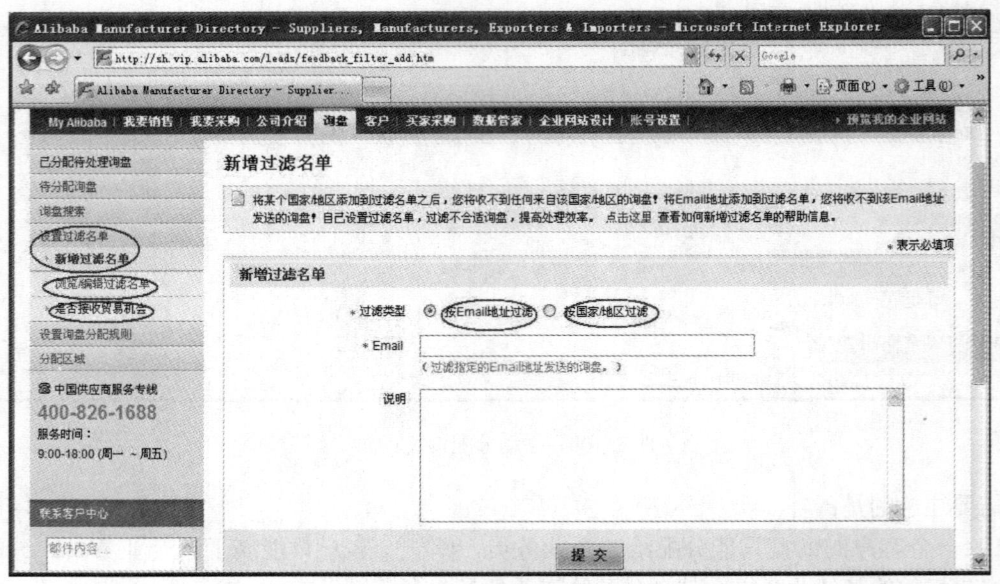

图 3-101 “新增过滤名单”页面

过滤条件设置之后即时生效，用户可以点击导航栏“设置过滤名单”下面的“浏览/编辑过滤名单”链接进入浏览/编辑过滤名单信息页面，如图 3-102 所示。

点击列表中的“编辑”链接，可进入过滤名单编辑信息页面。编辑过滤名单的操作与新增过滤名单的操作相同。点击列表中的“删除”链接，可删除相应的过滤名单。

查看/设置是否接收系统自动匹配的询盘可以点击导航栏“询盘”下的“设置过滤名单”，再点击“是否接收贸易机会”链接，进入“设置是否接收贸易机会”页面，如图 3-103 所示。此时，可以查看/更改系统在模块中的设置状况，但只有管理员与业务经理有权更改设置。单击“提交”按钮后，设置即可生效。

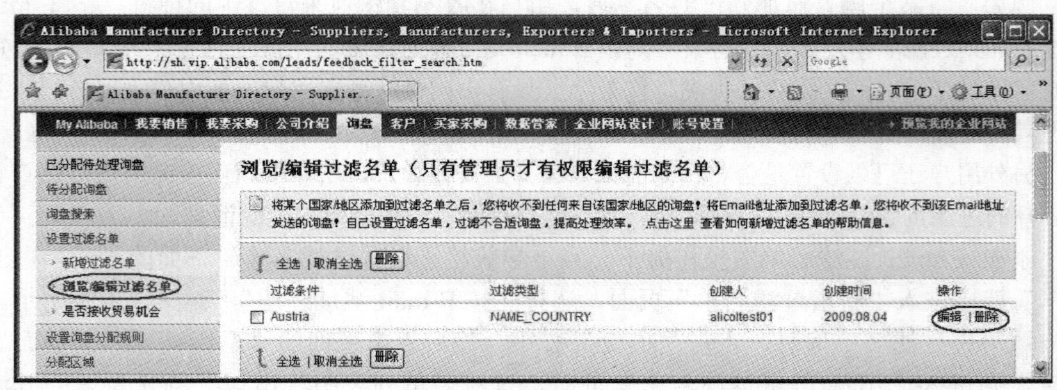

图 3-102 “浏览/编辑过滤名单”页面

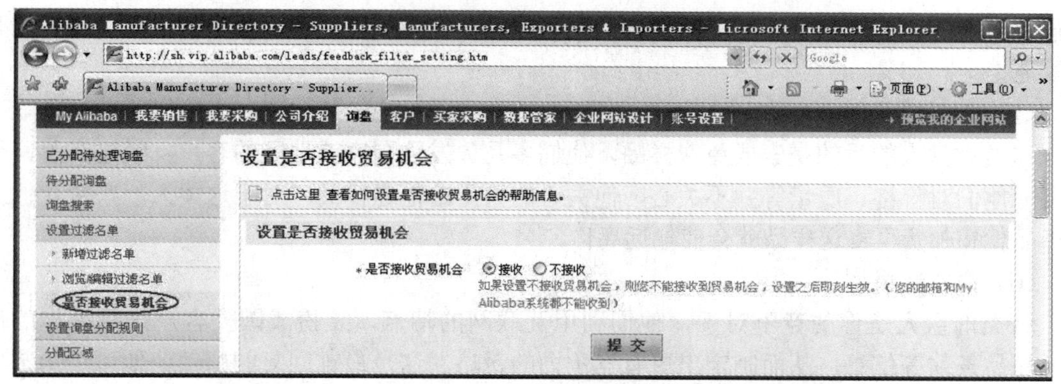

图 3-103 “设置是否接收贸易机会”页面

系统在询盘通知邮件主题中增加对系统自动匹配询盘的标识，即询盘主题中包含“System match”字符的询盘为系统自动匹配的询盘信息。

10．询盘处理技巧

在成为阿里巴巴英文站会员后，用户就会不断收到询盘。而发送这些询盘的人的动机也多种多样，导致询盘的质量有很大的差别。根据发送询盘人的动机，可以将询盘概括成以下几种。

（1）寻找卖家型

这种类型的询盘人正在执行采购计划，寻找你所提供的产品。这种询盘最大的特点是目标明确（有品名、要货数量、交货条款等）、信息全面（有公司名称、地址、电话、传真、联系人等）、询问专业、问题详尽。对于这类询盘要高度关注，及时、准确、全面、专业的答复和有竞争力的报盘是达成交易的关键。

（2）准备入市型

这种类型的询盘人，可能在其他国家已经有经营经验，但对你的产品还不够了解；也可能已经有客户询盘，并知道通过进口你的产品可以获得较好的利润等。总之，他们已经准备和你做生意，但还有许多具体问题有待解决。在这类人的询盘中，一般信息比较全面（有公司名称、地址、电话、传真、联系人等），可以从提问题的专业化程度作出判断。这类客户是潜在客户，耐心、专业的回答和恰当的跟踪有利于不断培养他们的信任。

（3）无事生非型

现在有很多在线交易市场或其他的贸易平台，为了便于用户查询，都提供了一种组合查询的功能。使用这种功能，无事生非者可以给供货商发去标准格式的询盘邮件。这时，如果你倍加关注，对方实际没有多少兴趣。对于这样的询盘（一般在邮件格式中都有说明它是来自什么网站），撰写一封通用格式的电子邮件，表明你非常希望和他建立业务关系，并请他们更多地介绍他们自己的信息。将这样的邮件发给对方，就会将这类人过滤出去。

（4）信息收集型

发送这类询盘的人是技术人员，他们现在正要开发或仿造和你的产品相同或相似的产品，他们需要了解市场、了解产品、得到更多的同行信息。特别专业是这类询盘的特点。可能和他们交流一两次，他们就会汇钱来购买样品，但是他们永远不会成为你的客户。相反，他们有可能成为你的竞争对手。回复这类人的邮件要把握尺度，超出销售的话题，要设法有礼貌地拒绝。

（5）索要样品型

这类询盘人的目的是索要免费样品，他们多是欠发达国家或地区的客户。经过交流，你会发现他们对价格、质量等并不关心，他关心的只是给他送样品。对于这类人，坚持让他预付样品款和邮费再寄送样品就会使他远离你。

（6）窃取情报型

这类询盘人是你的竞争对手，他们利用互联网的特点，装扮成国外客户来刺探你的价格、交易条款等信息，从而制定出更有竞争力的策略。这是最难回复的邮件，他可以伪装成就要给你下订单的样子，你不得不告诉他相关的信息。这种类型的人，除了有互联网经验的人用技术手段鉴别外，大多是通过多次反复的交流，进行主观的甄别。

我们在收到询盘以后，首先要认真地进行分类和甄别，将最好的资源投入到真正有潜力的客户身上，以提高工作效率。

收到询盘后要及时进行回复，一个好的回复邮件通常要满足以下的基本原则。

1）时效性：越早联系外商则外商回复的概率越大，如果联系的时间太迟，可能一切努力最终都会付之东流。

2）针对性：写给外商的邮件应尽量针对外商询盘的内容，泛泛的联系邮件不容易得到外商的回复。例如，外商明确说明只欢迎 manufacturer 联系，而你的邮件内容却让外商知道你是贸易商，则外商是不会回复你的。

3）简洁性：回复的邮件必须要简洁，切忌废话连篇，除了外商在询盘中列明的要求外，产品的规格和报价是所有外商最关心的内容。

4）灵活性：要按照具体情况来调整邮件内容。对不同的情况、不同的询盘、不同的外商、甚至不同国别的外商，邮件内容要灵活处理。

5）准确性：写给外商的邮件内容必须准确，如外商在询盘中要求你报 CIF 价格，则千万不要偷懒只报 FOB 或 C&F 价格；客户说要的是 A 规格的产品，你却报过去一个 B 规格的产品；外商要求你在报价时附上图片，你却偏偏缺少图片就报过去，这些情况下外商是不会回复你的。

6）竞争性：报给外商的价格须有竞争力。想知道你的报价有没有竞争力，有很多方法核实。例如，你可以找几家正在自营出口的厂家，让他们报一个出口价，或者去买一套该产品最新的海关数据，查查国内同行目前实际的出口成交价是多少。

回复询盘时要注意以下事项。

1）开通邮箱。由于网络技术和电子商务的发展，在开始做外贸之前，最好建立自己的公司网站，这样业务员就有了同一个网站下的电子邮箱，即邮箱扩展名与公司网站同名。这种邮箱给人正规、有实力的感觉，应优先使用。如果公司没有自己的网站，业务员可以使用 yahoo、gmail 等英文网站的免费邮箱。

2）邮箱的设置。设置邮箱要注意下面的事项。

- 设置“发件人”名称。外商在收邮件时先看的是“发件人”栏，因此，邮箱名应写成英文，一方面方便外商记忆，也避免有些外商的邮箱不能识别中文而出现乱码。至于“发件人”具体的名称，可简单地写成业务员的英文名字，也可设置成某产品名称，如可用 Chemical Exporter 等，能起到强化外商记忆的作用。

- 结尾签名的设置顺序是姓名、职务、公司名、地址、电话、手机、传真、邮箱、网站、MSN，如有能力，也可以把公司标志加入签名。
- 其他设置：发件保存、字体设置（最好为 Arial）、字号设置（小五号就够了，老外很少用大字体）、是否包含对方来邮（选“是”）。
- 页面选择：应该选择素色，有的职员喜欢用花花绿绿的页面，容易招人反感。

3）邮件地址栏。要发邮件，首先是在地址栏中写上外商的电子邮件地址，要注意以下问题。

- 最好是直接把外商的电子邮件地址小心粘贴到地址栏，不要抄写，以免抄错字母。
- 最好是把能得到的该外商的电子邮件地址都粘贴到地址栏以一并发送，两个邮址中间用逗号隔开，不要留空。

4）邮件标题栏。外商在收邮件时先看的是“发件人”栏，其次就是“标题”栏，所以标题非常重要。写标题时应注意以下事项。

- 切忌空白标题。凡是空白标题的邮件都容易作为垃圾邮件被删除。
- 切忌中文标题。没有几个外商懂中文的，而且一些外商的邮箱因不能识别中文字符而出现乱码。
- 切忌长话标题。有些人习惯地把邮件标题写成一句话，其实很多老外都很反感此类邮件，被删的可能性也很大。
- 切忌问候标题。有些人习惯把邮件标题写成问候语，如 Hello，Hi 等等，这让老外们怀疑这是垃圾邮件或病毒邮件而不敢打开。
- 标题应直接写成该外商求购的商品名称，而且仅仅是单纯的商品名称，前后不要加任何语言及规格，这样主题一目了然。
- 标题甚至也可以直接写成该外商的名字或外商的公司名称。外商看到此类邮件，知道一定与自己有关，一般不会冒然删掉，都会打开看看。

5）邮件的开头。在写邮件正文时最开始的称谓部分要注意以下事项。

- 敬语一定要写清楚。对年长及位高权重者可用 Mr. 或 Mrs.。如果对客户比较熟悉则可直呼其名，如 Dear Thomas，可以拉近你与客户的距离。
- 避免泛泛的客套称呼，如 Dear Sirs、Hello、Hi、Gear Sir/Madam 等，很多教科书说在撰写邮件正文前要加上诸如此类的称呼，事实上，买家可以这样写，但对卖家来说，不具体指明对象的客套称呼有时会让收信人认为你的邮件也许同时群发给了很多人，故有可能削弱外商对你的邮件的重视程度。

6）邮件的正文。在回复一个询盘时，必须要回答客户在询盘中的提问。此外，在写正文时应注意以下事项。

- 在介绍公司时，最好说明公司是中国某行业的最好公司之一、有多少年的经验、曾经出口过哪里、客户的评价等。至于公司的厂房建筑面积多少、员工人数多少、注册资金多少等内容则不是买家关心的内容。
- 尽量使用 1）、2）、3）来叙述自己要表达的要点。如果对方问题较多，则回复的内容应直接放在对方问题下方，但必须用不同的颜色字体标识，并在邮件开头说明“please refer to my replies in blue”，或者用下划线标识重点。

- 如果要分段，尽量一个段落只表达一个意思，而且最好由不超过三个以上的句子组成。尤其是一些不以英语为母语的客户，对太长太复杂的句子理解会有困难。段与段之间最好空一行。
- 在使用术语时，尽量延用对方的说法，即使该说法不太正确。
- 在风格上尽量接近对方的写作风格。如果对方用短句，那你也用短句；对方用长句，你也可以用长句。谨记写邮件不是为了炫耀自己的文法，而是为了让客户看得懂。
- 在邮件中尽量不要使用网络语言或缩写。
- 如果有附件，请在邮件中标明附件名称。附图片时，图片名称请改为与内容相关的名称，而不是单调的0001、0002等，以方便客户下载后查找。

7）邮件的结尾。很多人在邮件最后只简单地落上自己的名字后就把邮件发给了客户。如果该客户是新客户，你是第一次与他联系，这样的邮件收尾就明显不够，一般要再添上所在部门及职务、公司名称、电话、传真、网站、MSN等。

要强调的是，如果你现在还没有网站，则可以写“Website：Under construction”，表明你的网站正在建设之中。MSN一定要添加，如果外商知道了你的MSN，也方便外商能即时与你联系。还有，电话和传真不要用同一个号码，否则让外商认为你只是个皮包公司。

3.3.2 商机捕获

除了被动等待外商发送询盘外，业务员也可以主动寻找商机。通常主动寻找商机的方法有三种：搜索求购信息、搜索下游企业信息，订阅商情特快（Trade Alert）。

1. 搜索求购信息

买家在采购商品时除了搜索供应信息外，有时还会在网上发布求购信息，以扩大自己挑选卖家的范围。特别是一些比较偏冷的产品和有特殊要求的产品，以及一些需要紧急采购的产品，买家都会发布求购信息。供应商可以在网上搜索这些求购信息，然后和发布这些求购信息的采购商建立联系，达到获取商机的目的。搜索供应信息需要在阿里巴巴英文站的主页上选择“Buyer”，然后在搜索栏中输入产品关键词，单击“Search”按钮开始搜索，在结果栏中会看到很多有关该产品的求购信息，如图3-104所示。单击右边的“Contact Now”按钮可以给该买家发邮件。如果对方的沟通工具在线，也可以点击右边的沟通工具图标直接和对方交流。

2. 搜索下游企业

业务员除了可以搜索供应信息获取商机外，还可以搜索自己产品的下游企业来获取商机。例如，本企业是生产布料的纺织厂，就可以在网上搜索服装制造厂，然后和他们沟通是否需要采购自己的布料。搜索下游产品的厂家时可以在阿里巴巴英文站的主页上选择“Suppliers”，然后在搜索栏中输入产品关键词，单击“Search”按钮开始搜索，如图3-105所示。在搜索结果列表中单击“Contact Now”按钮可以给该买家发邮件。

3. 订阅商情特快

商情特快（Trade Alert）是阿里巴巴为用户提供的信息服务。订阅商情特快可以节省用户在网站上浏览、搜索业务信息的时间，帮助客户掌握有价值的商业信息，提高工作效率。阿里巴巴网站根据用户订阅时选择的关键词和类目定期将匹配的商业信息发送给用户。用户若对收到的信息感兴趣，可以点击相关链接转到网站了解更详细的信息。

图 3-104　搜索求购信息页面

阿里巴巴商情特快有如下特点。

- 商机无限：英文站上每天有大量商机，用户可有针对性的选取。
- 个性定制：用户可以自己设置不同格式和频率的信息提供方式。
- 订阅简便：输入关键字，一步完成订阅过程。
- 海量信息：无限的订阅数量，实时了解买家的采购需求，掌握同行的市场动态。

订阅商情特快可选择“账号设置”，点击左侧的“我的商情特快”，如图 3-106 所示。

如果是初次订阅，则需要点击图中的 Subscribe to Trade Alert 按钮，进入订阅页面。输入产品关键字和信息类型，单击“订阅”按钮，即完成初次订阅。

如果不是初次订阅，单击“账号设置”下面的“我的商情特快”后，将看到自己订阅的所有商情特快。可以选择一条订阅设置，点击右边的编辑进行修改。

如果要增加新的订阅，可以点击“添加新关键词”，填写产品关键词，选择信息类型，单击“保存”按钮即可。订阅商情特快时，用户既可以订阅采购信息，也可以订阅供应信息。卖家也可以订阅供货信息，以便了解同行的情况。还可以在过滤条件列选择“更改”按钮改变地区范围。

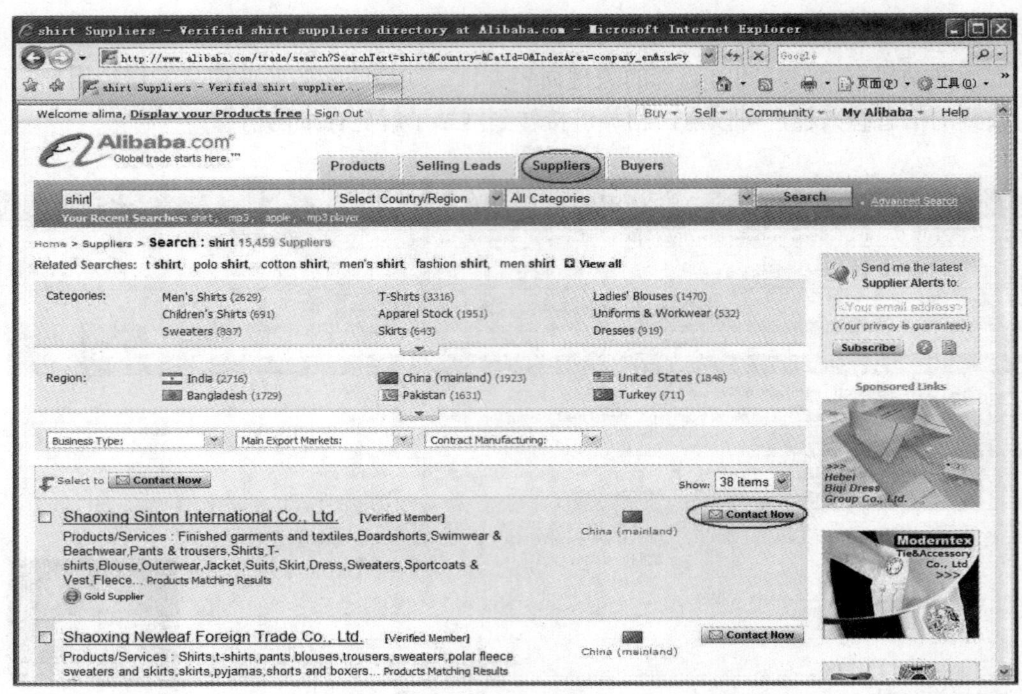

图 3-105　搜索下游企业信息页面

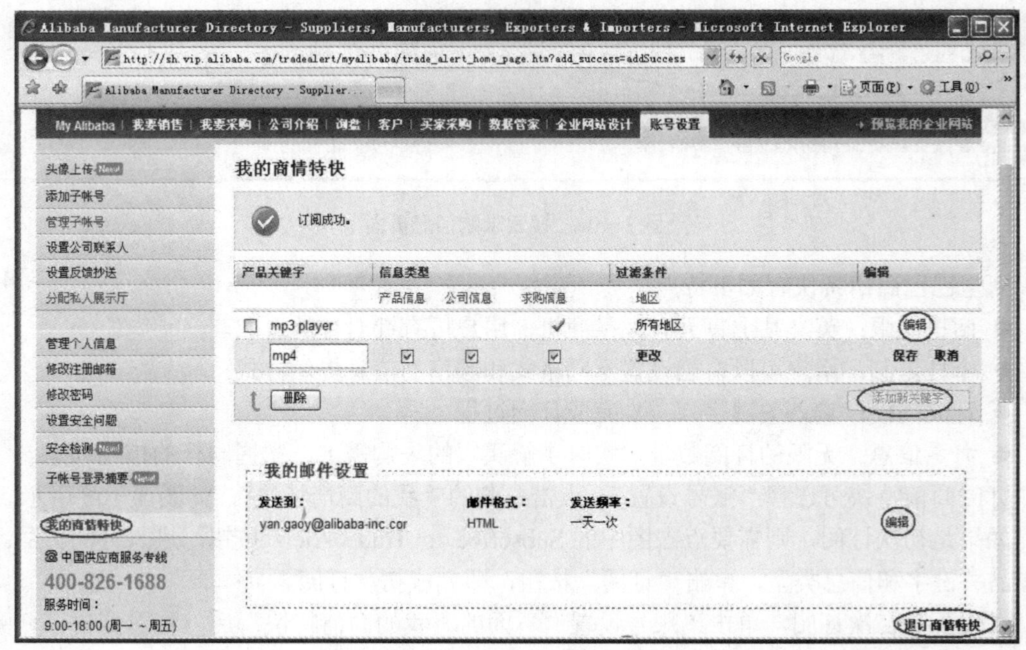

图 3-106　订阅商情特快页面

如果要修改某一条商情特快可单击其右边的“编辑”按钮，进入编辑状态。用户可以修改商情特快的格式、频率和接收邮箱等信息，以及关键词、信息类型、类目等。

如果用户想退订商情特快则可以单击“退订商情特快”，在弹出的确认信息中，选择“是”，对该邮箱的商情特快将停止放送。

商情特快订阅好后就可以在指定的邮箱查看收到的订阅信息。

3.3.3 网上洽谈

通过询盘和商机捕获后可以和客户建立初步的联系，接下来双方需要进一步商谈交易的细节问题。为了节省成本，可以采用阿里巴巴英文站为用户提供的免费沟通工具TradeManager进行商谈。TradeManager是一个基于网络的实时沟通软件，是阿里巴巴为英文站会员量身定做的高速、高效、免费的在线洽谈工具。使用TradeManager能让会员轻松找到客户、在线洽谈业务、发布和管理商业信息。TradeManager跟MSN的最大区别在于TradeManager的定位是商务之间的沟通工具，这也是TradeManager的优势所在。

1. 下载并安装TradeManager

在供求信息、公司信息、产品信息等页面上，都会显示TradeManager在线状态，如图3-107所示。买家会员对某一条信息感兴趣，可以点击Talk to Me Now将卖家添加到自己的联系人名单并即时沟通和询盘。因此，为了能及时和买家沟通，业务员在工作时要尽量保持TradeManager在线，以免错过交易机会。

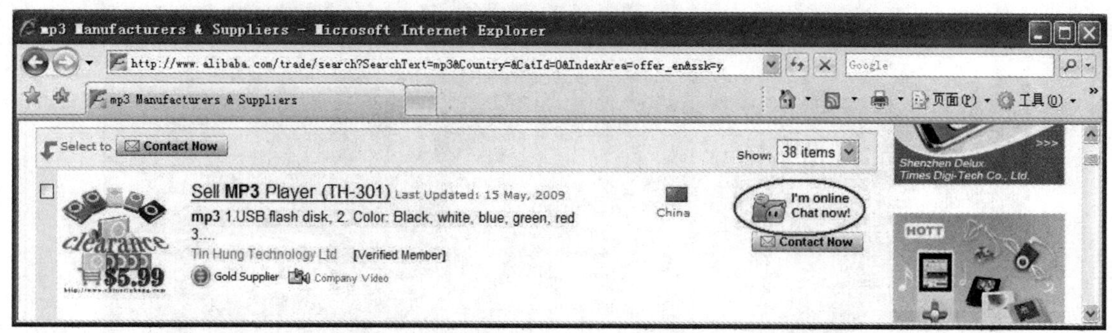

图3-107 TradeManager在线状态

对于卖方来说，下载、安装TradeManager以后，就可以发布产品信息，然后等待国际买家前来洽谈；或者主动寻找求购信息、买家信息，然后找到目标买家进行在线洽谈。卖方使用TradeManager有以下好处。

- 快速获得买家信息：TradeManager可以为卖家带来正在寻找所售产品的客户。
- 实时沟通：TradeManager能提供音频和视频聊天功能，你可以向买家在线展示有关产品的信息，就像置身于买家的办公室一样。
- 管理聊天记录：使用TradeManager在线聊天操作简单，并且可以保存聊天记录。
- 快速得到客户的询盘：保持TradeManager在线，可以随时回复来自买方的询盘信息。

对于买方来说，下载、安装TradeManager以后，买方就可以发布求购信息，然后等待供货商前来洽谈；或者主动寻找供货信息、产品信息，然后找到供货商进行在线洽谈。买方使用TradeManager有以下好处。

- 控制业务交流：TradeManager可以让你找到可靠的供货商，以自己的方式和条件与客户交流，免去面对面交流的压力。

● 快速获取产品信息：使用 TradeManager，你可以得到客户实时的供货信息和产品报价。此外，你订阅的商情特快也会向你提供实时的产品信息。
● 实时沟通。
● 管理聊天记录。

下载安装 TradeManager 需要进入阿里巴巴英文站首页，点击右上方“TradeManager”图标，然后单击“Download Free”开始下载，如图 3-108 所示。下载完毕后，双击 TradeManager 文件，点击“运行”，进入安装过程。安装完毕后，桌面上将出现一个 TradeManager 图标。

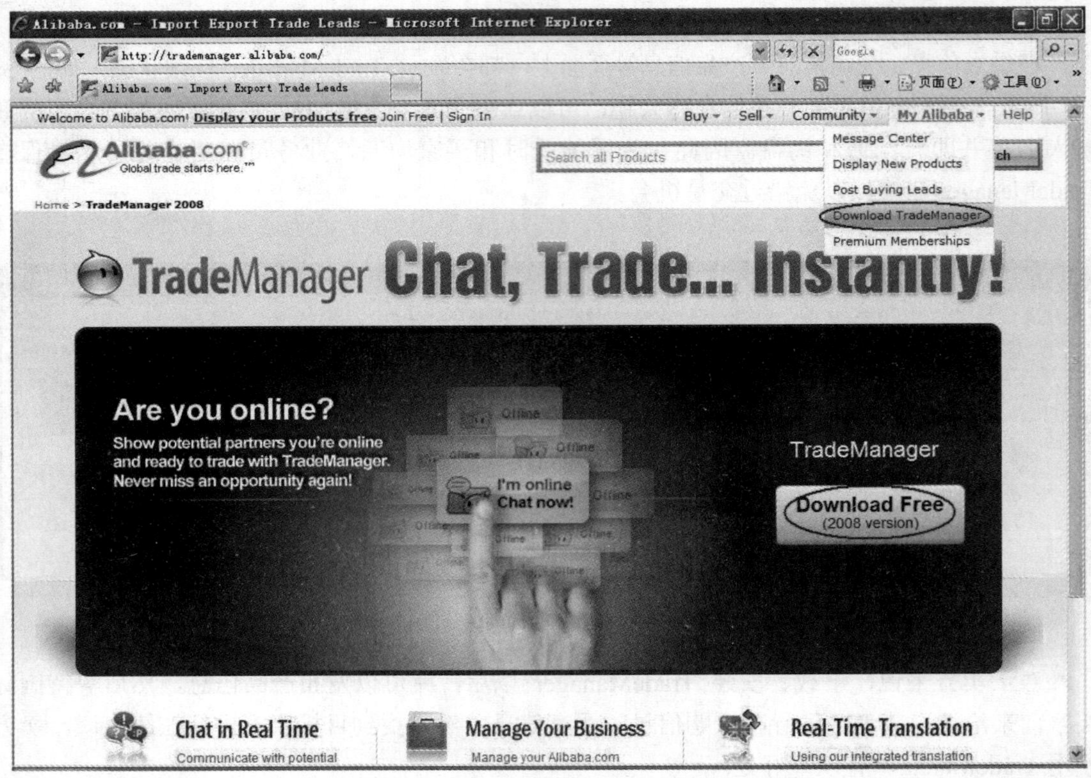

图 3-108 TradeManager 下载页面

2. TradeManager 的使用

（1）TradeManager 的启动

点击桌面上的 TradeManager 图标，即可启动 TradeManager。此时，输入 Member ID 和 Password 就可以使用 TradeManager 了，默认的初始界面如图 3-109 所示。登录 TradeManager 时输入的 Member ID 和 Password 与登录英文站需要输入的 Member ID 和 Password 是一样的。用户可以保存 Password，这样下一次登录时就会自动进入 TradeManager 的初始页面。

TradeManager 页面除了有一般沟通工具的功能外还有 3 个特别功能链接，点击其中任意一个功能链接，即可进入该模块的操作页面。3 个功能链接分别是 My Alibaba（进入英文站的后台管理模块）、Trade Alert（进入商情特快模块）、软件百宝箱（连接到其他软件）。

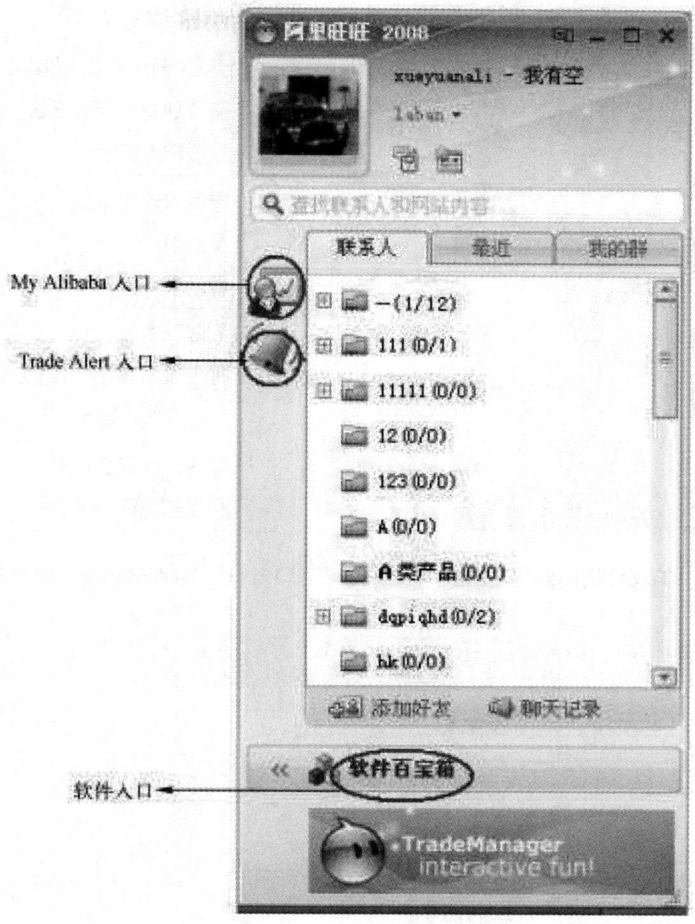

图 3-109　TradeManager 主界面

TradeManager 的功能菜单有“个人资料”、“在线状态”、“个性签名”、“指定发送”、“聊天记录”、“显示选项”、“系统设置”、“移动旺旺”和“帮助”，如图 3-110 所示。其中在“个人资料”中可以查看个人名片和个人信息，在“在线状态”中可以设置“有空”、“忙碌”、“接听电话”等状态，在“个性签名”中可以设置自己的签名信息，“指定发送”可以将指定信息发给某个联系人，“聊天记录”可以查看各种消息，“显示选项”可以设置 TradeManager 的显示界面，“系统设置”可以进行基本设置、个性设置和安全设置，“移动旺旺”可以发送手机短信、与手机绑定等。

在 TradeManager 的联系人操作页面，将鼠标移到某个联系人上面点击鼠标右键，系统会弹出右键操作菜单，如图 3-111 所示。

点击 TradeManager 左边的 My Alibaba 图标会弹出 My Alibaba 菜单，如图 3-112 所示。点击里面的菜单项可以直接转到 My Alibaba 对应的后台管理系统，实现了 TradeManager 与 My Alibaba 的数据互通，这也是 TradeManager 与其他聊天工具的最主要区别。

图 3-110　TradeManager 主菜单

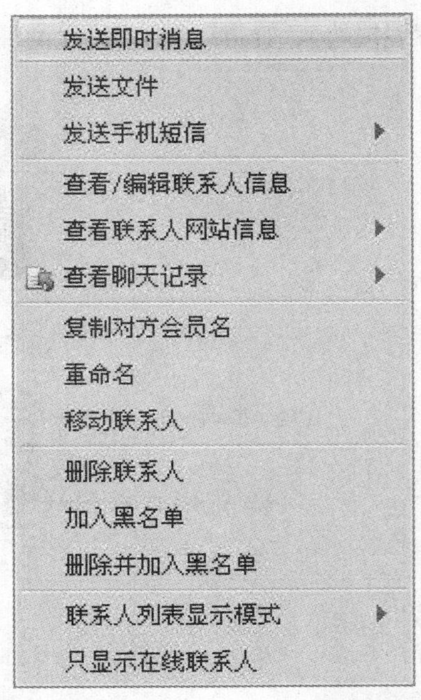

图 3-111　TradeManager 的联系人快捷菜单

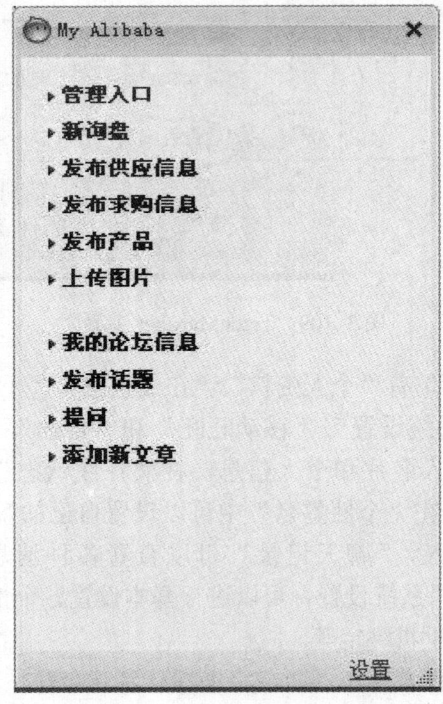

图 3-112　My Alibaba 菜单界面

（2）添加联系人

TradeManager 是一个商务沟通工具，其主要功能是与商界朋友进行交流。在交流之前需要将商界朋友的个人资料加入进来，即添加联系人。

第一次启动 TradeManager 的时候，联系人列表是空的，需要将自己的商友或客户添加为联系人，方便以后的联系。

添加联系人有两种方法：一种是点击对方供求信息后面的“Chat Now”，在出现的聊天界面将对方的信息直接导入到自己的 TradeManager，如图 3-113 所示。另一种是直接添加联系人的信息。采用第一种方法比较简便，可以节省输入时间，提高工作效率。

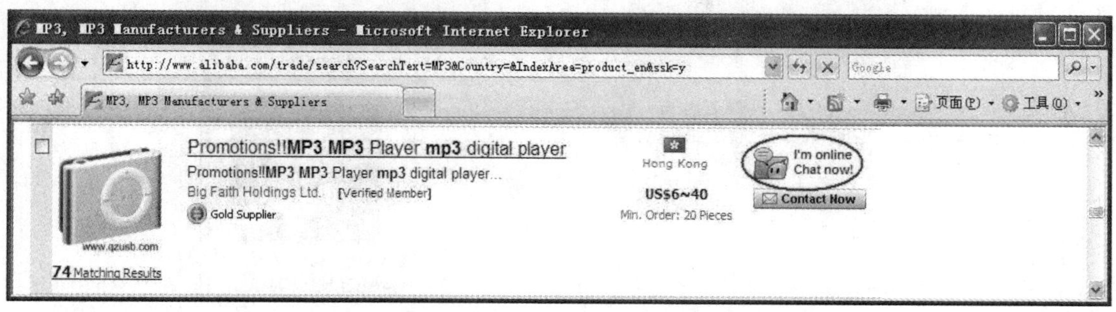

图 3-113　供求信息后面的 TradeManager 图标

直接添加联系人需要在 TradeManager 中找到“添加联系人”菜单项，打开添加窗口，如图 3-114 所示。在其中有 3 种查找联系人的方式：“旺旺帮你找”、“精确查找”和“模糊查找”。选择其中一种，输入联系人的相关信息，然后单击“查找”按钮，找到对方后点击“加为联系人”即可。

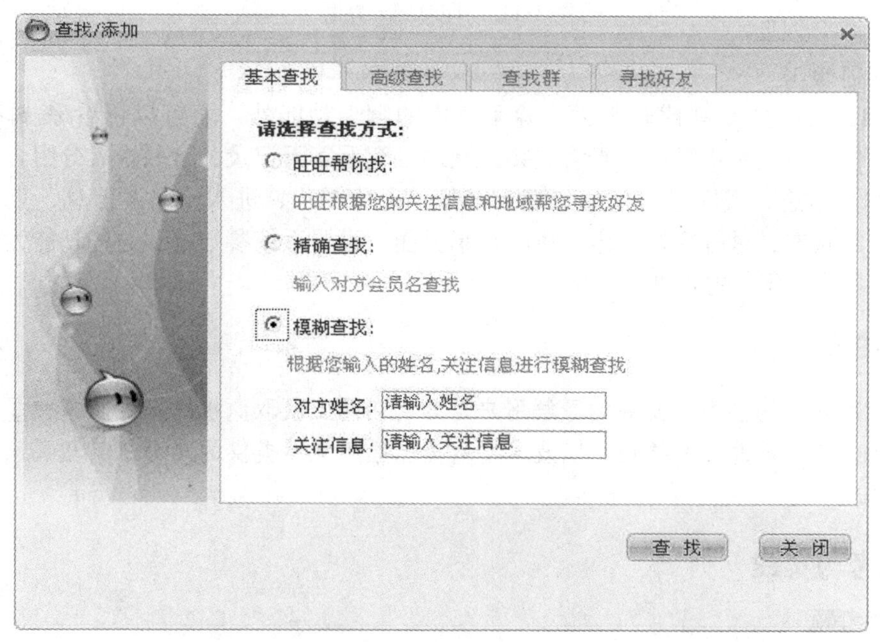

图 3-114 “查找/添加”界面

（3）发送信息

TradeManager 作为一款即时通信工具，功能非常强大。买家和卖家能够随时联系，可以在线洽谈生意，能够即时发送超大容量图文，还可以进行多方洽谈。

选择联系人列表中的一位联系人，单击鼠标右键，在弹出的菜单中选择“发送即时信息”就可以进入聊天界面，如图 3-115 所示。

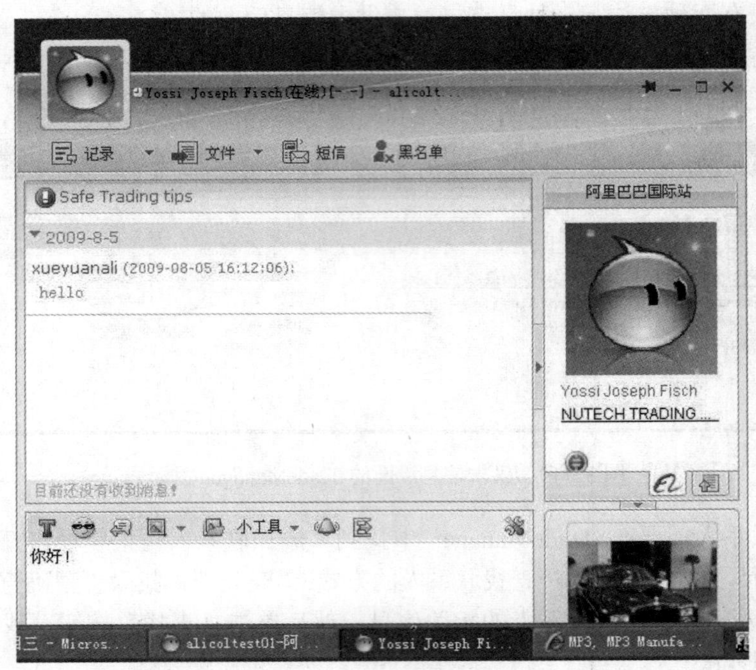

图 3-115　即时聊天界面

（4）其他操作

TradeManager 的功能比较强大，除了基本的聊天功能外，还可以查看/编辑联系人信息、发送文件、发送手机短信、查看联系人网站、查看聊天记录、给联系人分组、加入黑名单、查看询盘信息、发布供求信息、发布产品、上传图片、进入论坛发信息、查看商机特快、更改在线状态、进行手机绑定、更改显示界面、设置系统参数等。这些功能为我们即时与客户沟通提供了很大的方便。

归纳总结

通过这次任务的学习，使我们了解用户是如何在网上获取商机的，并且掌握了询盘的管理方法，学会了询盘的回复技巧，以及采用阿里巴巴英文站提供的沟通工具与买家进行有效沟通的方法。

3.3.4　思考与实践

一、思考题

1．什么是询盘留言？回复一个询盘留言需要注意哪些方面？

2．在阿里巴巴英文站上可以通过哪些方法寻找到商机？

3．什么是商机快递？为什么使用商机快递可以寻找到商机？

4．使用 TradeManager 与客户沟通有什么优势？

5．TradeManager 有哪些功能？与一般聊天工具有什么区别？

6．在 TradeManager 上添加联系人有哪几种方式？

二、实践训练

1．在阿里巴巴英文站上发送一个询盘，并进行询盘管理。

2．订阅商机快递，并查看订阅的商机快递。

3．在阿里巴巴英文站上搜索求购信息，并与客户进行联系。

4．回复一个询盘留言，并将一个询盘留言转为订单。

5．下载安装 TradeManager，并添加联系人、添加联系组，对联系人进行分组管理。

任务 3.4　在线客户与订单管理

任务目标

本任务主要学习使用阿里巴巴英文站为会员提供的在线客户管理系统，通过客户管理系统管理自己的客户、处理报价单、与客户进行联系和沟通。熟悉订单管理的各个环节，学会订单管理的各种操作。

任务分析

卖家在网上发布信息后会收到买家的询盘，然后通过邮件或沟通工具与买家进行进一步交流，买家有可能会对卖家发布的产品有购买意向，这时就需要把买家当作客户来进行进一步的接触。阿里巴巴英文站提供的在线客户管理系统为接下来的操作提供了方便，通过这个系统可以很方便地对客户进行跟踪管理、制作与发送报价单。如果最终客户认可我们的产品并开始下订单，还可以对订单进行跟踪管理。

任务实施

新增客户→客户分配→客户资料管理→意向信息管理→联系记录管理→报价单管理→订单管理→模板管理。

3.4.1　在线客户管理

阿里巴巴英文站为会员提供了一套实时互动交流的客户管理系统，企业通过该系统可以提高业务运作效率、降低经营成本、提高企业经营水平，可以对客户的信息进行分析，预测客户的需求，挖掘客户的潜在价值，适时地为客户提供产品和服务，方便企业内部共享信息，达到对客户进行个性化、全方位服务的目的，进而拓展销售市场。

1．客户管理

阿里巴巴英文站客户管理系统的功能包括“新增客户”、“客户分配”、“客户资料管理”、“意向信息管理”、“联系记录管理”等。通过这些功能我们可以实时跟踪客户信息，为客户提供个性化的服务。

（1）新增客户

在 My Alibaba 系统中，点击导航栏的“客户”，进入客户管理页面。在左边列表中点击“新增客户”，进入添加客户页面，如图 3-116 所示。

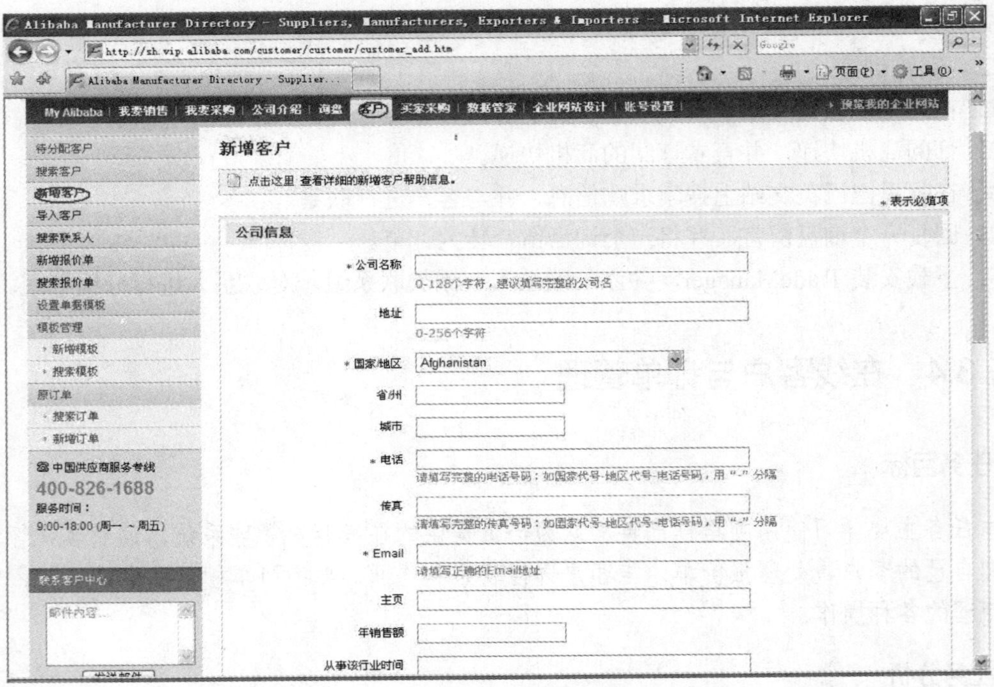

图 3-116 “新增客户”页面

在公司信息中，添加“公司名称”、“地址”、“国家/地区”、“省/州”、“城市”、“电话”、“传真”、“Email”、“主营产品”等信息。为了保证客户信息的完整性，建议信息要填写完整。

填写完公司信息后，继续填写该页下方的联系人信息，包括“姓名”、“性别”、“Email”、“贸易通账号”、“电话”、“传真”、“职务”等信息。填写完之后，单击“提交”按钮，系统会显示“客户新增成功”，并以表格形式显示客户信息。另外，也可以通过在询盘列表中选择某个询盘，单击“转化为客户”按钮来创建客户。

注意，在本系统中，客户与联系人是不同的。客户是指公司，联系人是指该公司与本公司发生业务联系的某位职员。一个客户可能有多名联系人。

（2）分配新客户

如果一个企业有多个业务员，不同业务员分管不同的区域或产品，就需要将新来的客户分配给不同的业务员。

分配客户需要进入“客户”管理页面，然后在左边列表中点击“待分配客户”链接进入待分配客户列表页面，如图 3-117 所示。将列表中客户前的方框选中，点击“分配”按钮，然后选择目标业务员，即可完成客户的分配。

（3）修改客户资料

如果发现某个客户的资料需要修改，可以先将该客户搜索出来，然后再进行修改。

修改客户资料需要点击“客户”页面左边列表中的“搜索客户”，进入搜索页面，如图 3-118 所示。可以按照“客户名称”、“国家/地区”、“生成时间”、“下次联系时间”、“Email”、“电话”、“客户等级”、“客户类型”、“分发状态”、“所属业务员”、“客户状态”等条件进行搜索。这些条件并不需要都填写清楚，只要填写其中的一项或几项，就可以将结果搜索出来。

图 3-117 “待分配客户”页面

图 3-118 “搜索客户”页面

在搜索结果列表中双击一个客户的公司名称，进入客户信息页面，然后点击“编辑客户信息”，进入编辑页面，在此页面中可对客户信息进行编辑修改。

（4）添加和修改意向信息

客户可能只对我们销售的部分产品有兴趣，因此，需要为客户建立意向产品信息，这样在与客户联系时就有针对性。在建立与客户的联系记录时可将“意向信息”选项自动链接到“联系记录”中，以便下次查看该条联系信息时，迅速知道该客户的意向产品。适时记录客户的意向信息，可以方便对客户的查看和跟踪。

添加意向信息需要先在 My Alibaba 系统中搜索到该客户信息，然后进入到“客户详细信息”页面，点击“意向信息”，会出现该客户的意向信息列表，如图 3-119 所示。点击“新增意向”，进入到“意向信息”页面，填写“意向主题”、“意向说明”，并从产品库选项中选择产品，填写完毕，单击“提交”按钮，则会产生一个新的意向。

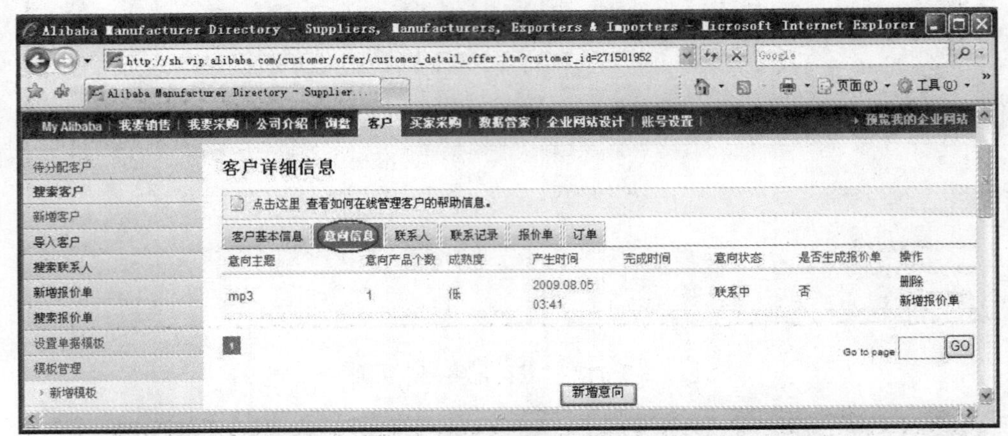

图 3-119　意向信息编辑页面

未录入客户系统的客户询盘，在询盘列表右边会显示为“转化为客户”。已经转化为客户的买家再次对某个产品进行询盘时，询盘列表右边会显示为“新增为意向”。

如果要修改意向信息，点击一条意向信息的主题名，进入意向信息页面，然后单击“编辑”按钮，进入“编辑意向信息”页面，在其中修改意向产品，然后单击“提交”按钮，就可以完成意向信息的修改。

（5）添加和修改联系人信息

如果一个客户不只一个联系人，可以为该客户添加联系人。添加联系人时在客户详细信息页面点击“联系人”，会出现该客户的所有联系人信息列表，如图 3-120 所示。单击“新增联系人”按钮，进入到“联系人”页面，填写新的联系人信息，填写完毕单击“提交”按钮完成联系人的添加。

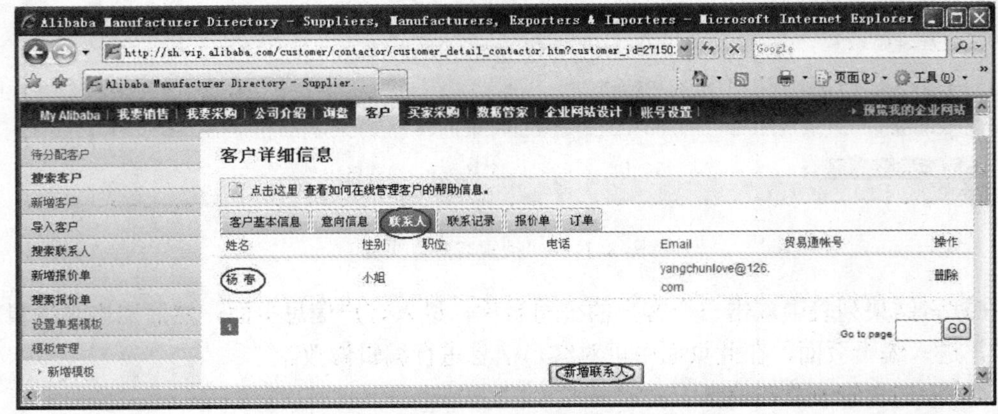

图 3-120　添加联系人页面

如果需要修改联系人信息，点击一个联系人的姓名，进入“编辑联系人信息”页面，在其中修改联系人信息，然后单击“提交”按钮，就可以完成联系人信息的修改。

（6）添加和修改联系记录

有时需要记录与客户联系的时间、内容等信息，以便随时明确客户的情况，调整下一步操作策略。保存与客户的联系记录有利于分析和挖掘客户的潜力，更好地为销售服务。

添加联系记录需要进入“客户详细信息”页面，然后点击“联系记录”，在这里会出现历史联系记录列表，如图 3-121 所示。单击“新增联系记录”按钮，在“新增联系记录”中填写记录说明、本次联系时间、本次联系人、联系方式、下次联系时间以及针对的意向，然后单击“保存联系记录”。

图 3-121　处理联系记录页面

如果要修改联系记录，则需单击联系记录后面的“编辑”按钮，进入联系记录编辑页面，修改信息，单击保存，则修改成功。

（7）导入客户

有时需要成批导入客户信息，可在“客户”左边的列表中点击“导入客户”，进入“客户导入”页面，如图 3-122 所示。注意每次导入的数据最多为 100 条。如果数据超过 100 条，建议分批导入。另外数据文件必须是 Excel 文件，且客户数据格式必须和模板文件中的数据格式一致，导入的客户数据中每个客户必须有一个联系人信息。模板文件可以单击“模板文件”按钮进行下载。

单击数据文件右边的“浏览”按钮，从本地选择数据文件，然后单击“导入数据”按钮，完成客户数据的导入。导入数据之后会显示导入数据的结果信息，包括正确导入的数据、冲突的数据和导入出错的数据信息。单击正确导入的数据列表中的公司名下面的链接，可进入客户的详细信息页面。

对于多用户，导入之后的客户为未分配状态，需要管理员或业务经理手动分配给业务员。

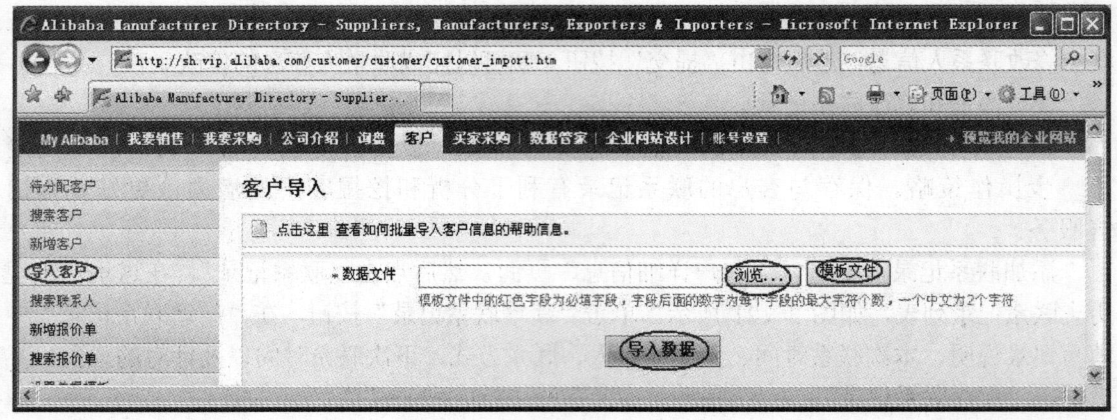

图 3-122 “客户导入”页面

2. 报价单管理

在客户有购买意向之后，业务员需要向客户发送报价单。阿里巴巴系统提供了建立报价单的功能，可以提供在线报价，而且报价单有统一的格式，避免单据的混乱和不专业。阿里巴巴系统提供的报价单还具有完整的报价信息，可打印出来传真给客户，并且可以等客户确认后直接转化为订单，不用重新录入数据，方便快捷，不易出错。

（1）新建报价单

点击导航栏“客户”下面的“新增报价单”菜单进入“新增报价单”页面，如图 3-123 所示。报价单只能在客户中新增，不能单独新增报价单。报价单也可以从意向信息直接生成，系统将意向信息中的产品信息直接带到报价单中，报价单编号只允许输入字母、数字、下划线和中横线。

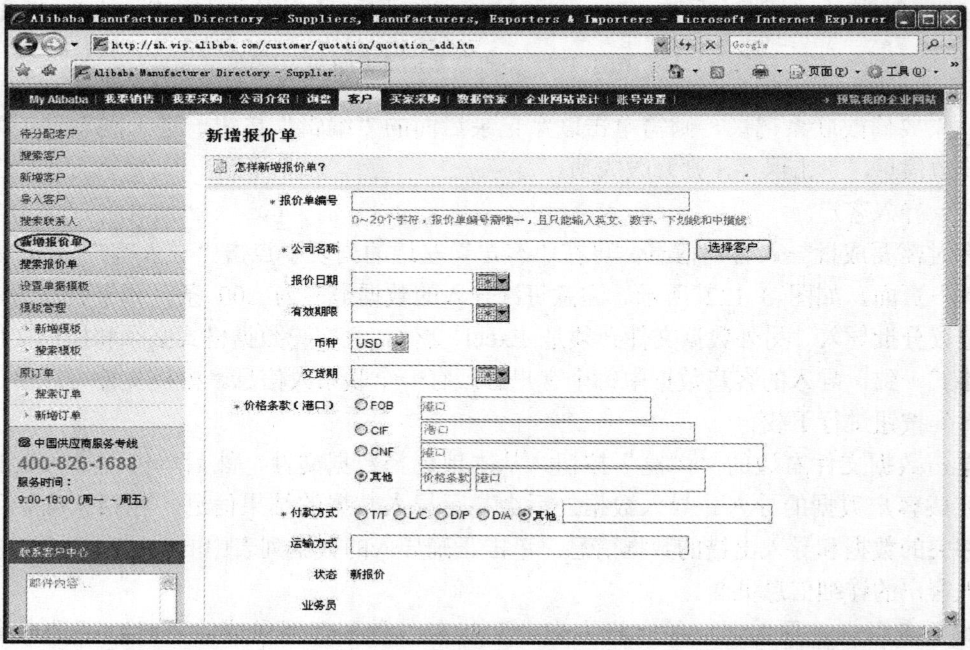

图 3-123 “新增报价单”页面

接下来要在报价单中输入产品的详细信息，再单击“新增产品到列表”按钮，新输入的产品信息就添加到报价单产品列表里，如图 3-124 所示。一份报价单可以添加多个产品信息。产品信息可以从系统中选择，也可以手工输入。注意在输入产品时，要把客户询问的产品放在报价单的首位，体现出报价的针对性。填写完报价单的基本信息，单击“提交”按钮保存报价单基本信息。

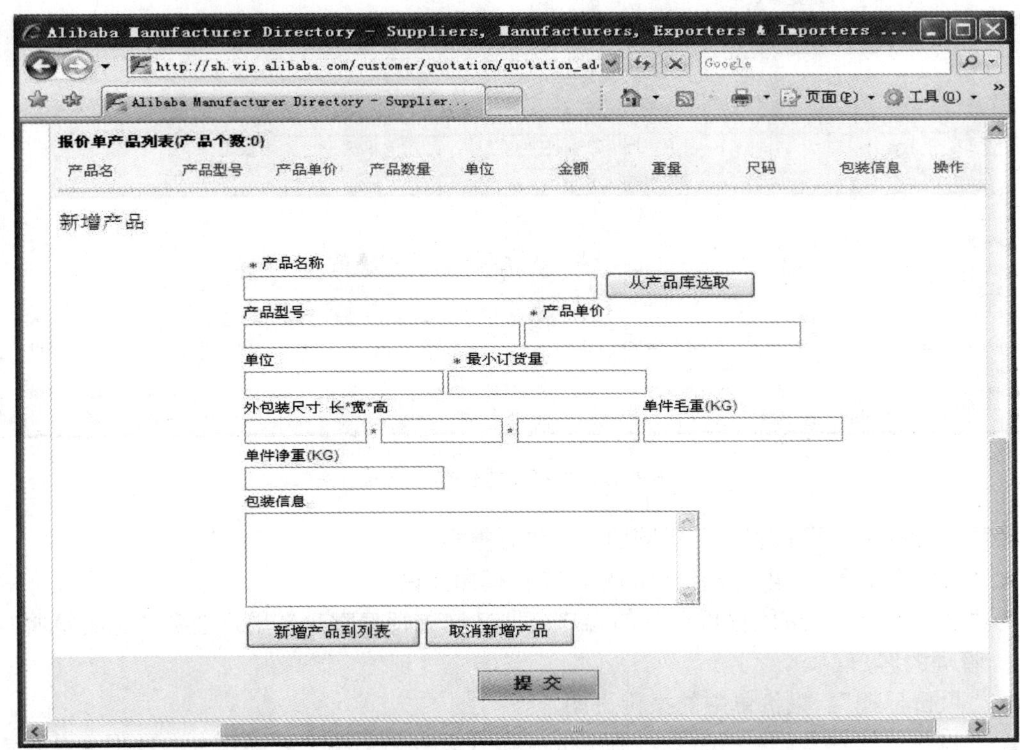

图 3-124 新增报价单中的产品

在填写报价单时价格条款最常用的有 FOB、CIF、CNF 3 种。FOB 为离岸价，价格构成中不包括国际运费和国际货运保险费，后面要填写装运港；CIF 为到岸价，价格构成中包括国际运费和国际货运保险费，后面要填写目的港；CNF 价格构成中包括国际运费但不包括保险费，后面要填写目的港。

付款方式常用的主要有 TT、LC、DP、DA 4 种。其中 TT 为电汇，有发货前预付（前 TT）和货到后付款（后 TT）两种；LC 为信用证；DP 为付款交单条件的托收；DA 为承兑交单条件的托收。对卖方而言，前 TT 付款方式的收汇风险最小，其次为 LC、DP、DA、后 TT。

保存成功后，系统转至报价单详细信息页面。此时业务员可以核对报价信息，如需修改可以立即进行编辑。此外，在报价单详细信息的下方，业务员可以查看“报价单产品”、“联系记录”、“相关订单”，还可以进行“预览”、“发送”、“打印”、“转化为订单”等操作。

（2）搜索报价单

当系统中的报价单比较多时，可以通过点击导航栏“客户”下面的“搜索报价单”链接进入搜索报价单信息页面，如图 3-125 所示。

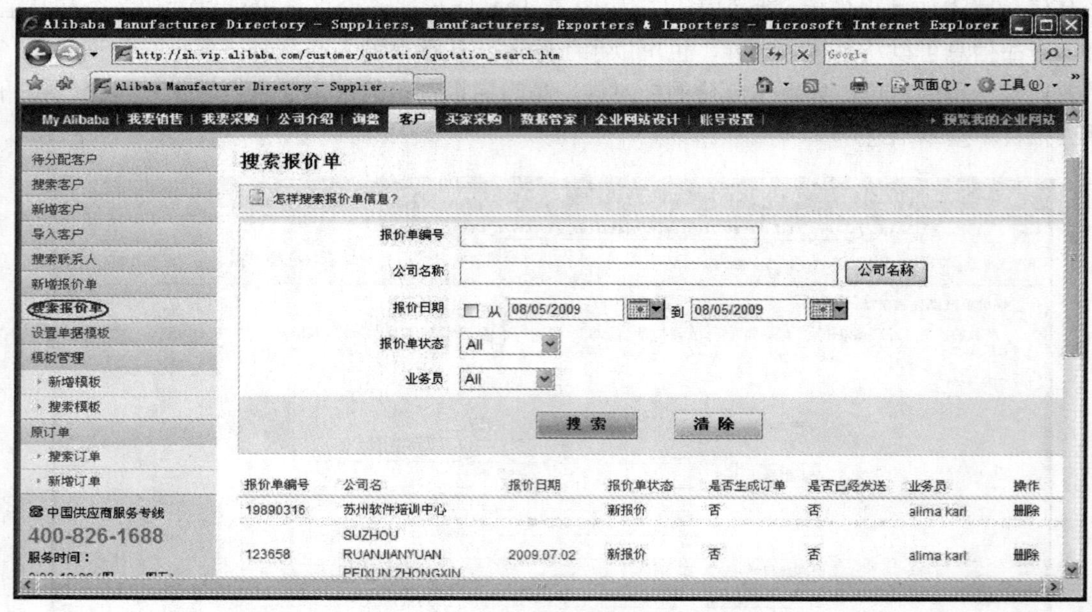

图 3-125 “搜索报价单”页面

搜索报价单时，可设置以下不同的条件进行搜索。

- “报价单编号”：填写报价单编号，支持模糊查询。
- “公司名称”：按照报价单中的客户公司名称进行搜索，多用户业务员只能选择自己管理的客户。
- “报价日期”：报价单中的报价日期。
- “报价单状态”：有“All”、“新报价”和“客户已确认”3 种状态。按报价单状态可以搜索出所有新的报价单或所有客户已确认的报价单。
- “业务员”：该搜索条件只提供给多用户管理员和业务经理。

对于管理员和业务经理，系统默认显示所有报价单信息。业务员只能查看自己管理的客户报价单信息，并且系统不显示“删除”操作。

搜索结果列表按报价单报价时间倒序排列。列表中的业务员字段显示的是客户所属的业务员信息，只针对多用户管理员和业务经理显示该字段。

（3）编辑报价单

如果需要对报价单进行编辑，可以在搜索报价单结果中点击一条报价单的编号，进入报价单详细信息页面，在其中单击“编辑”按钮，进入编辑页面修改报价单信息；也可选择“报价单产品”、“联系记录”、“相关订单”浏览相关信息；还可以选择“发送报价单”、“打印”、“转化为订单”、“客户已确认”等按钮进行相关操作，如图 3-126 所示。

3.4.2 订单管理

当买卖双方确认进行一笔交易后，需要签定外贸销售合同，也就是买家下订单。阿里巴巴系统提供了在线订单处理功能，可以帮助用户快速方便地生成订单，并可以通过网络快速将订单发送给客户。阿里巴巴系统中创建的订单具有统一的格式，含有外销合同的基本条款，基本适用于各个行业。

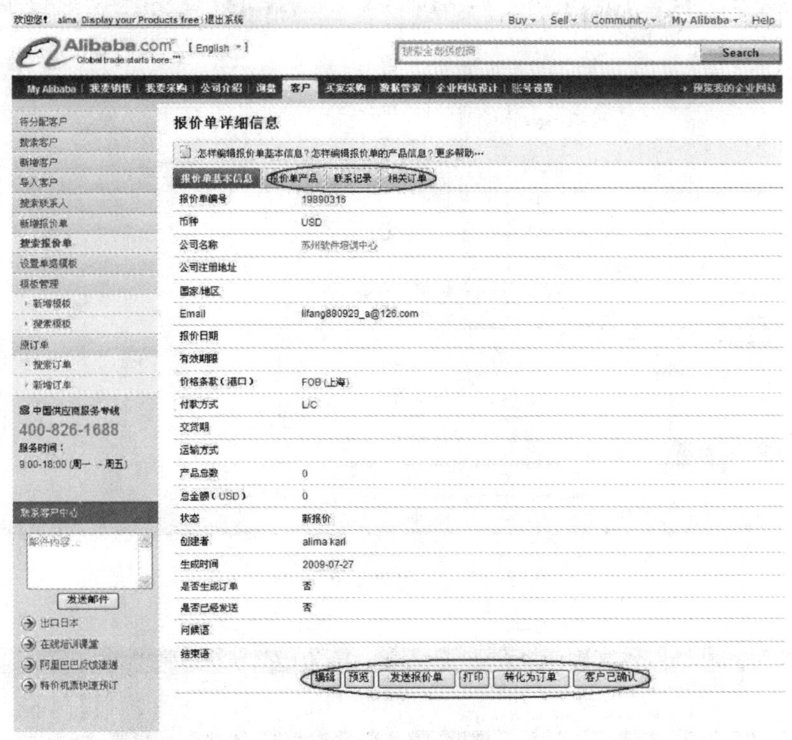

图 3-126　编辑报价单页面

1. 新增订单

增加订单时需要进入客户页面后点击左边列表的“新增订单”，如图 3-127 所示。在该页面中输入相关信息，并在后面增加产品信息，输入完成单击“提交”按钮。新增订单的方法类似于新增报价单的操作。

另外也可以直接在报价单的详细信息页面点击“转化为订单”，即进入“新增订单”的操作页面，报价单的信息将直接进入订单，然后可以对订单作一些必要的修改。

订单建立后可以直接打印，也可以直接发送给客户。不过电子签名不具有法律效力，最好是打印出来传真给客户签字。订单中的条款也可以根据需要作相应调整。

2. 订单管理

新增的订单都保存在系统中，如果需要查看和修改订单，可以进入“搜索订单”的操作页面查找到订单后进行进一步的处理。搜索订单的条件包括“订单编号”、“公司名称”、“订单生成时间”、“订单状态”和所属“业务员”，输入相关搜索条件后单击“搜索”按钮，将在下面列出满足条件的订单，如图 3-128 所示。如果需要查看或编辑一条订单的信息，可以在搜索结果中点击其订单编号，将打开该订单的详细信息页面。在其中单击“编辑”按钮，进入编辑页面修改订单信息。也可选择“订单产品”、“到款信息”、“订单联系记录”浏览相关信息，还可以选择“发送订单”、“打印”等按钮进行相关操作，如图 3-129 所示。

图 3-127 “新增订单”页面

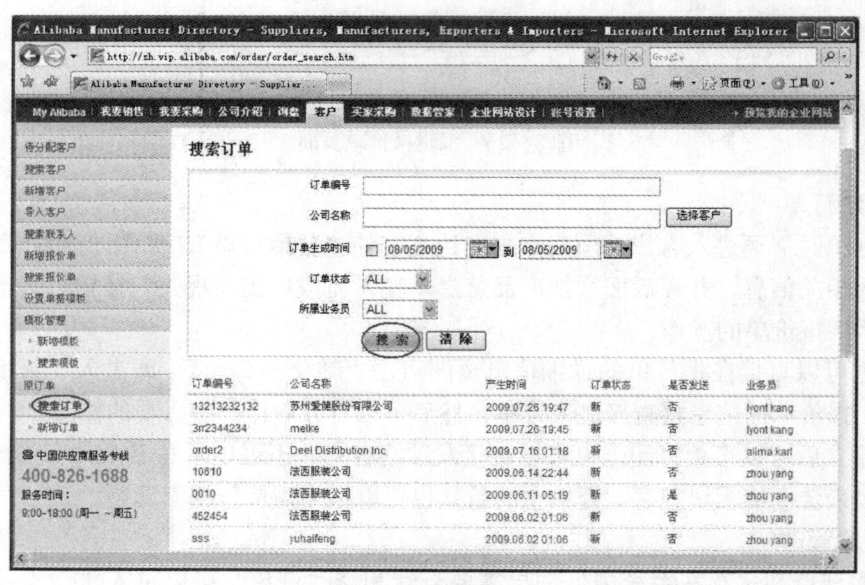

图 3-128 “搜索订单”页面

3. 设置单据模板

单据模板是显示在报价单和订单中的抬头和结尾部分的模板。对于一个用户来说，设置单据模板之后所有的单据中显示的抬头和结尾是一致的，这有利于企业单据的规范化和美观。如果没有设置单据模板，则在单据中自动显示用户在网站上的公司名和公司标志。对多用户系统来说，设置单据模板的权限只开放给系统管理员。

单击“客户”页面的“设置单据模板”进入设置单据模板信息页面，如图 3-130 所示。

在其中分别输入“单据抬头”和“单据结尾”内容，然后单击“提交”按钮即可完成设置。

图 3-129 “订单详细信息”页面

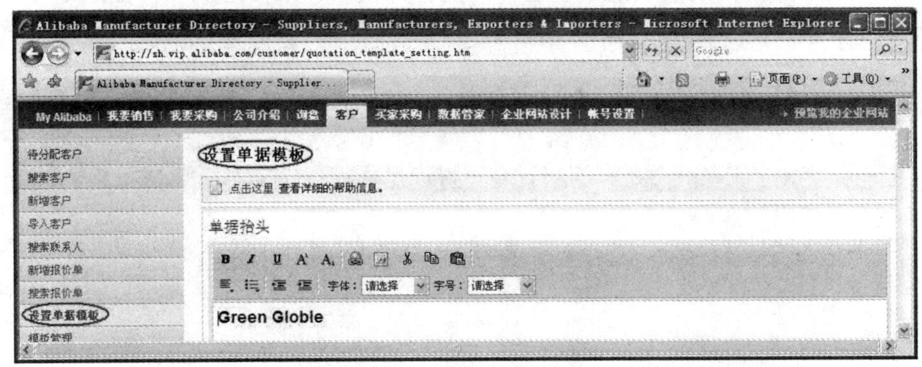

图 3-130 “设置单据模板”页面

4．管理模板

模板管理提供给用户给自定义模板的功能。用户在发送邮件时可以使用自定义的模板来节省写邮件的时间和精力，使自己的邮件标准化。模板管理可以新增、编辑、删除自定义模板。模板有两种格式，一种是 Html 格式，仅适用于发送邮件；另一种是文本格式，既可用于发送邮件时使用，也可用于在 Alibaba 网站发送 feedback 时使用。

（1）新增模板

单击“模板管理”下的“新增模板”进入新增模板页面，如图 3-131 所示。填写“模板名称”与“模板内容”后，单击“提交”按钮完成模板的增加。注意系统公用模板是不可删除的，自己创建的模板可以删除。

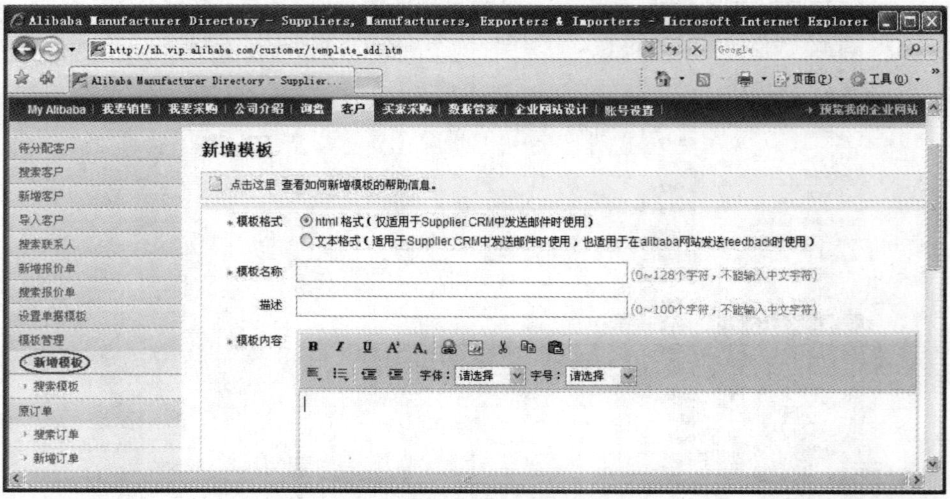

图 3-131 “新增模板”界面

（2）搜索模板与编辑

点击“模板管理”下的“搜索模板”进入搜索模板页面，如图 3-132 所示。可以用“模板名称”、“模板格式”、“创建时间段”、“创建者”等条件进行搜索。输入相关的搜索条件后单击“搜索”按钮，在下面会列出满足条件的所有模板。如果要查看某个模板的详细信息，可以在搜索结果中点击指定模板的模板名称，则打开模板详细信息页面，如图 3-133 所示。单击模板详细信息页面下面的“编辑”按钮，可以进入编辑页面修改模板的内容。

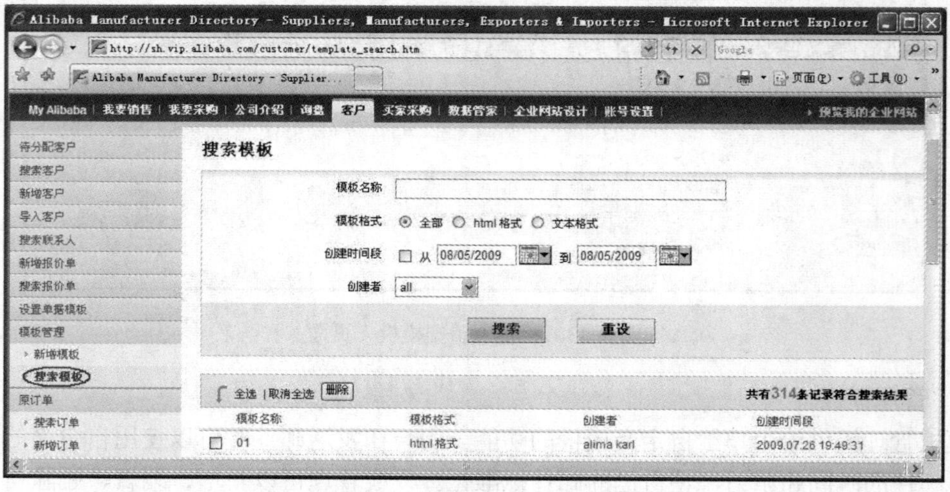

图 3-132 “搜索模板”页面

图 3-133　编辑模板页面

5. 数据管家

“数据管家”是阿里巴巴提供的一项新功能，是对某一时间段某一专题的相关数据的统计。查看这些统计数据可以掌握企业或业务员本人的业务情况、客户和产品信息，为企业考核业务员工作业绩提供数据材料，同时也为改善客户关系管理提供重要情报信息。数据管家提供的统计数据有“关键词搜索排名产品效果统计”、“橱窗产品效果统计”、“操作统计”、“转化率统计”、“最近六个月趋势”、“热门搜索词”等，用户通过查看这些统计数据可以及时调整自己的操作策略，达到更好的网络贸易效果。“数据管家”的页面如图 3-134 所示。

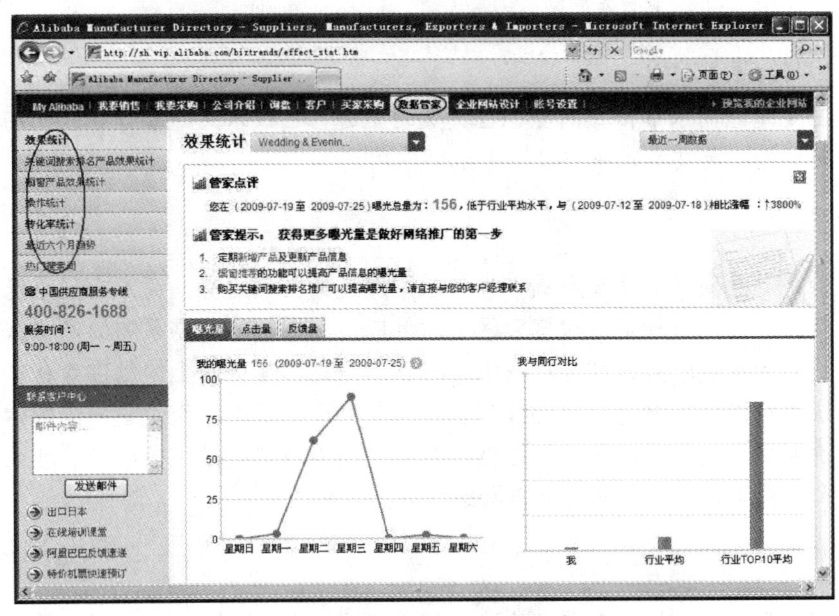

图 3-134 “数据管家”页面

归纳总结

通过这次任务的学习，使我们了解了客户管理的重要性，并掌握了如何利用在线客户管理系统管理自己的客户、处理报价单、与客户进行联系和沟通的方法，掌握了报价单的处理过程，熟悉了订单管理的各种操作，使我们在网络上与客户的交流更加顺畅，并可以使用阿里巴巴的统计功能来了解各方面的信息，使我们能更好的为客户提供服务，为达成最终的交易创造条件。

3.4.3 思考与实践

一、思考题

1．客户管理有什么作用？

2．报价单价格条款最常用的有哪几种？分别表示什么意思？

3．搜索报价单时可设置哪些条件？

4．可按哪些条件搜索订单？

二、实践训练

1．在客户管理系统中添加一个客户并修改客户的联系人。

2．在客户管理系统中添加一条联系记录。

3．为客户添加一条意向信息。

4．编辑一个报价单，并将其转为订单。

5．为客户添加一个订单，并进入编辑页面在订单中增加一个新产品。

6．增加并管理模板。

任务 3.5 网络采购与多用户管理

 任务目标

本任务主要掌握商家如何在阿里巴巴英文站上进行在线采购，掌握在线采购的流程。另外需要掌握阿里巴巴英文站多用户管理系统的使用。

任务分析

网络采购是电子商务的重要形式，也是采购发展的必然趋势。商家在阿里巴巴英文站的采购主要有两种方式：一种是通过搜索网上的供应信息来获取需要采购的产品信息和供应商信息，然后进一步沟通；另一种是在网上发布求购信息，等待网上的供应商和自己联系。通过这两种方法都可以很方便地让企业找到自己需要的产品，然后经过进一步的沟通和比较，可以采购到价廉物美的商品。另外阿里巴巴英文站还为用户提供了多用户管理系统，使一家企业可以有多个业务员在网上同时从事网络贸易。

任务实施

搜索供应信息→发布询盘→网上洽谈→订单管理→发布求购信息→添加并管理子账号→管理联系人信息。

3.5.1 网络采购

企业除了可以在网上销售自己的产品外，还可以采购到自己需要的产品和原材料。相对

于传统的采购方法，网络采购具有明确的优势：价格透明、效率高、竞争性强、节约成本等。网上采购能选择的范围更大，用户在采购时可以运用网络的搜索功能搜索到多家供应商，然后在他们中间进行挑选比较，并进一步和多家供应商沟通，最终挑选到价廉物美的商品。

企业在网上获取产品或供应商的信息一般有两种：搜索供应信息和发布求购信息。

1．买家操作流程图

网上采购作为一种先进的采购方式，大大减少了的采购需要的书面文档材料，减少了对电话传真等传统通信工具的依赖，提高了采购效率，降低了采购成本。网上采购利用网络开放性的特点，使采购项目形成了最有效的竞争，有效地保证了采购质量。网上采购可以实现电子化评标，为评标工作提供方便。另外由于需要对各种电子信息进行分析、整理和汇总，可以促进企业采购的信息化建设。网上采购还能够更加规范采购程序的操作和监督，大大减少采购过程中的人为干扰因素。

网上采购买家的操作流程如下：

1）在阿里巴巴英文站首页单击“Join Now”并填写相关信息注册为用户。

2）注册成功后即可以搜索供应商或产品信息，也可以直接发布求购信息。通常在无法找到符合条件的供应商或产品信息时再发布求购信息。

3）如果能找到符合条件的供应商或产品信息便可以直接发送询盘。如果某位供应商能够提供符合用户发布的求购信息的产品，同样也可以与采购商取得联系。

4）发送询盘后等待对方的回复。如果有可能达成交易则进一步沟通，如果询盘没有回复只能重新查找供应商信息或者重新发布采购信息。

2．搜索及浏览产品

在阿里巴巴英文站搜索产品的方法有一般搜索和高级搜索。在首页的 Search 栏输入采购产品的关键字，搜索“Selling Leads”、“Products”或者“Suppliers”为一般搜索。如果点击“Advanced Search”，“根据国家”、“匹配程度”和“信息类型”等更具体的条件进行搜索就是高级搜索。通过上述这两种方法查找到感兴趣的商品，便可以点开商品的链接进一步浏览产品的相关信息。搜索产品的页面如图 3-135 所示。

图 3-135　搜索页面

3. 发送询盘

当搜索到感兴趣的商品后，可以向对方发送询盘。发送询盘在阿里巴巴英文站就是给供应商发送一封商业邮件。如果给单个供应商发送询盘，只需点击产品图片前的方框，再点击"Contact Now"就可以向选中的供应商发送询盘信息。给多个供应商发送询盘时需要选择多个供应商的产品信息，然后再点击"Contact Now"，如图 3-136 所示。接下来在询盘编写页面输入相关信息，单击"Send"按钮发送，供应商将收到这封询盘邮件。

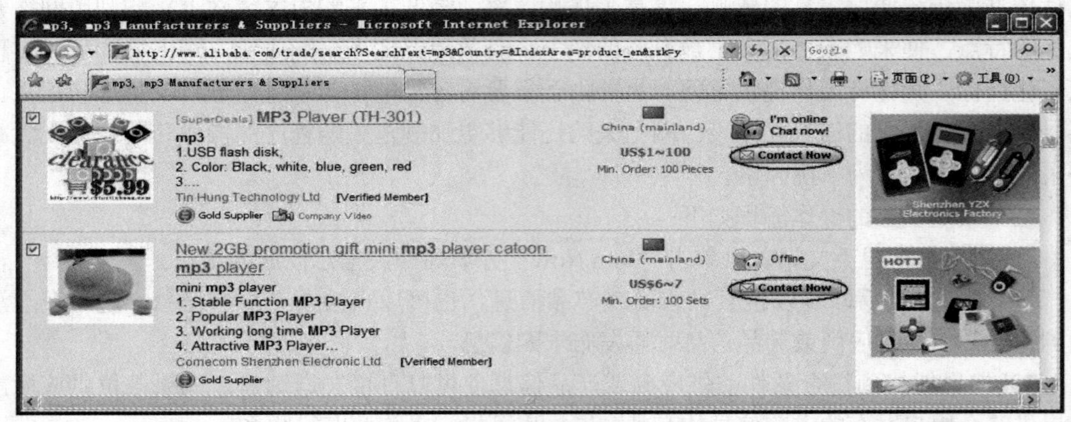

图 3-136　发送询盘页面

4. 联络买家

除了在线发送询盘之外，如果供应商在线，采购商还可以通过英文站提供的即时沟通软件 TradeManager 和供应商进行在线实时联系。在图 3-136 所示的两条信息中，提供第一条信息的供应商的 TradeManager 在线，而提供第二条信息的供应商不在线。如果需要与供应商进行在线即时沟通，可以点击"Chat Now"图标，便可弹出 TradeManager 的沟通对话框，在其界面可立即与供应商联系，如图 3-137 所示。

图 3-137　TradeManager 沟通界面

5. 发布求购信息

如果采购商在网上搜索不到满意的产品，可以在网上发布求购信息，然后等待供应商联系。求购信息可以在 My Alibaba 的后台管理系统中发布，也可以在 TradeManager 上发布。

如果要在 My Alibaba 的后台管理系统发布求购信息，需要先进入 My Alibaba，然后在导航栏上点击 Buying Tools，选择左边的 Post a New Buying Lead，进入求购信息内容填写页面。相关的采购信息包括采购信息的标题、关键词、类目、简要描述信息、有效期限、是否显示联系信息等，填写完后单击“Submit”按钮便可以成功发布采购信息，如图 3-138 所示。

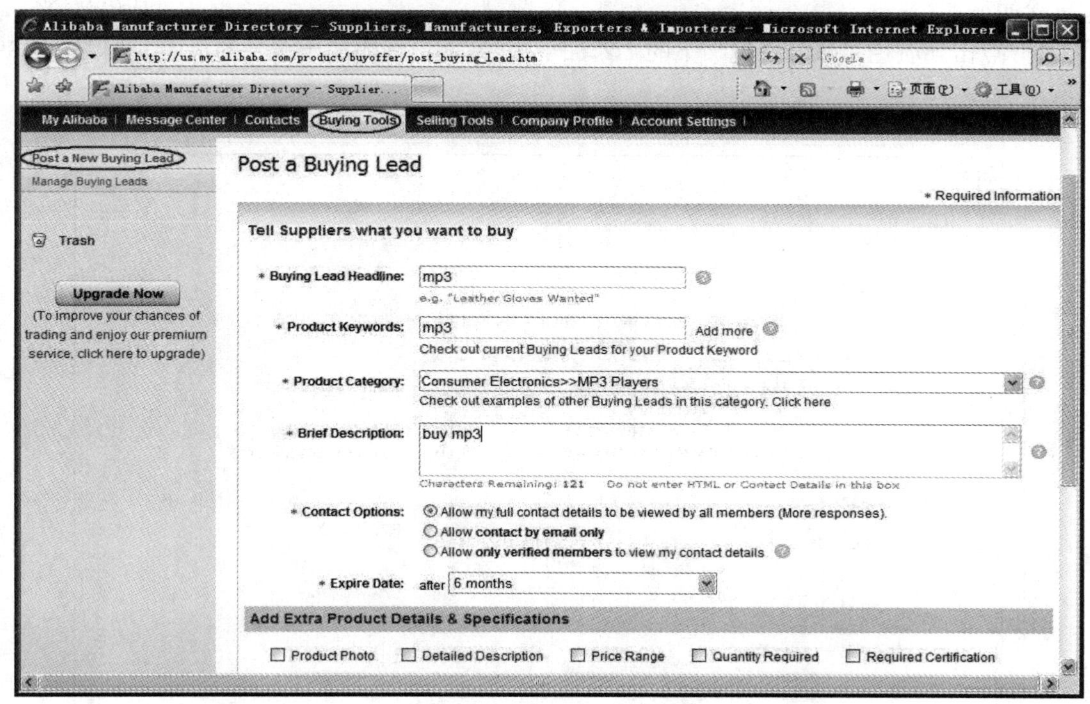

图 3-138 发布求购信息页面

如果需要对发布的求购信息进行编辑处理，可以选择左边的 Manage Buying Lead，进入求购信息管理页面，选择一条需要修改的信息，单击 Edit 按钮进行编辑修改。

3.5.2 多用户管理

一般一家企业只在阿里巴巴申请一个中国供应商会员，但企业可能会有多个外贸业务员。为了解决这个问题，阿里巴巴为企业提供了多用户管理系统。当企业获得中国供应商会员资格后，可开通多个下级账号，但注意必须确定一个惟一的系统管理员账号，否则不同的业务员去修改系统设置，其他业务员的操作就会受到影响。更重要的是，有了管理员之后，公司接到新客户询盘或新订单时，管理员就可以对询盘或客户进行有序分配，避免发生抢单的情况，使公司各部门在统一的安排管理下开展工作。

阿里巴巴的多用户管理系统把系统使用者分为四种角色：管理员、业务经理、分产品业务员、制作员。制作员可以创建产品、管理产品和产品组、管理图片库；分产品业务员可以创建和管理被分配到的产品、发布和管理被分配到的产品的供应信息、接收和回复针对所属产品和供应信息的询盘和客户、创建和管理私人展示厅；业务经理可以创建产品、管理自己和所属业务员的产品、发布供应信息、管理自己和所属业务员的供应信息、管理自己的询盘和客户、管理所属业务员的询盘和客户、创建和管理私人展示厅；管理员除了具备以上角色的所有功能外，还可以管理公司信息和栏目信息、管理子账号、设置公司的默认联系人、管理所有账号的询盘和客户。

1. 子账号添加和管理

在多用户管理系统中首先要为业务员添加子账号，只有管理员才可以进行这种操作。操作步骤如下：

1）点击导航栏“账号设置”下的“添加子账号”，出现添加子账号的页面，如图 3-139 所示。

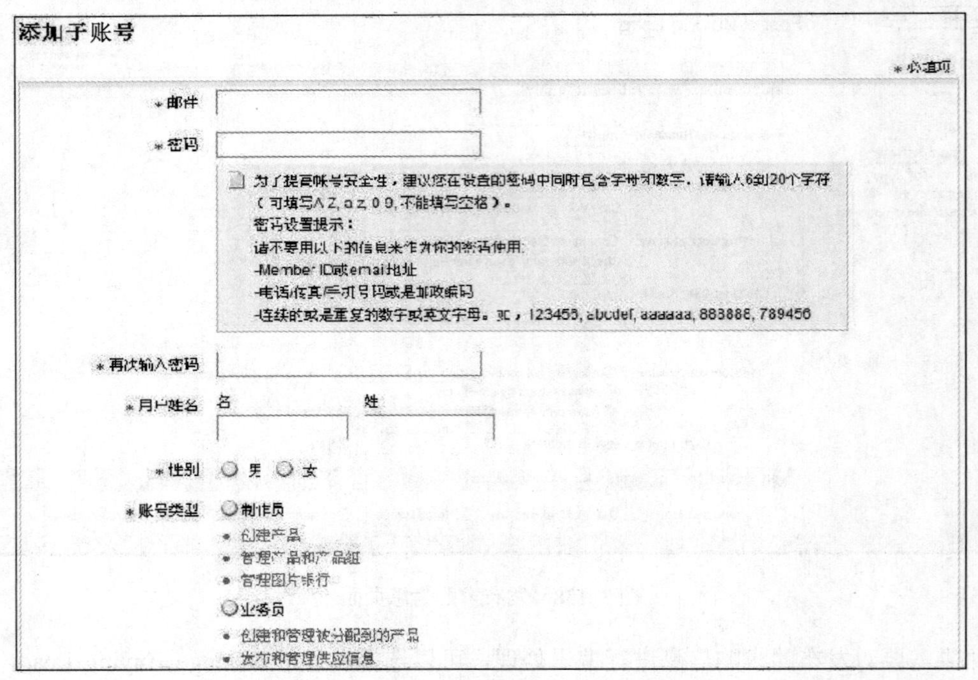

图 3-139 “添加子账号”页面

2）输入子账号的邮箱及密码、用户姓名、账号类型、联系信息等，最后勾选下面的“发送用户名和密码到这个用户的信箱中”，单击“提交”按钮完成子账号的添加。

3）用户打开邮箱查看邮件，获取登录英文站的 ID 和密码，然后就可以使用该子账号进入后台管理系统进行操作了。注意以不同的角色进入系统所能看见和操作的模块是不同的。

因业务员的调动或信息变更，管理员有时会需要更改子账号的信息，这时管理员可以进入后台管理系统点击导航栏“账号设置”下的“管理子账号”，出现用户的所有账号信息列表，如图 3-140 所示。若单击账号右边的“编辑”按钮，可进入编辑子账号信息页面进行信息的更改。在所有子账号信息列表页面，还可以进行删除、冻结、解冻子账号的操作。

图 3-140 “管理子账号”页面

另外管理员还可以设置将所有的业务员的询盘抄送给自己，但业务经理只能设置将自己管理的业务员的询盘抄送给他。点击导航栏“账号设置”下的“设置反馈抄送”，在小方框中打勾，然后单击“提交”按钮就可以了。

2．管理账号其他信息

（1）修改联系信息

点击导航栏“账号设置”下的“管理个人信息”，出现管理个人信息页面，在其中用户可以查看自己的用户名、姓名等信息，同时可以查看询盘速递账号，还可以修改这些信息，如图 3-141 所示。如需修改邮箱，可点击邮箱右边的“点击这里编辑”，进入邮箱编辑页面。如果需要修改备用邮箱，可在备用邮箱右边的方框中修改。

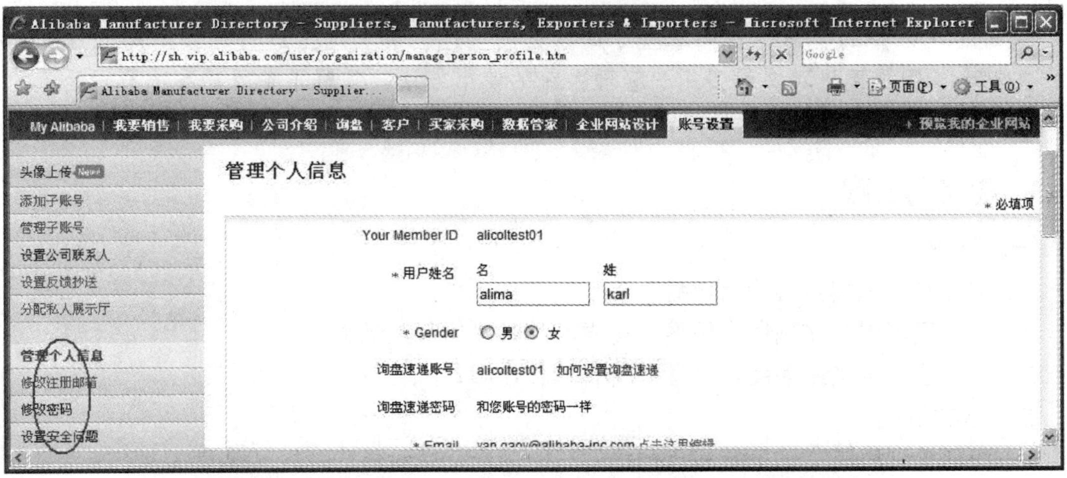

图 3-141 “管理个人信息”页面

为了保证“中国供应商”客户能够 100%收到反馈邮件，阿里巴巴公司在保留现有的反馈发送方式的前提下，为所有“中国供应商”客户免费开通了全新的反馈接受平台——“Feedback Express”（反馈速递）。

（2）修改密码

如果用户需要修改自己账号的密码，可以点击导航栏“账号设置”下的“修改密码”，出现修改密码页面，在其中输入新的密码后，单击“提交”按钮，完成密码的修改，如图 3-142 所示。

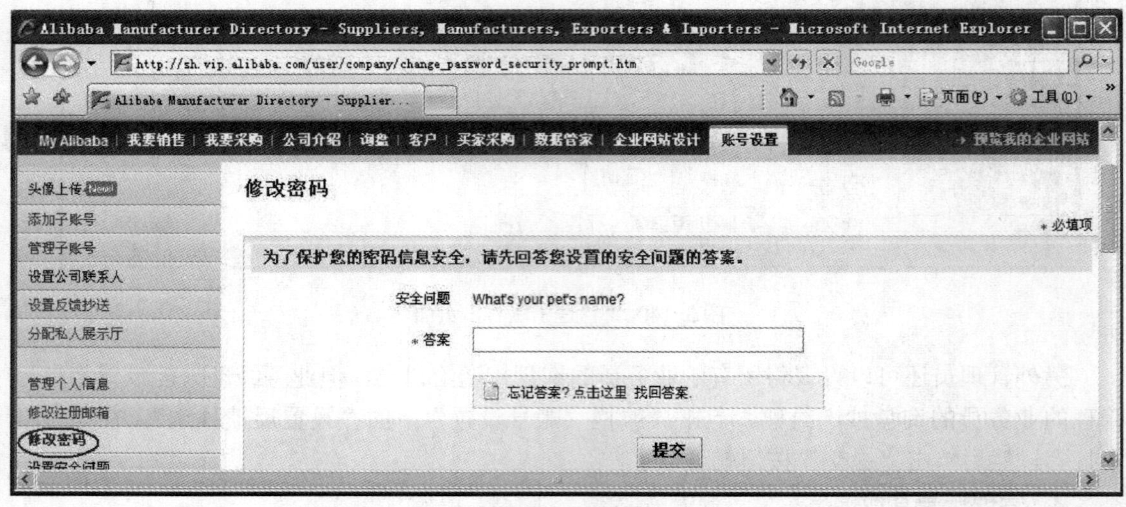

图 3-142 “修改密码”页面

（3）其他设置

在“账号设置”下除了前面的设置外，还可以“设置安全问题”、“修改注册邮箱”、“分配私人展示厅”、“进行安全检测”等，其操作比较简单，不一一详述。

归纳总结

通过这次任务的学习，我们掌握了商家在阿里巴巴英文站上进行在线采购的方式和操作，并学会了阿里巴巴英文站多用户管理系统的使用方法，了解了多用户系统不同角色的权限，学会了在系统中修改个人信息的方法。

3.5.3 思考与实践

一、思考题

1. 国际网络采购具有什么优势？
2. 在阿里巴巴英文站用高级搜索搜索产品时可用哪些条件？
3. 阿里巴巴英文站多用户管理系统有什么作用？

二、实践训练

1. 在阿里巴巴英文站上寻找自己需要采购的产品并给供应商发送询盘。
2. 在阿里巴巴英文站上发布一条求购信息。
3. 在阿里巴巴英文站的多用户管理系统中添加一个子账号。
4. 在阿里巴巴英文站的多用户管理系统中修改个人资料。

参 考 文 献

[1] 万守付，等. 电子商务基础 [M]. 北京：人民邮电出版社，2006.
[2] 王伟军. 电子商务概论 [M]. 武汉：华中师范大学出版社，2006.
[3] 注册电子贸易师认证培训教材编委会. 电子贸易 [M]. 北京：清华大学出版社，2006.
[4] 王乐鹏. 电子商务原理及应用 [M]. 北京：中国电力出版社，2007.
[5] 王蓉，金延芬，李宁，等. 阿里巴巴电子商务中级认证教程 [M]. 北京：清华大学出版社，2007.
[6] 施奈德. 电子商务 [M]. 成栋，译. 北京：机械工业出版社，2007.
[7] 司林胜，等. 电子商务案例分析 [M]. 重庆：重庆大学出版社，2007.
[8] 刘咏芳，毛加强，贺苗. 国际贸易电子商务 [M]. 北京：清华大学出版社，2008.
[9] 吕宇国，等. 电子商务业务实训 [M]. 北京：清华大学出版社，2008.
[10] 吴清，刘嘉. 客户关系管理 [M]. 上海：复旦大学出版社，2008.
[11] Christian Hellstan, Jarkko Laine. Ruby on Rails 电子商务实战 [M]. 曹维远，译. 北京：人民邮电出版社，2008.
[12] 李彤，杨强. 电子商务营销 [M]. 北京：电子工业出版社，2008.
[13] 杨坚争. 电子商务基础与应用 [M]. 6 版. 西安：西安电子科技大学出版社，2008.
[14] 吴吉义. 电子商务概论与案例分析 [M]. 北京：人民邮电出版社，2008.
[15] 陈拥军，孟晓明. 电子商务与网络营销 [M]. 北京：电子工业出版社，2008.
[16] 帅青红，夏军飞. 网上支付与电子银行 [M]. 大连：东北财经大学出版社，2009.
[17] 秦成德，王汝林，等. 移动电子商务 [M]. 北京：人民邮电出版社，2009.
[18] 叶红玉，沈凤池. 阿里巴巴电子商务初级认证教程——国际贸易方向 [M]. 北京：清华大学出版社，2009.
[19] 沈凤池. 阿里巴巴电子商务初级认证教程——国内贸易方向 [M]. 北京：清华大学出版社，2009.
[20] 王玉珍. 电子商务概论 [M]. 北京：清华大学出版社，2009.